马克思列宁主义哲学文献丛书

4

主　编　胡孝红
副主编　范　畅　郑来春　周德清　王　燕

人民日报出版社
北京

图书在版编目（CIP）数据

马克思列宁主义哲学文献丛书．4 / 胡孝红编．－
北京：人民日报出版社，2020.12
ISBN 978-7-5115-6804-5

Ⅰ．①马… Ⅱ．①胡… Ⅲ．①马列著作－哲学－汇编
Ⅳ．①A563

中国版本图书馆 CIP 数据核字 (2020) 第 243780 号

书　　名：马克思列宁主义哲学文献丛书. 4
MAKESI LIENING ZHUYI ZHEXUE WENXIAN CONGSHU.4

主　　编：胡孝红

出 版 人：刘华新
责任编辑：刘　悦
封面设计：人文在线

出版发行：人民日报出版社
社　　址：北京金台西路 2 号
邮政编码：100733
发行热线：（010）65369527　65369512　65369509　65369510
邮购热线：（010）65369530
编辑热线：（010）65363105
网　　址：www.peopledailypress.com
经　　销：新华书店
印　　刷：天津雅泽印刷有限公司

开　　本：787mm × 1092mm　1/16
字　　数：290 千字
印　　张：36.5
版次印次：2020 年 12 月第 1 版　2020 年 12 月第 1 次印刷

书　　号：ISBN 978-7-5115-6804-5
定　　价：2980（全 5 册）

第四册

目录

唯物辯證法

羅森塔爾著
岳　光譯

讀書出版社

三十六年二月初版(S)

唯物辯證法

著者　羅森塔爾
譯者　岳光
發行者　讀書出版社
上海四川北路北仁智里一五五號
重慶民生路七三號
發行人　黃洛峯
分發行所　重慶三聯書店
各地聯營書店

定價每册國幣　元

目錄

譯者序

一九三七年起，蘇聯不僅在政治上開始肅淸叛黨反人民的陰謀份子，而且在文化領域內也作了個總淸算，洗去了各式各樣的形而上學理論。當時在理論教育上起了打擊各式各樣反動思想的主要作用的，自屬聯共中央所集體創作的「聯共黨史簡明教程。」但單在思想方法論方面認爲極有價值的則不能不首推這一本書了。這本書在蘇聯之受重視，不僅在銷路之廣讀者之衆上可以看到；從學者與讀者們紛紛討論，且在雜誌報章上公開頌揚，補充與指摘上也可以知道。所以原著第一版問世後，廣大的讀者羣衆一致要求增加辯證法的範疇（如本質與現象，內容與形式，必然性與偶然性，必然性與自由可能性與現實性等）一章，以求成爲一個完整的方法論教本。本書作者羅森塔爾教授爲了滿足蘇聯全國讀者的要求，並參考各地讀者的批評，以及專家的意見，而寫成增訂本第二版。

一九四一年第二版經過糾正與補充問世以迄於今，尙未看到有人對於本書有所非難。而只知道第二版爲全蘇聯中等以上學校的一本方法論主要參考書，甚至是必修教本。所以譯者特地介紹給中國文化界和廣大要求認識眞理的讀者面前，是不無小補的工作吧？

羅森塔爾教授不僅在蘇聯是一位著名的辯證法教授和權威學者，而且在中國的讀書界裏也並不是一位陌生的人物。例如他的本書第一版問世後，在中國立刻就有張仲實先生的譯本出現。我認爲凡是讀過該書第一版的人，都應當再讀這本補充和修正了的第二版。因爲第二版比第一版，在量上增加了三分之一，在質上更加純正了。

本書專門講方法論，即單純講唯物辯證法的法則和範疇，所以讀者讀起來不會感覺到枯燥與無味的罷！

本書曾在上海新文化半月刊上部份地發表過，且曾不斷地收到許多讀者的來信，要求出版單行本。所以譯者就全部重新整理了一下，排錯的改正過來，遺漏的補充進去，未發表的也收集進來，把一本完整的辯證法法則書獻給中國的讀者。在翻譯上譯者已力求通俗和保持原意。至於錯誤，恐怕在所難免，希望專家和讀者多多指示，以備再版更正。

一九四六年八月二十六日譯者於上海。

導言

馬列主義哲學在擁護社會主義鬬爭中的作用——一切哲學上的基本問題：思惟與存在的關係——這個問題的意義——認識可靠麽？——哲學上的兩個基本陣營：唯物論與唯心論——哲學的階級性——唯心論對於自然界與社會的看法——唯心論的反動作用——唯物論在科學發展上所起的進步作用——馬克思主義的唯物論哲學——結論

一

『辯證唯物論和歷史唯物論是共產主義的理論根據，是馬克斯主義政黨的理論基礎，而認識這些基礎，亦即融會貫通這些基礎，就是我們黨每一個積極份子的義務。』（聯共黨史簡明教程俄文版九九頁）

這幾句話對於馬列主義哲學在擁護共產主義鬬爭當中所起的作用與意義，下了一個絕對正確的定義。精通最前進最革命的理論，擁護辯證唯物論和歷史唯物論，對馬列主義學說的五顏六色的敵人加以打擊，以及發揮光大唯物論，這就是培養新的眞正的馬克思主義政黨工作當中，以及發展布爾什維克主義工作當中，最最重要的任務。

聯共黨史簡明教程一書，非常恰當地指出：我們的黨如未精通革命理論，就不會發展成爲新式的黨；就不會領導工農階級走向一九一七年十月革命的勝利；就不會走上社會主義的勝利。

「假設布爾什維克黨的前進幹部沒有精通馬克思主義的理論，假設他們沒有學會運用這種理論當作行動的指導，假設他們沒有學會用無產階級鬪爭的新經驗來充實自己，並發揮光大馬克思主義理論，則布爾什維克黨就不會在一九一七年十月取得勝利。」（聯共簡史三四二頁）

這一理論的力量究竟在什麼地方呢？什麼特性使它成爲鬪爭與勝利的高度尖銳武器呢？列甯在一篇文章上曾說過：馬克思主義理論的力量，就表現於它的正確性上。「馬克思學說是無往而不利的，因爲它是正確的」（列甯全集十六卷三四九頁）在這樣簡捷的理論裏，包含着極深奧的意義。

馬列主義哲學對於自然界與社會的發展法則，給我們一個正確而澈底的科學說明。這種哲學就是認識宇宙的有力武器，它的結論是精確地研究客觀現實而產生的。

辯證唯物論與歷史唯物論的概念及法則，是獨立於人類以外的客觀現實宇宙的副本與反映，是現實宇宙發展的法則。無產階級哲學的力量以及無上意義，就在於此。

然而正確地認識現實法則，並非是爲了向人誇耀，並不是爲了時髦。認識社會發展法則，是爲要瞭解社會生活與鬪爭的複雜錯綜條件，爲要知道社會向那一方向發展，然後確定適應現實本身發展的目的，使不致枉走錯路。

要能正確地理解現實以及精通事變的道理，就才能「透視事變的前途，不但要辨別現在事變如何發展和向何處發展，而且也要辨別事變會如何發展和一定向何處發展」。（聯共簡史三三九頁）

馬列主義唯物論的這種特性，（一、正確而客觀地敘述現實，二、因此可以正確地斷定事變的前途，不僅可以斷定現在事變的前途，而且可以斷定將來事變的前途，）是有極大的意義的。唯其如此，馬克思的無產階級社會主義和科學的共產主義理論，才很合理地必然地由辯證法唯物論中產生出來。

在馬克思和恩格斯活着的時期，資產階級政權還是鞏固的，資本主義還是向上發展的。然而還在那個時候，二位無產階級的偉大領袖，早已不僅指出當時的社會發展情形，而且指出後來的社會發展情形。他們二人發掘出了資本主義生產方法的法則，指出了資本主義社會發展法則，必然會破壞它的基礎，必然會形成生產力要破壞資本主義外殼的狀況；指出了這一矛盾將被最重要的社會生產力（無產階級）所解決；指出了只有無產階級革命和建立無產階級的專政才是解決這一矛盾的唯一方法；更會指出無產階級將團結所有勞動者在自己的周圍，以建設社會主義的新社會。

列甯和斯大林爲適應帝國主義時代和無產階級鬭爭的新條件，曾發展了馬克思主義創始人的學說。他們天才地發揮光大了革命理論。

後來整個事實的進展：如社會主義革命和建設蘇聯社會主義社會等等的實現，這都完全證實了馬恩列斯四氏的預見。

馬列主義創始人，所以能夠這樣驚人精確地預見事變，並所以能夠指出無產階級爭取政權的途徑與方法者，其中奧妙究竟在什麼地方呢？

這一答案很簡單，就是因爲他們有那正確反映現實的及預見力量的偉大的革命理論，馬列主義哲學和唯物論辯證法。這正與列甯深入淺出的話的意義相同；他說馬克思主義學說之所以無往而不利者，因爲它是正確的、絕對眞實的。

辯證法唯物論哲學及每一個個別的具體的原理，都有其革命實踐的偉大意義。這一哲學就是改變宇宙的革命武器。馬列主義哲學的偉大意義，在斯大林著的聯共黨史簡明教程第四章哲學一節中，曾充分有力地指出過了。

在本書中我們並不想一般地檢討馬克思主義哲學，即不想研究它的所有構成部份。本書所要研討的對象，只是辯證法。只是要闡明對自然界與社會兩種現象的研究方法的那種馬列主義哲學之一面；即只是闡明在社會鬭爭的錯綜複雜條件下認識與行動兩種方法的那種馬列主義哲學之一面；也就是列甯稱作馬克思主義靈魂的那一面。

二

馬恩列斯四氏的辯證法，是唯物論辯證法。如不瞭辯證法具有唯物論性質，就無法瞭解革命辯證法的絕大意義。

在馬恩二氏以前，辯證法曾被德國哲學家黑格爾全面地加以研討過。黑格爾是辯證法創始人之一，但黑格爾是一個唯心論者。所以，儘管他對於辯證法發展上有多大的貢獻，然而他的辯證法在基本上總是有缺陷的。列甯曾說過：不可以用囫圇吞棗的方法來接受黑格爾的辯證法。他的辯證法，還需要洗滌，需要剝去唯心論的汚物，再按唯物論加以改造方可。

馬恩二氏曾澈底揭穿了唯心論哲學的錯誤。馬恩二氏使唯物論哲學得到了完全的勝利。經過他們二人泡製的辯證法，就成為偉大的理論力量和革命理論與革命行動的有力的武器。

哲學是一種科學，它有悠久的歷史。兩千五百多年來，各個時代的哲學家們，由於當時實踐的要求，曾打算瞭解自己周圍的宇宙和發見自然界的法則。他們所創造的哲學理論雖五花八門，然而其中沒有一個人在過去和現在能逃出一個問題即精神意識對自然界對存在的關係問題。

什麼是基源的東西呢？是精神、人類感覺、觀念、意識呢？還是自然界存在、物質呢？哲學家在內心裏可能想，他們不理這一問題，他們所研究者高於這一「粗淺」的問題。這類的哲學家，在過去有過，而現在仍然還不少。老實說，沒有一個哲學家，沒有一個哲學理論，在過去和現在能夠跳出這個思惟與存在關係的問題。人類的精神與感覺是基源物呢，還是自然界和物質是基源物這一問題，總是牽涉到各種世界觀以及各種科學的基礎之基礎。任何世界觀和任何科學，如不解決這一問題，都會成為毫無意義的東西。這種解決，可能是心中知道的，可能是不知不覺的，然而沒有這一解決，對於認識便寸步難行。

所有認識和世界觀的派別，全部由如何解決這一問題來確定。假如所根據的是觀念為基源物，而自然為從屬物，不承認在人類觀念外有存在物；那末所有其他問題，也都會按照這一方向來解決的。如是就要承認：人不是自然界的一部份，即不是自然界的最高級產物，反而自然界是人的創造物。如是就要承認：自然界與社會中就沒有任何客觀的、即不以人為轉移的規律性。如是就要承認：一切事物都發生於偶然。如是就要承認：所有社會身份都是由自己願意與不願意來決定的，都是由人的聰明與愚笨來決定的。

再看一個相反的理論。假如所根據的是自然界和物質為基源物，而意識和感覺只不過是物質的最高級產物，那末其他所有問題也都會按照這一方向來解決的。所以不管有多少不同的哲學學說和學派，但大別之，總不外可以分為兩個基本陣營。認為精神先於自然界而存在的這樣一批人，就構成唯心論陣營。認為自然界和物質是主要本源的這樣一批人，就構成唯物論陣營。

在這兩個哲學派別之間，過去和現在都擁有很多哲學學派和哲學系統，然而所有這一切學派或系統，不包庇唯心論，就畏怯地靠近唯物論。

一九〇五至一九〇七年大革命失敗後的一九〇八年，在俄國出現了一批哲學家，他們認為自己似乎是超唯物論與超唯心論者，並認為自己克服了這兩個基本潮流的「片面性。」這批人就是所謂經驗批判論者、馬赫主義者（擁護奧國哲學家馬赫者）他們在忠實於馬克思主義純潔聖水的虛偽旗幟下，即在最反動的形式下，偷運唯心論的私貨。

列甯在唯物論與經驗批判論一書內曾揭穿了馬赫主義者，曾指出彼輩在「最新」哲學學說的旗幟下，實際上是使英國主教柏克利（Ber-keley）的主觀唯心論哲學死灰復燃。柏克利在十八世紀初葉曾大肆宣傳一種「理論，」認為最可靠而實際存在着的只有感覺的人，而一切其他的東西都只是「感覺的綜合。」雖然他認為獨立於人以外而存在着的上帝是「我」的感覺基礎，但他認爲一切的一切都只是「我」這個人的創造物。

馬赫主義者儘量想逃出意識與存在關係的這個哲學基本問題。然而列甯仍指出馬赫主義者全部書籍的字裏行間以及欺詐言詞背後，都掩藏着對哲學基本問題的唯心論看法。

「在一堆新名詞的花言巧語裏，在道學先生的經院哲學家之垃圾箱裏，我們全都毫無例外地可以發見解決哲學問題的兩個基本路線，兩個基本派別。是否承認自然、物質、物理現象、外在世界等爲基源物，而認意識、精神、感覺……心理現象等爲從屬物這一問題事實上就是繼續分化哲學家爲兩大陣營的那一基本問題。」（全集十三卷二七四頁）

列甯又說：「想跳出這兩個基本哲學派別的企圖只不過是『妥協主義的騙術』而已。」（同前書二七八頁）

黑格爾及其他人的客觀唯心論，亦如主觀唯心論一樣，是同一唯心論哲學基本類型中的一個；它本末倒置，認爲所有存在物的基礎爲觀念精神。然而這種唯心論大家與主觀唯心論者所不同者，即他們認爲觀念、精神客觀地獨立於人類意識之外存在着。好像是這一客觀觀念在發展中能產生自然界、人類以及五顏六色的現實。

客觀唯心論在解決哲學基本問題上，也參加一定的哲學陣營，而根本與唯物論哲學相對立着。所有的哲學傾向就是這樣。不是唯物論就是唯心論，非此卽彼，二者必居其一，第三者是絕對不會存在的。

在上述哲學問題中還有另外一個絕頂重要的一面：卽我們的認識可靠麽？人的認識可能正確地反映現實麽？我們的知識可能有客觀地正確反映自然的眞理作用麽？

解決這一問題是非常重要的。這問題也像意識與存在問題一樣，要求一個明白而肯定的解答。

在否認有認識世界可能、或否認有完全認識世界可能的這類哲學家當中，恩格斯會特別指出康德及休謨來。

康德在他自己的哲學系統中，認爲外在世界，或他所說的「物自體」世界，是無法認識的。康德那和否認有獨立於人類意識外的外在世界的其他唯心論者不同，他承認有外在世界，有客觀存在的物體。然而這些物體，康德當作是「物自體」他否認有可能把「物自體」變爲「爲我們的物，」就是說，他否認有可能認識牠們。

康德確定了「物自體」世界與「現象」世界的界線；站在他的哲學觀點來說，人可能認識者只是「現象」而已。他認爲人無法知道客觀物體本身的性質究竟是什麽。

在否認可能認識世界的人物當中，英國哲學家休謨尤爲澈底而乾脆。

康德認爲感覺是外在世界的作用觸及人類所發生的，然而休謨却根本否認了這種認識的任何可靠性。

他的見解是這樣的：

一般人都有一種傾向，以爲獨立於我們知覺以外有一種外在世界，它甚至在那易於感覺到的東西消失後，它仍然還存在着。然而有這種傾向的思想，是很容易被那種斷定我們的理智只能知道形象與知覺，而不能知道任何物體的這類哲學家所推翻的。休謨一本正經地認爲：我們的感覺就是傳達這些形象與知覺的溝道，它是不能建立理智與物體間的直接關係的。本來人是和自己的知覺及感覺有關係的。假如外在物體對於他是毫無理解的，那末他究竟有什麼權力來討論對他起作用的某種物體呢？

休謨曾選出一個對桌子的知覺例證。「我們看一張桌子，假如我們退後幾步，就好像桌子小了一樣，然而實際的桌子，並不因我們的行動而有所變化；所以桌子對於我們的理智說，無非是桌子的形象而已……。」（據列甯所引，全集十三卷二七頁）

於是乎休謨就得出一個結論來：

「理智中只有知覺，而從未含有任何物體，它決不可能產生任何關於知覺與物體間相互關聯的經驗。所以這種相互關聯的推想，是毫無邏輯根據的。」（同上）

這一觀點稱作不可知論。列甯在唯物論與經驗批判論一書中，對於資產階級哲學之未來發展上有極大影響和流佈的不可知論，曾加以通俗的說明：

「不可知論（Agnosticism）——這是希臘字：希臘話A是『不』的意思，gnosis是『知道』的意思。不可知論者說：我不知道是否有我們感覺所反映、所表現的客觀現實，我聲明說不可能知道這一點。」（同前書一〇四頁）

所有不可知論者的主要特徵，就是不承認認識為客觀現實的反映和副本。不可知論者不能承認我們觀念和概念的客觀內容。這也是並不費解的事。既然我們只是跟知覺和物體形象打交涉、兜圈子，自然我們的認識就談不到什麼客觀內容。

站在這一觀點上說，凡是張三或李四所想的，或是某一羣人所想的，這全都是眞的；假如某人或某一羣人覺得妖魔鬼怪是眞有的，而不是揑造出來的謊言，那末這種概念就不能推翻。推翻某種肯定，只有在人的理智跟外在世界、跟客觀現實有相互比較的可能條件上，方始可能。然而讀者看得很淸楚，休謨是根本否認這種比較可能的。所以不可知論對於反動階級和僧侶主義是有利的。

不可知論具有破壞所有眞正科學思想基礎的作用。它只承認感覺，但並不進一步地超過這種感覺。它否認對外在客觀世界認識的一切可能性。但這種否認，是與科學誓不兩立的。

在一九〇五年革命失敗之後，俄國土包子不可知論者兼主觀唯心論者波克達諾夫、巴扎羅夫等，躲藏在「經驗批判論」與「經驗一元論」的屏風後，向辯證法唯物論正式開火；並在修正與補充馬克思主義的形式下，拚命偸運資產階級不可知論的渣滓。列甯在唯物論與經驗批判論一書中曾經對於不可知論描畫了一個詳細的輪廓；並且指出辯證唯物論如何解決我們的感覺和我們的認識是否能忠實反映現實這一問題。

列甯認爲辯證唯物論者與不可知論者的基本區別在於前者不同於後者的，是前者承認客觀現實爲我們感覺的源泉並且認爲這種感覺是現實的忠實反映。

唯物論者與不可知論者的出發點，全都是認爲我們的知識來自經驗，來自感覺。然而不可知論者除了感覺外，任何東西都不承認。他看不見也不願意看見感覺是外在世界和「物自體」對我們感覺器官所影響的結果。

辯證唯物論則不同，它並不在感覺上兜圈子。它承認客觀的外在世界之存在，並承認客觀的外在世界影響我們的時候，引起我們的感覺和知覺。

列甯說過：「唯物論者：……斷定物自體的存在與可知性。不可知論者不承認關於有物自體的思想本身，並聲明說我們不可能知道任何確實的物自體。」（全集十三卷八八頁）

因此，辯證唯物論與不可知論截然不同。辯證唯物論對於我們關於現實的觀念和概念，能否就是現實的忠實的反映這一問題，曾給了一個肯定的回答。人的概念與觀念只要是正確的，那就會是物體和客觀世界的鏡子般的反映，那就會是物體和客觀世界的副本和攝影。只有認為不可能認識物體的人，才會斷定我們人的感覺只是外在世界的某種象徵、象形或不正確的符號。實際上，當我們認識外在世界時，則我們所得到的，並非是這一世界的抽象類似，而是這一世界的忠實反映和副本。

例如當我們觀察樹的時候，難道說我們對於樹的感覺和觀念，就不是我們觀念來源的這一眞實而客觀的樹之忠實寫照麽？

例如當我們研究火的特性時，難道說這一研究，並沒有給我們關於火的特性之忠實反映麽？

契爾內塞夫斯基曾痛快淋漓地駁倒了「自然主義者笨伯」的意見，說他們滿頭滿腦都是唯心論者的書籍，且常常自以為是地說「我們所知道的，並不是它那眞象如何如何，它在現實上如何如何的物體，只是我們對物體的態度罷了。」

契爾內塞夫斯基曾舉過一個簡單的例子：

「我們看得見東西，姑且說我們看得見樹。另外一個人注視着這同一個物體。我們用眼睛看那個人眼睛裏的樹。在他眼睛裏所反映出來的那棵樹，完全跟我們所看到的那一棵樹一樣。是這樣麽？兩種影像完全一樣：一種影像就是我們直接所看到的，另一種是在那個人的眼珠裏所看到的。這另外一個影像，就是第一影像的忠實副本，……實物跟副本全是一樣的；我們的感覺跟副本全是一樣的。……我們所看見的物體，就是眞實存在着的物體。」（契爾內塞夫斯基著哲學選集五三六頁）

然而所有這些結論，都是不可知論者所不願意注意的。不可知論者所念念不忘者，就是一點：我們不能知道物體本身是什麼。

不可知論者說：好，假定你們唯物論者是對的，假定感覺源泉是客觀的現實。那末讓我發一個問題：你們唯物論者根據什麼承認你們的感覺和概念是與外在世界一致的，是外在世界的忠實反映？要知道，給與你們的只是一種知覺，而你們不能在你們的感覺與客觀的世界間建立一種關係和聯繫。

不可知論者自以爲給了唯物論者一個不能解答的難題，對於這樣不可知論者的問題，辯證唯物論者囘答說：證明我們感覺和概念的正確試金石就是實踐，就是人類實踐的活動。

我們用行動和實踐來證明我們的知識是否正確地反映物體的特性。

恩格斯說：「根據我們所把握到的某種物體的特性，我們來使用它，在這個時候我們才毫無錯誤地體驗到我們肉體知覺的正確或錯誤。假如知覺是錯誤的，那末我們對於利用該物可能的判斷也會必然是錯誤的。同時縱令絞腦搾汁煞費苦心地想加以利用，結果總是徒勞無功。

假設我們達到自己的目的，假設我們發見物體跟我們關於物體的概念是一致的，假如我們發見物體本身能給我們一種所要使用它的結果，那我們就有了肯定的正面證明，即在這個界限裏，我們關於物體及其特性的知覺，是跟那不依賴我們而獨立存在的現實相符的。……」（據列甯引文全集第十三卷八九頁）

恩格斯爲證明這一思想曾引用過下面的例子。哥白尼（Copernicus）發見地球並非宇宙中心，而是圍繞着太陽旋轉的這一學說，一直經過了三百年仍然是一個可以推翻或證實其爲眞或爲僞的假定和臆測。但當勒未利埃（Leverier）學者受這一學說的指導，而竟證明了一定還有一個一直到當時尚未被人發見的行星——海王星，並確定了該星在天空所佔的位置；當另外一個學者霸恩特戴高樂（Point d Galle）後來眞地找到了這顆行星時，於是哥白尼的學說才得到證明。這是恩格斯所說的實踐肯定和證明了這一思想的眞或僞。

馬恩二氏的科學社會主義理論之發生，也曾經過這同樣的情形。

在一個很長的時期，關於資本主義必然死亡和社會主義必然勝利的這種馬克思主義學說，始終還是一個理論上的假定。曾經出現過不知凡幾的自告奮勇的「志士」，武斷地說這種理論是不可能實現的，因爲他們說跟現實不合等等。然而當俄國的工農階級在實踐上消滅了貧困及壓迫的制度，進而實現了馬克思主義的偉大理想時，科學社會主義的理論才在實踐上得到了證明。

讀者還可以記得另外一個實例。十九世紀的前半期，烏托邦社會主義者也曾告訴過我們，資本主義制度一定會退位給社會主義制度的。然而這批烏托邦社會主義者向人類所提出來的改革社會方法，和根據馬恩學說產生出來的方法，却無絲毫相同的地方。無產階級的領袖教訓我們說：只有暴力的革命才能消滅資本主義制度，才能創造建設新社會的條件。烏托邦社會主義者把自己的希望寄托在受過教育者的理性上，說他們可以實現這種計劃。

社會發展的實踐，證明了誰對和誰不對。

所以不可知論者所提出來的問題：對於我們的感覺和概念之眞實程度所具有的信心，究竟在什麼地方呢？這一問題並沒有什麼不可以解答的。我們在上面已經講過，這種信心就在於人類的實踐行動中。

總而言之，對於上述哲學問題——意識與存在的關係問題以及宇宙認識可能性的問題，——唯物論者與唯心論者各有不同的解答。這就是兩個不可調解的陣營，它們相互間在整個哲學史當中，過去和現在都進行着激烈無比的鬬爭。許多世紀內都充滿了唯物論與唯心論間的這種鬬爭。遠在最初，遠在哲學剛剛誕生時的古代希臘，唯心論傾向就已經跟唯物論哲學同樣存在着了。所有後來的哲學歷史，全都是唯物論與唯心論相互鬬爭的歷史。

如果認爲這是「純粹」的思想的鬭爭，是跟社會利害毫無關聯的鬭爭，是跟社會政治鬭爭的基本問題毫無關聯的鬭爭，那就大錯而特錯了。事實上唯物論與唯心論的相互鬭爭，無論過去和現在，都是階級鬭爭的表現。在兩個哲學陣營的背後，作祟的是那在經濟、政治基本問題上互相鬭爭着對立着的階級。

列甯在唯物論與經驗批判論一書的結語上說跟唯心論變種之一的經驗批判論，是具有特定的階級性的。

「……在那形而上學認識論的經驗批判論經院哲學的背後，不能看不到哲學中的黨派鬭爭，不能看不到最後表現現代社會相互仇視階級的傾向與意識形態之鬭爭。最新的哲學亦如兩千年前的哲學一樣，全是有黨派性的。按照道學先生愚笨的新的吶喊或無黨派性的廢話掩飾下的問題本質說，交戰黨派就是唯物論和唯心論。後者只不過是精製的、上等信仰哲學的一種形式（信仰哲學就是以信仰代替知識的學說——羅森塔爾註。）因爲它全副武裝着，握有龐大的組織，並繼續不斷地堅強地對羣衆下工夫，以期哲學思想稍微對自己方面作有利地辯解。經驗批判論的客觀階級作用，在一般反對馬克思主義的鬭爭上，特別在反對歷史唯物論上，是信仰論哲學家的奴僕」（全集十三卷二九二頁）

由此觀之，唯物論與唯心論間的相互鬭爭，就是哲學當中兩個黨派的鬭爭，其背後則有不同的階級存在着。

三

唯心論哲學經常都和宗教、僧侶主義勾結着，經常都是反動的、維護反動階級利益的東西。唯心論哲學的最後歸宿，必然與僧侶主義合流，這是走向宗教愚民論的康莊大道。唯心論與宗教，在大體上說，在原則上說，是一而二、二而一的東西。唯心論哲學和僧侶主義，全都認爲精神、觀念、上帝是先存在的，而物質世界只是觀念、上帝、最高主宰者的產物而已。在這一點上，唯心論哲學家和正式公開的僧侶觀點，毫無二致。不過，唯心論哲學家與僧侶的不同，只是唯心論哲學家會利用各種騙人的花言巧語來掩飾自己的反動的僧侶式的觀念而已。

馬克思和恩格斯曾說：「所有的唯心論者：無論是哲學唯心論者也好，宗教唯心論者也好，舊式唯心論者也好，新式唯心論者也好，全是一邱之貉，全相信靈感、相信天啓、相信救主、相信奇蹟創造者。所不同者只是相信的程度，只是他們的這種信念是迷信的宗教形式，還是學校教育的或哲學的形式而已。……」（全集四卷五三二頁）

光怪陸離，五顏六色的一切唯心論者，都痛恨唯物論；他們用盡所有的力量反對知識，以給上帝「造物主」爭取一個存在的地位。

哲學家康德直接了當地說，若要給信仰，給上帝留一位置，就要限制知識，限制科學。黑格爾心勞日拙地把唯物論者都描繪成爲唯心論者，想盡方法使唯物論代表者們不致爲人所注意。列甯讀黑格爾的書籍時，曾在黑格爾哲學著作概要中指出過類似這種做法的地方。列甯在哲學筆記中曾說：「黑格爾完全把德謨克利特（古代希臘的唯物論者——譯者）看作一個後娘……唯物論的精神對唯心論是難堪的！」（二七五頁）黑格爾關於古代希臘唯物論哲學家伊壁鳩魯曾說過：「在伊壁鳩魯的著作裏，沒有指出……宇宙的最終目的，沒有指出造物主的聰明，」列甯在這裏便說「眞可憐！這個唯心論傢伙！」（同前書二九九頁）

唯心論在哲學上創造僧侶主義，支持其反動傾向，束縛科學，而以宗教代替了科學。自然，這不能由此就下結論說：所有的唯心論者，都毫無例外地是反動的，都對於科學毫無供獻，都毫無研究價值可言等等。例如十九世紀德國古典哲學在極其矛盾的形式當中表現出了當時的進步的傾向，有的唯心論者，曾對於認識的發展有過很多供獻。然而他們在這些地方往往都是有意無意的唯物論者。例如康德對於太陽系構成法則這一科學的發展，曾有極大的供獻。康德雖然從未忘記「聰明的造物主，」但言及天體理論時，根本就沒給「造物主」一個發言的機會。在天體理論裏，康德揭露了物質世界的客觀法則。

黑格爾對於辯證法的發展，也會有過極寶貴的供獻。然而黑格爾在辯證法一書中，正如列甯所說，他只是天才地猜中了客觀物體的和自然界現象的發展法則，而站到客觀世界的辯證法立場上的。否則，黑格爾在辯證法科學中是不會有所建樹的。

然而唯心論哲學在一般原則上講，都是反動的，因爲它妨礙科學的發展，尤其是妨礙自然科學的發展。凡是唯心論哲學支配的地方，就最不利於自然科學發展。中世紀唯心論支配哲學領域時，科學就比任何一個歷史時期都發展得遲緩。而在我們這一個時代的資本主義國家裏，仍然瀰漫着最反動、最腐化的各式各樣的唯心論，其中有幾個國家，科學仍然像中世紀一樣，遭受着殘酷的壓迫。

唯心論哲學在社會科學和社會歷史科學中的作用是更加反動的。唯心論哲學破壞了那用眞正科學去理解歷史的一切實際基礎。

唯心論思想如應用到歷史上和社會上，就會說：社會意識和人類觀念是基源物；而社會存在的物質條件，和生產條件等都是從屬物，都是意識的生產物。

因此，唯心論是否認在社會生活中和社會發展中會有客觀規律性的。按唯心論的觀點說：社會存在由觀念來決定，而並非由別的東西來決定。然而要知道，觀念之多，觀念之不同，正如不勝枚舉的人類數目一樣。因此，大多數唯心論者都認爲社會裏到處都是偶然和意外。然而知識，卻只在揭露出發展法則與獨立存在於人類意識以外之法則時，才能成爲科學。照唯心論的觀點說：這樣的法則一般地是不存在的。

假如像唯心論者所說意識和觀念是基源物，而社會存在是從屬物。那末所得出來的結論就是任何一種社會形式，都不以客觀環境爲轉移，而以人的願望，或以人的智愚爲轉移；換言之，人類如生活得好，就因爲那是偉人及聖賢的聰明與慈悲觀念所造成的。反之，人類如生活得不好，就因爲那是傑出人物幸災樂禍，或因爲那是奸臣賊子妨礙德高望衆的皇帝或其他要人瞭解偉大思想所致。這樣一來就要承認歷史的命運，是受意識和道德來支配的，是受智愚或慈悲者的感情來支配的。這就是唯心論哲學應用於歷史和應用於社會上的「聰明過人」處。

剝削階級爲要鞏固自已的地位，就用唯心論來解說歷史。社會發展客觀法則的科學的解釋，對他們是不利的，因爲科學會證明他們必然要走向墳墓。馬克思說：資產階級的御用學者們害怕深入問題的中心來探討事物，因爲害怕碰到警察所認爲不良的結果。

馬克思的資本論問世後，資產階級學者最初不理這一偉大傑作，後來便痛哭流涕地拚命攻擊這一著作。他們的這種舉動，是不言而喻的；因爲馬克思在資本論裏揭露了資本主義發展與死亡的客觀法則。馬克思用自已的學說給了戰鬥的無產階級一種反對資產階級的有力武器。

凡是口頭上對「社會主義」理想歌功頌德而行動上却與唯心論哲學所說的原理一模一樣的東西，都是有利於剝削階級的。

聯共黨史簡明教程上說：「烏托邦主義者（包括着民粹派）、無政府主義者、社會革命黨等的沒落，其中原因之一，就是他們陷於唯心論而不能自拔地不承認社會物質生活條件在社會發展中的首要作用；他們並不按照社會物質生活條件的要求從事實際活動，而不理睬這類要求，只顧按照脫離眞實社會生活的『理想計劃』和『包羅萬象的設計』去行動。」（一一〇—一一一頁）

烏托邦社會主義者曾痛快淋漓地抨擊過資本主義制度。他們曾充分揭穿了資本主義使人民大衆陷於破產、貧困、飢餓、無知等等的滔天大罪。烏托邦主義者詛咒資本主義社會，曾擬定了許多登人民於衽席，解人民於資本主義倒懸的方案。然而唯心論者的他們，認爲只要想出一個好的和理想的社會建設計劃，只要說服統治者們去實現這種計劃，就可以消滅資本主義制度的所有缺陷，而天下太平了。烏托邦主義者跳出了實際的歷史運動，他們也看不見、和瞭解不到那消滅資本主義創造社會主義社會的力量正在生產力與生產關係的矛盾基礎上成長着。

一八四七年，馬克思曾寫過一本傑作哲學的貧困，該書曾痛詆小資產階級烏托邦主義者普魯東所著的救命藥方；因爲普魯東發明了這樣一個救人類跳出資本主義剝削階級的「理想計劃，」馬克思並且證明那個計劃是一個空想，因爲它充滿着唯心論思想。

馬克思給安能科夫（Annenkof）的信裏，曾如下扼要地批判過普魯東：

「普魯東先生在自己腦筋裏的靈機一動，就造成了人類已有生產力與已不適應該生產力的社會關係矛盾中產生的偉大的歷史運動，造成了一個民族內部的階級與階級間的驚人戰爭，造成了民族與民族間的驚人戰爭，造成了用武力來解決這類衝突的實際革命羣衆行動。……這就是說，盜劫了上帝祕密思想的學者這一類人在創造歷史。普通老百姓只要照着他們的天啓行事就得了。」（馬克思選集一卷三四四頁）

用腦筋裏的思想運動去偷偷地替換了實際的歷史運動，這便是唯心論者認識歷史的基本原則。

唯心論者對於歷史理解的無用性與有害性，在俄國的民粹派，社會革命黨、無政府主義者的實踐行動當中，也可以看出一個例證來。他們那種反對專制獨裁魔王的慣用方法，就是單人獨馬的恐怖，以及對個別沙皇獨裁份子的暗殺行爲等等。

使用這一方法的結果，是非常可慘的，因爲代替被暗殺的一個沙皇暴吏而來的，是另外一個殘忍的暴吏。這一個方法並不是革命鬬爭中不可缺少的工作，而且這一個方法是會阻礙羣衆革命運動的發展的。

不難瞭解，恐怖方法是民粹派用唯心論來理解歷史的自然結果。就是說，他們認為各種社會形式既然是由有力人物和善良願望來決定的，那末當前的任務自然就是去掉具有陰險叵測傾向的人物，而代替以善良心腸的人物。因為他們認為歷史是有力人物和「英雄豪傑」所造成的，人民大衆只是被動的「烏合之衆」。

馬克思主義哲學唯物論在自然科學與社會科學方面，得出絕對不同的，而且直接對立的結論來。

唯物論哲學在自己的歷史發展上曾有過許多變化。自然領域的研究每有一次新的偉大的發明，唯物論哲學也就換上一種新的形式。恰與唯心論相反，唯物論在自然科學發展方面是一個巨大的進步的因素。唯物論與僧侶主義誓不兩立，它反對君主專制和愚民政策，它推動科學的發展。

遠在古代希臘時代，唯物論哲學早就成為發展自然知識和發展自然規律性知識的源泉了。德謨克利特、伊璧鳩魯等古代希臘唯物論哲學家，在推進科學思想的世界偉大思想家中，是大名鼎鼎的。

中世紀後，科學發展的新時代開始了，寶貴的發明與研究充實了人類思想，而科學運動也重行在唯物論哲學旗幟下面發展起來了。科學得到了偉大的成就，這只是因為是棄絕了唯心論經院哲學以及唯心論的空論，而以唯物論和實驗的態度來研究自然界和探討自然界現象所致。

十八世紀法國唯物論者荷爾巴赫(Holbach)愛爾法修（Helvetius）狄德羅（Dederot）以及其他人，對於人類思想的進步，對於科學和科學認識戰勝宗教唯心論與哲學唯心論這一工作，曾有過極大的供獻。這批唯物論者反對農奴封建社會，情緒激昂地擁護唯物論，擁護科學；大聲疾呼地抨擊中世紀思想，反對宗教，痛快淋漓地對僧侶主義施行冷嘲熱罵，他們堅決主張科學進步。全歐洲近代史當中的思想的發展，完全是跟哲學唯物論息息相關、脈脈相通着的。

當然了，在唯物論者當中，也曾經有一部份人是對唯物論在哲學中的威信有損無益的。例如布希納（Buchner）福哥特等十九世紀的庸俗唯物論者，就是這一類人。他們不承認觀念與意識的任何作用，拙笨得無以復加地來談哲學唯物論。然而這絲毫未曾使唯物論失掉它在近代歐洲史中成為科學進步的領導的地位。

列甯當時曾這樣估計過唯物論的意義：

「在整個歐洲近代史中，尤其在十八世紀末的法國，曾使所有各色的中世紀的餘孽，以及所有機構中的、意識中的奴隸制度擁護者受到決定性的打擊；在這種鬭爭中，唯物論就是忠實於全部自然科學學說、敵視暴君獨裁和假仁假義等行為的唯一澈底的哲學。因此民主主義的

敵人拚命想「駁倒」、破壞、誣蔑唯物論，而擁護那直接間接支持宗教的種種唯心論哲學。」（全集十六卷三五〇頁）

列甯對民主主義敵人反對唯物論的指示，是非常重要的。民主主義敵人常常是反對科學和人類思想發展的，因爲他們在唯物論中看到那剝削社會的嚴重危機。他們在反民主主義鬬爭當中始終緊緊地抱着哲學唯心論；因爲只有唯心論使他們可能宣傳上帝所手造的剝削制度是永久存在的理論，宣傳私有財產制度是神聖不可侵犯的理論。另外一方面，社會進步的代表，如醞釀一七八九年法國資產階級大革命時代的人物，會反對過各種愚民政策；而這一鬬爭，都是在哲學唯物論的旗幟下進行的。唯物論幫助了民主主義者，證明封建理論家所一口咬定的封建社會的永存不滅是荒誕無稽的。並給與了民主主義擁護者以創造人類的民主主義的理論基礎，創造人類生存條件以及改變人類生活手段的民主主義的理論基礎。

哲學唯物論是科學發展的基礎，所以千千萬萬的偉大自然科學家，都是不知不覺的唯物論者。這並不是沒有道理的。當他們論及自然界時，就把握了自然界，而且把自然界當作客觀的並非各種唯心論所主觀揑造的實際的存在物。這也是一個有利的證明：即假如不是一個思想上的唯物論者，就不可能使科學發展。

唯物論在馬克思哲學學說中已登峯造極而達到了它的最高的形式。列甯說：

「馬克思哲學是完整無缺的哲學唯物論，因爲它給人類，尤其它給工人階級以偉大的認識工具。」（全集十六卷三五一頁）

馬克思以前的唯物論，多多少少總是不完備的。因爲它們不是形而上學的唯物論，便是反辯證法的唯物論。那種唯物論並不在聯繫上、發展上和變化上研究自然現象和社會現象。正相反，它們把現象當作是固定不變的，永遠如一的形式；縱令它們承認發展，但它們所承認的發展也無非是不變的、周而復始的兜圈子的運動。

馬恩二氏應用了黑格爾辯證法中的所有精髓而批判地改造了它，使唯物論抬高到辯證法唯物論的階段。他們跟形而上學的唯物論者不同，他們把自然界與社會認作是「非靜止的、非不動的、非凝固的、非不變的狀態；而認作是不斷運動着的、變化着的、不斷更新着的、發展着的狀態；在這裏經常是某種東西發生着和發展着，經常是某種東西在沒落着和死亡着。」（聯共黨史簡明教程一〇一頁）

馬克思主義哲學唯物論認爲物質與自然界是客觀的現實，是首要的基源物。物質本身也不能跟運動分開。運動是物質存在的形式，是物質生存的形式。自然界發展的整個歷史過程，是物質的發展過程，是一個運動形式到另一個運動形式的轉變。人類思想的本身只是這一物質發展歷史過程的產物，只是高度組織化的物質的產物。

馬克思主義哲學唯物論是自然科學發展的唯一科學基礎。然而這種唯物論跟馬克思以前的唯物論所不同的地方不單是對自然界的辯證法的觀點而已。前此五花八門的唯物論，對於社會對於社會發展法則都具有唯心論的見解。舊的唯物論者，對於自然界的意見是唯物論者，在社會問題方面則是唯心論者。

例如十八世紀的法國唯物論者，就是這一類的唯物論者。他們認爲人、人的行爲和人的嗜好，都是因社會環境而有所不同；然而他們的出發點，却認爲只有「理性社會」和「公正社會」的觀念可能改變現存情形，可能創造社會生活的新條件。他們在理解社會規律性方面，是唯心論者。

馬恩二氏也把哲學唯物論傳播到社會發展方面去。

「馬克思曾充實和發展了哲學唯物論，以致達到完善無缺的程度，並把唯物論對自然的認識擴張到對人類社會的認識上去。」（全集十六卷三五〇頁）

把唯物論的基本原則——以物質爲基源物——應用於社會，那就是說，社會生活物質條件也是基源的、根本的，而社會意識只不過是這種條件的反映而已。

馬克思和恩格斯非常澈底地把這一原則應用到社會裏，終于完成了科學上的偉大改革。

馬恩二氏給與了人類主要是給與了工人階級以眞正科學的社會發展的理論。他倆驅逐了唯心論的神祕論。因爲神祕論認爲社會決定於偶然，決定於「偉人」的觀念，更因爲神祕論否認社會發展的客觀規律性。

馬恩二氏所教育的新一代的人們，常常是使物質生活條件服從自己的。這種物質條件、或物質財富的生產方法，確定人類生活的所有類型：如社會關係、社會統治形式、以及人類意識與觀念。物質生活條件的發展與改變，勢必引起社會關係以及所有政治與意識形態等上層建築的變化。在舊社會的核心中，現在社會關係變化的條件，以及向新社會轉變的條件，都在醞釀、都在成熟。這種轉變，並非觀念使然，也非理性使然，而是生產力的變化使然，而是生產力的發展使然。

因此，社會發展中有一個鐵一般的、必然進行的客觀規律性。就是這一客觀規律性才能創造人類自覺行動的可能性。假如沒有這種規律性，那末個人、整個階級、以及政黨就不可能自覺地行動。只有社會法則的知識，才能給戰鬭階級以自覺鬭爭的與自覺革命行動的銳利武器。

「這就是說，無產階級的黨，要在政治上不犯錯誤，要不陷於空洞無物的夢想，就不應該按照抽象的『人類理性原則』行動，而應該根據社會發展決定力量的社會物質生活具體條件行動；不應該按照『偉人』的善良願望行動，而應該按照社會物質生活發展的現實要求行動。」（聯共黨史簡明教程一一〇頁）

舉例來說，馬克思主義黨的實踐行動，是由哲學唯物論的基本結論來指導的。聯共黨史簡明教程上說，在全面集體化的時期，曾發生過許多錯誤。

「雖然中央曾指示過集體農莊運動的主要關節，是只拿主要生產工具，實行公有化的農村經濟合作社（Artel）；但有些地方竟越過合作社的範圍，而採取公社形式，把住宅、非商品的乳牛、小家畜家禽等等都公有化了。」（同前書二九四頁）

黨和斯大林已指示過由上面來下命令實行公社，這是不容許的；因爲該階段集體農莊運動的主要形式，是農村經濟的合作社。但實行公社的時期，卽實行最高形式的集體農莊運動的時期，尙言之過早。黨反對以公社代替合作社，黨並非按照什麼抽象的「人的理性原則」作事的；如果按照理智說，自然是公社比合作社好。黨的行動的依據，是馬列主義哲學唯物論的主要原則，因爲該原則認爲社會物質生活的具體條件，是社會的主導力量。就是這個主導力量，客觀地確定了農村經濟合作社是該階段集體農莊運動的主要形式。根據現在生產力的情形，只有農村經濟合作社可能是集體農莊運動的主要形式。只有這一個形式適合於當前的物質條件，只有這一個形式是我們社會物質生活發展所眞正要求的東西。

要想把公社作成現代集體農莊運動的主要形式，則目前尙沒有充分的客觀物質條件。

公社跟合作社的不同點，在於公社不僅主要生產工具是公有的，而且分配和生活狀況也是採取公有形式的促成這一高級形式的集體農莊運動者，並非「人類理性原則」，而主要是生產力和技術的實際發展。

斯大林在十七次黨代表大會的報告中說：「將來的公社是從發展的、富裕的合作社中長成的。將來的農村經濟公社，是在田野裏合作社農場裏有了豐富的種籽時，有了豐富的牲畜、家禽以及各種其他生產品時，才能成立；是在合作社的洗衣所機械化以及廚房和麵包場等現代化後，才能成立；是男集體農莊員看見從農場領肉類和牛奶遠比自己餵牛和養小牲畜有利時，才能成立；是女集體農莊莊員看見在食堂裏吃飯從麵包場裏領麵包在公共洗衣所裏洗衣裳，遠比自己親手動作上算時，才能成立。將來的公社，將在更發達的技術基礎上和更發達的合作社基礎上發生，將在用之不盡取之不竭的生產品基礎上發生。」（列甯主義問題四六九頁）

集體農莊運動的實踐發展，這不折不扣地證明了黨的路線是正確的。農村經濟合作社，是廣大農民羣衆意識上所允許的形式；過去和現在、合作社都曾經鞏固過集體農莊，提高過他們的富裕程度、發展過他們的生產力。我們眼中的農村經濟合作社，是在準備未來農村經濟公社的轉變條件。現階段來發展和鞏固這種集體農莊運動之主要形式的合作社，就是走向未來公社的道路，也就是邁向生活更富裕和更文明的道路。

因此，黨之所以提出農村經濟合作社爲集體農莊運動的主要形式，這是根據物質生活條件決定社會形式，以及社會形式必須適應生產力這一原則的緣故。換言之，黨的立脚點，就是從馬列主義哲學唯物論中所得到的結論，就是從正確地揭露社會發展規律性的革命理論中得到的結論。

這樣，理論就成爲社會發展的偉大力量了。

只有那些不立脚於社會發展客觀規律性的觀念和理論，和不產自這一規律的觀念和理論，才是空洞無物的，才是徒勞無益的。

正確反映社會發展客觀進程而立脚於客觀社會法則的這種理論，就是巨大的革命力量。

馬列主義的理論就是這樣的。它極深刻地反映着社會物質生活發展的成熟要求。因此這一理論的力量就是最客觀的歷史進程的力量。知道這一理論，用這一理論武裝起來，並且在這一理論的旗幟下行動。這就是說實現已經成熟的歷史要求。這就是說：一定取得勝利。

現在我們根據上述作一簡短的結論。

哲學中的兩個基本陣營，兩個基本派別，過去和現在始終進行着互不妥協的鬬爭的，就是唯心論和唯物論這兩個派別。唯心論否認物質和自然爲基源物，否認其爲一切存在物的源泉；它把人類的思想趕入僧侶主義的牛角尖裏去，尊崇一切的反動物和腐敗，而反對新者和革命者。革命無產階級學說的馬克思主義，給哲學唯物論帶來了澈底的勝利。馬克思唯物論的基礎，是自然與社會的客觀法則。它研究自然與社會的固有法則，並且按照着這種法則行動，在實踐上改造世界。這就是應用於任何知識與實踐領域內的馬列主義哲學唯物論之偉大力量所在。社會鬬爭條件上的眞正知識和正確理解，只有站在哲學唯物論的基礎上才能達到，因爲唯物論的最高最澈底的科學形式，就是馬恩列斯的辯證唯物論。

84

第一章　現象的普遍聯繫與相互依存

形而上學與辯證法——辯證法反映自然界與社會中的普遍聯繫與相互依存——[illegible]有機物自然界的聯繫與相互影響——馬克思與恩格斯發見了和科學地證明了人類社會現象的普遍聯繫——自然界是統一的聯繫的整體——聯繫指出統一的、規律的世界運動過[illegible]認識聯繫與相互影響是神祕主義與唯心論的源泉——辯證法論現象的相互影響與主導原因——估計物體的重要聯繫與關係之全部總和——正確認識與正確行動的條件——結論

一

前面我們已經講過，馬克思主義哲學唯物論跟唯心論不同，它認爲世界根本是物質物，且斷言自然界和存在是基源物，而意識是物質產生出來的副屬物。

自然界也像社會一樣，是按照自己的特殊法則發展着的，它並不需要任何彼岸的上帝的法力。由氣狀的熾熱的燃燒濃霧發展到現在太陽系的形狀，由簡單而無固定形式的微小生物體發展到形狀萬千的現在的有機世界，世界發展到人類——這一切自然界歷史的發展，只有一個原因；而這個原因，就是自然界本身，就是物質發展的客觀法則。

因此，唯物論是用科學方法來說明和理解自然界與現象的。不過很容易看到，尚有許多未解決的問題存在着。

現象間的相互關係是怎樣的呢？它們之間有沒有聯繫呢？它們是相互規定的呢？還是漠不相關地個別地孤立的呢？

按性質說，世界是物質的。然而世界是以何種方法存在着的呢？是靜止狀態，還是發展狀態？它是處於千秋萬古永恆不變的狀態中呢？還是由低級的簡單的形式向着高級的複雜的形式在不斷發展、不斷變化、不斷進步着呢？

假如自然界並不是千秋萬古始終一樣的，而是發展着的，那末它的發展法則是什麽？、所有這些問題，都需要一個明確的解答。由這些問題的解決法上，可以確定我們處理自然現象和社會現象的態度，就可給我們一個研究這些現象的確定方法，給我們認識的與實踐行動的方法。

馬克思主義辯證法就是這樣一個方法，是唯一科學的革命的方法；因爲它能使我們正確地認識現實，它能使我們在最複雜的社會生活條件之下決定態度和行動。

馬恩二氏的革命辯證法，是總結所有人類思想和社會實踐二者的歷史發展後產生的。如在科學領域內沒有十九世紀造成的那些煇煌燦爛的成就，那麽革命辯證法的產生是不可能的。革命階級（無產階級）的思想家及代表，是這一辯證法的創始人和發明家，這也決不是一件偶然的事。只有這一階級的代表才能從十九世紀的科學發展中從資產階級社會的階級鬥爭中，得出所有的結論來。

在十九世紀以前的悠久期間內，說明自然界與社會法則的，主要是形而上學的方法。這一方法的發生與鞏固，是在科學發展時期（十五——十六世紀）即主要任務首先在於分解自然界爲數部份，並且互不聯繫地，不在發展與變化中分析這類孤立部份的時期。這是科學發展的必經階段。

假如沒有這種分析，科學是不能正確說明世界的一般輪廓的。然而這種對事物的跟其他現象互無聯繫、與其發展無關的研究方法，就養成了忽視事物發展變化的習慣。

在這一個時期，學者們以爲世界是一成不變的，因而也就以爲自然界並無發展，同時也就以爲許多自然現象間並無內部的必然聯繫等等。

正是在這個期間，形而上學對世界的見解也就成立起來了。後來這一見解竟由自然科學移到哲學裏面來。於是形而上學方法及形而上學的思惟方法，便成爲一切認識領域內的流行方法了。

恩格斯在社會主義從空想到科學的發展一書中，詳盡地指示出了這一方法的特徵。

「對於形而上學論者說，事物及其思惟的表現（概念），都是獨立的、不變的、凝固的、一成不變的東西；它們必須一個一個地互無連繫地加以研究才行。形而上學論者在極矛盾混亂中思索着；他們的根據是：『是就是是，否就是否。』這全是狡辯。在形而上學論者看來，物體不是存在就是不存在；這正如一個物體，不可能同時是自己本身，又是另外一件物體；肯定與否定，二者是絕對不能並立的，原因和結果是完全不同的，二者是永久對立着的。」（恩格斯著社會主義從空想到科學的發展參看馬克思選集一卷一八九頁）

然而科學思想幷沒因有形而上學的阻撓而停頓，却大踏步走到前面去了。它積累了大量的新的事實，造成了與形而上學方法相反的驚人的偉大發現。十八世紀末葉和十九世紀初葉，科學所反映出來的世界已完全和形而上學所說的大相逕庭了。從這時起，才知道我們人住的地球也像整個宇宙一樣，有悠久的發展歷史；從這時起才知道活的有機界是由死的無機自然界產生的；從此才知道人類並不是開天闢地就有的；從此才知道事物始終是處在發生與滅亡的不斷過程中。恩格斯關於這一點曾經說過：

「所有的堅硬者，都會分解；所有的固定不變者，都會消失；所有公認爲千秋萬古不能磨滅者，已承認將瞬息即逝；所有的自然，都是流動不息旋轉不已的。」（恩格斯著自然辯證法十三頁）

換言之，因此便知道自然，決不像形而上學論者所說的那樣存在着；因此也便知道，自然界的法則有完全跟形而上學法則不同的辯證性質。所有這些科學上的偉大成就，應該創造出一個正確反映客觀世界發展法則的新的科學世界觀。

誰能作這件事情呢？

前此在反封建制度鬥爭期間曾是革命階級的資產階級，一掌握了政權，它就成爲反革命的階級了。現在它爲了自己的利益，拚命鞏固統治權，使之萬世不滅，拚命教人民羣衆相信資產階級制度是最入情合理的制度。

形而上學對於資產階級要求自己的秩序萬古千秋、一成不變，曾給了一個理論根據。所以資產階級因自已的迫切利益，而冒稱形而上學是最科學的認識方法。

工人階級遠在十九世紀中葉就成爲反資產階級和反一切舊社會力量的革命階級了。只有這個階級，從不想朦蔽和曲解眞的世界情形，也只有這個階級能夠產生科學革命的思想家。馬恩二氏就是這樣的思想家。

馬恩二氏總結了數百年以來的認識上成就，發見了社會發展的法則，澈底摧毀了形而上學方法，並造成了辯證法和發展的辯證理論。

二

辯證方法與形而上學方法，二者是根本對立的。

形而上學的一個基本原則，就是否認自然現象間的普遍聯繫與相互依存的。形而上學者認爲每一個物體和每一個現象，都是跟其他物體與現象漠不相關、而且相互獨立的。形而上學者看見個別的物體，而看不見個別物體的相互聯繫，看不見個別物體的相互規定、相互影響。所以站在形而上學的觀點上說，研究物體是應當一個一個地研究，應當互不相涉地研究。

例如十八世紀的學者，研究動植物界時，曾認爲那種類衆多而繁雜的所有動植物界，都是開天闢地以來就如此的、永遠不變的。十八世紀的學者，對於有機物的存在，並沒有跟周圍的自然條件聯繫起來觀察，同時對於動植物本身間的密切聯繫與相互作用，也忽略了。

至於具有意識的這個高級動物——人類，形而上學者則否認人類與其他動物界間的所有聯繫，即否認人類是從這個動物界發展而來的聯繫之證明。

形而上學者並沒有看見非生物與生物界間所存在着的極密切的聯繫，即形而上學者並沒有看見可以證明生物是由非生物發生而來的這種聯繫。對於這一點，康德曾舉出一個很好的例子。康德曾說過太陽系構成的科學理論。他證明這個太陽系決不像形而上學者想像的一樣是一下構成的；他證明這個太陽系的發生是長期發展而來的結果。康德說過：「給我物質，我給你們建築一個世界罷。」然而就是這位摧毀了形而上學具體概念的康德，據他自己的意見，却在最簡單的生命表現前手足失措大驚小怪。他聲明說：不難說明太陽系是由物質按照物質運動法則如何構成的，然而却絕對不可能用這種法則來說明一個單純的昆蟲的由來。自然他就可以在此得出一個結論來說：生命是最高造物主上帝創造的，而生命的由來並不能用科學方法來說明。

形而上學者對於社會發展現象的研究，也採取了同樣的觀點。這一類哲學家的典型，就是十八世紀的法國唯物論者或十九世紀初葉的烏托邦社會主義者。

法國唯物論者如愛爾法修、荷爾巴赫、狄德羅等對於科學和哲學唯物論，都曾有過極多的供獻。但他們對於社會的認識却是形而上學的。他們反對封建制度和擁護比較進步的社會制度，也會否認過存在於前此社會發展階段與新時代間的聯繫。他們把過去的一切，都認爲是人類錯誤與愚笨的結果。他們不瞭解：如沒有前此的社會發展，也就不可能產生他們所擁護的新社會制度；他們不瞭解這個新的制度是由自己的線索跟所有社會的歷史發展聯繫着的。

十九世紀初葉出現的烏托邦社會主義者，也認爲他們以前的人類是徒然耗費了自己的心血，徒然奮鬪了一生，徒然創造了文化，徒然發揚了科學和藝術等等。他們認爲所有這一切，都是白費了工夫，因爲人類當時沒有合理的社會主義社會制度之正確觀念。例如一個烏托邦社會主義者傅利葉曾聲言人類的不幸曾拖延了「兩千三百年，這是由於哲學家忽略了對聯想(association)和引力(attraction)的研究」就是說，按傅利葉的意見認爲忽略了研究應當使人類社會生活發生變革的事實。

「讀者應當瞭解，唯有我所鼓吹的發見，比人類生存以來所作的其餘一切科學工作，都重要得多。」（見傅利葉著四種運動與普遍命運論三三頁）

烏托邦社會主義者曾經供獻了許多天才的意見，其中就有社會主義的意見；然而他們對於一般社會歷史的觀點，却像讀者所看到的一樣，曾經是形而上學的。

在形而上學者看來，社會是各自行動、我行我素、不受生活歷史條件所限制的各個人相互間沒有聯繫的機械總和。他們把統一而不可分的社會的機體，人工地分解爲彼此孤立的片面或「因素，」因爲他們把這種「因素」本身也看作是彼此無關的東西。

馬克思主義辯證法，在聯繫這個問題上，是完全按照與形而上學方法不同的原則作立場的。辯證法毀壞了形而上學在否認自然現象與社會現象的普遍聯繫與相互依存時所憑藉的一切基礎。

聯共黨史簡明教程一書曾指出：現象的普遍聯繫與相互作用，和現實各方面的普遍聯繫和相互作用，是世界發展的重要法則。如果不理解這一法則，則休想談科學。

「辯證法與形而上學不同，辯證法幷不把自然認作是相互脫離的、彼此孤立的、彼此獨立的現象和物體之偶然堆積，而認作是物體和現象相互有機地聯繫着、相互依存着、相互規定着的統一整體。

所以，辯證法認爲：假如用孤立的方式，不跟周圍的現象聯繫着來看自然現象，那末就連一個現象也不能瞭解，因爲任何自然領域內的任何現象，如果認爲它是與周圍條件漠不相關，或認爲它是與周圍條件不相連屬的，那它就會成爲毫無意義的東西；反之，如果從周圍現象的不可分離的聯繫上觀察，從周圍現象的依存性上觀察，則任何現象都可能瞭解、都可以把握。」（一〇一頁）

馬恩列斯四氏曾用種種方法強調辯證法的這一面和這一特點，並指出其偉大的意義。

列甯在黑格爾的邏輯科學概論一書裏列舉辯證法要素時曾說過：

「……每一種事物（現象等）的關係不僅是五花八門的，而且是一般的、普遍的。每一種事物（現象、過程等等）都跟其他每一種事物聯繫着。」

在另一地方列甯又說過：

「一切個別的東西，都由於幾千次的轉變，而跟其他一連串的個別的東西（事物、現象、過

程）聯繫着。」（哲學筆記二一二頁，三二七頁）

千千萬萬的事實、所有的一切現實，都證實了唯物論辯證法這一法則是正確的。

現象的普遍聯繫與相互依存法則，也跟馬列主義辯證法的其他一切法則一樣，都是總結現實和客觀世界的事實而形成的。

現象的聯繫和相互依存，是自然界本身中固有的東西，而並非人的腦筋中所臆造出來的。這一種承認，就是馬克思主義辯證法跟唯心論理論不同的地方。唯心論對於這種重要的聯繫形式（即因果關係和因果聯繫），解釋爲主觀的東西；也就是說，唯心論認爲自然界本身中並沒有任何因果關係；它認爲因果聯繫是人類本身給自然界加上去的。英國哲學家休謨認爲現象間的因果聯繫是一個習慣的問題，而否認因果關係的客觀性質。他說過：人類只是見慣了緊隨某一個現象，又出現另一個現象，而實際上並沒有任何內在的、獨立於人類意識外的、現象間的那種聯繫。

康德也曾經說過：因果關係只是人類意識中所特有的範疇。按康德的意見說，自然界中主宰着的是混亂紛歧和專橫獨斷；人類的意識，使這種混亂規律化，人類的意識把因果聯繫套到自然的頭上。

十九世紀和二十世紀科學的功績，以及這一時期偉大科學發明的意義，就在於它們發見了自然界的統一，發見了物質運動所有形式的統一，發見了現象的普遍聯繫。

關於形而上學對於有機物界的觀點我們前面已經講過。十九世紀中葉，英國學者達爾文曾經在這觀點中惹起了天翻地覆的革命。他證明有機物界是有悠久的發展歷史的；他還證明：這種歷史是統一的規律性的過程。這個過程是和那簡單形式變爲複雜形式，低級形式變爲高級形式的有機物形式的變化，相互聯繫着的。

達爾文發見了動植物界的變化與發展。他首先指出：脫離了動植物周圍的自然條件、去研究動植物，是不可以的。假如有機物不能適應天然環境，那就不能生存。達爾文列舉過動物適應自然條件的無數驚人例證。在這一適應過程當中，動物就發生了一些新的徵候，就發生了一些最初是偶然的變化。假如這類變化是幫助有機物保持自己生存，征服自然條件的，那末牠們就一代一代地遺傳下去、和發展下去，並使該類該種進化下去。由於這種適應和變化，一個種就變爲其他更高和更完全的種了。

然而問題還不單限於動物跟自然條件的聯繫和相互作用而已。達爾文還指出，有機物界本身內部有不可分割的聯繫與相互依存關係。植物、動物都不是個別漠不相關地生存着，而是彼此相互依存着、相互規定着。達爾文曾引證過許多的實例說：在有機構造上相距頗遠的植物和動物，往往被複雜的相互關係的網，密切交織着。」—（物種原始一六五頁）

例如達爾文曾指出三色堇菜和貓之間的聯繫。三色堇菜只有靠蜜蜂去採它，它才能開花結實。然而一切蜜蜂當中唯有大蜂才採三色堇菜。因而假如大蜂種全部死亡或稀少起來時，則三色堇菜或許也要隨之死亡或稀少起來。不過蜂的數目，多半按田鼠的數目多寡而定。因爲田鼠是可以毀滅牠們的蜂房及巢穴的。而田鼠的數目又多半按貓的數目多寡而定。於是達爾文便作結論說：「某地貓種動物的數目一多，則最先經過鼠的媒介，然後再經過大蜂的媒介便可使該地某種植物花繁多起來。」（全上書一六六頁）

達爾文還舉過其他的實例。在一個無人煙的、廣闊而貧瘠不毛的沙地大平原上，圈出一塊不大的地方，種上蘇格蘭松。二十年後這塊平原，就大改乎其觀，令人莫辨了。不僅前此存在過的各種植物數目比例改變了，而且還另外出現了二十個新種。平原上的動物也變了，在其他平原上從未見過的食虫鳥等等也出現了。所有這些變化的原因，都只是由於種植上蘇格蘭松能了！

達爾文根據很多事實，小心翼翼地研究過動植物間的相互聯繫、相互關係、相互作用，而求出一個結論說：它們間進行着一種殘酷的生存鬬爭。這一鬥爭中的勝利者，就是最善於適應外部條件的。這些比較更適應環境的種，生存下去，把自己的特徵一代一代地遺傳下去，於是這些特徵在發展過程當中日益改進、日益適於自然界。這種生存鬥爭和重新獲得特徵的遺傳，便成爲有機物界天然淘汰和歷史發展的基礎。

因此，達爾文便澈底推翻了形而上學關於生物界的觀念，並創造了眞正的生物學。達爾文順利地解決了這一偉大的任務，這是因爲他把世界看成爲統一的整體，看成爲一種過程；而這種過程的所有部份、所有構成份子，都是相互聯繫着、相互依存着、相互決定着。假如達爾文看不到有機物與無機物間的相互關係，假如達爾文看不到有機物界本身內部的相互關係，那末他也許不能對科學發揚光大了。

不僅生物界，就是無數其他各種事實，也可能證明現象的普遍聯繫與相互依存這一辯證法法則。

很多代的人們，都以爲我們住的地球本身，是一種上帝特別賜與人們幸福的特別世界。但科學告訴我們，地球也不過是散佈在宇宙空間中千千萬萬天體當中的一個那些天體就規模說，還要比地球大。光譜的分析證明，凡在地球及生息在地球上面的活的有機形體物質，在別的行星、太陽、星球等的機構內也是有的。這證明了地球與其他一切行星的密切聯繫與統一，這證明了它們來歷的統一、它們法則的統一。

當人們還不能根據相互聯繫的觀點，觀察無數行星的宇宙時，必然就會產生出一種宗教觀念，說地球是上帝造成的，太陽是爲人照光取暖而安排的。太陽、地球及其他行星間的聯繫與相互作用一經發見，則立刻打破了這種宗教觀念。而證明地球也像其他若干天體一樣，圍繞中央天體太陽旋轉證明太陽與地球間正如地球與月球間一樣，有以引力及拒力法則爲基礎的相互作用；證明我們所居住的行星具有這種機構巧妙的特徵，而在其他行星上也有這樣可能因爲這些特徵，是在地球長期凍結的過程中，是由於無數物質的轉變而發生的。

宇宙運動形式的豐富與繁雜、宇宙的五顏六色，實令我們驚奇不置。十九世紀的科學，曾堅決規定說：所有這些多樣性，都是物質運動的各種不同形式，這種運動形式都是相互間密切的聯繫着，相互間轉變着，彼此分不開的。

「我們看見很多運動形式，如力學運動、光、熱、電、磁力、化學的合與分、凝結的轉變、有機生命等，所有這一切——暫時把有機生命除外——都是相互轉變、相互決定，在此處是原因、在別處則是結果，而且運動的總和，在一切形式的變化下，仍舊是一樣的……」。（恩格斯自然辯證法一一五頁）

普遍聯繫與相互作用，也主宰着人類的社會生活。馬恩二氏的最偉大供獻，就在於他們在人類思想史上最先指出：人類社會發展的有規律的過程，是在鉄的自然的歷史的必然性中來行進的。同時他們在社會科學中引起大革命的重要條件之一，就是他們按照辯證法法則——人類社會現象與各方面的普遍聯繫的法則——來觀察社會和觀察社會歷史的發展。

在形而上學看來，社會是由零亂散漫的個人構成的，而個人是按照自己的法則活動的。假如人們結合成爲一個社會，共同勞動；那末這一結合的原因，形而上學者便認爲是某種觀念，便認爲是人們相互間所締結的契約等等。馬恩二氏曾經指出：事實上人們間存在着一個必然的聯繫；還指出物質財富生產的要求，人們的物資生活條件，把人們聯繫成爲社會，要求人們結合起來，共同勞動。原始人類曾經共同勞動過，然而這決不是因爲人們相互間曾經就這一點締結了條約，而是因爲人們不如此，就不能跟自然界鬥爭的緣故。

因此，在每個社會裏，不論在那一個發展階段上，都有人們間的一種聯繫，都不能不有一種生產關係。然而生產關係是要看社會生產力的發展程度而定的。生產力跟生產關係共同構成物資生產方法，而生產方法又決定所有的社會發展方向。

在一定的經濟基礎上產生一定的政治制度，一定的國家。絕不要撇開生產關係的類型，而單獨孤立地來觀察國家。資產階級的思想家和改良主義者都拚命說：剝削社會的國家，是超階級的組織，是跟統治階級沒有關係的，並不是從支配的生產關係中產生的。馬克思說：每一個時代的政府，都是當時社會統治階級的代表機構，且維護統治階級的利益。國家是完全決定於生產關係類型的。封建生產關係，曾經促成了封建君主政體的國家；而資產階級的生產關係，曾經招致了立憲君主政體或資產階級民主共和國。然而不論封建國家或資產階級國家採取什麽政治形式，但總脫不掉是剝削階級的專政。

根據這一點就可以知道：社會主義革命當推翻資產階級統治，而建立新型的生產關係時，就不能不侵犯到舊的資產階級國家。社會主義革命破壞舊的國家機構，而創造無產階級專政的新國家。

不僅國家，而且所有政治的和意識形態的上層建築，如法律、科學、哲學等等，都跟社會經濟制度密切聯繫着，都跟國家相互規定着。

馬恩二氏以前，社會意識的和意識形態的發展，都被認爲是偶然的東西，都被認爲是以人們的聰明與愚笨爲轉移的。

馬恩二氏曾證明社會意識決定於社會生活，以致粉碎了各種神秘主義對意識形態的解釋。當不跟產生它們的社會條件聯繫着，去觀察階級社會裏的某一觀念或某一意識形態，那是不行的。把觀念跟社會過程的其他方面的關係分開，最後再跟人類生產關係制度的關係分開，而從「萬世不移」的觀點去觀察觀念，這就會成爲反動階級手中的盲目工具。

列甯不止一次地指示過：假如人們不學會看清楚各種觀念和理論背後的現實的階級利益，那末將永遠成爲自欺欺人的犧牲品。應當把觀念和理論同社會上發生的經濟過程和政治過程，跟個別階級所提出的任務，聯繫起來才行。

總之，社會生活和社會鬥爭領域內的實例，也和前面我們所講過的自然現象一樣，都表示出在所有現實中普遍聯繫的與相互依存的法則在主宰着一切，並表露出這一聯繫法則和相互依存法則，是任何現象和任何過程中都具有的顛撲不破的特徵。

三

發見了現象的普遍聯繫這個辯證法特徵，在理論上是有極大意義的。例如凡是視宇宙爲混亂的偶然物這一觀念和見解，由視宇宙爲統一的聯繫的整體、爲統一的規律過程這一理解所代替的地方，眞正的科學才能開始出現。

科學擁有聯繫和相互作用的理解，擁有現實發展規律性的理解時，才能奠定根深蒂固的基礎，不爲任何宗教偏見和唯心論偏見所動搖。

普遍聯繫法則在理論上的偉大意義就在於它從現象與過程的必然性上，從現象與過程的相互規定性（使全部世界歷史成爲統一而有規律的過程之規定性）上指出現象與過程的發展。

正如列甯談及現象的辯證法聯繫時，曾着重指出這一點。列甯說：「……每一現象所有方面的相互依存關係和密切不可分的聯繫……都表示着統一的有規律的世界運動的過程……」。（全集十八卷十二頁）

聯共黨史簡明教程一書也曾着重指出辯證法視自然界爲「聯繫的統一的整體。」形而上學的世界觀，認爲現實世界是不能採取聯繫的、統一的、規律的過程形式的。假如始終一貫地主張這一觀點，就會認爲所有的現象，都是彼此隔離的、彼此漠不相關的；凡是現在有的東西，並不由以前曾經有過的東西所決定，因此就不可能有統一的規律的運動過程。

最典型的一個實例，就是一個俄國民粹派拉甫洛夫對歷史的形而上學觀點。拉甫洛夫認爲全部人類社會史，是實驗的總和、是按各種理論假定所完成的一串經驗。這樣看來，他認爲在全部歷史期間，國王、皇帝、部長、政治活動份子、哲學家等，都進行各式各樣的社會實驗，亦如物理或化學在其本位領域內進行實驗一樣。同時按拉甫洛夫的意見說，現代「眞正」的哲學任務，就在於從實驗的歷史中選擇最適合於人類天性和人類要求的成份、選擇適應萬世理想的正義與道德之成份，以創造新科學的歷史過程公式。

拉甫洛夫說：「經濟理論與政治理論並沒有白發展；社會主義煉金術者，如普魯東、穆爾（Moor）、聖西門、傅利葉等並沒有白試驗過自己的哲學試金石、和自己的長生藥；十八世紀中葉的國王和大臣們，並沒有白實驗過由上而下的改革力量；政治革命家並沒有白用國會議決的辦法修改過憲法和法典。所有這一切理論經驗和實踐經驗、得出的完全確定了的結果，都是替那謹愼的公正的觀察家準備的。」（拉甫洛夫全集三卷一三四——一三五頁）

拉甫洛夫繼續說：「這所有的事實，是可以在虔誠渴望眞理的情形下，可以在謹愼地取同去異的情形下，清楚地理解到基本的社會學眞理，即明瞭正規的共同生活所能、亦所應當滿足的、自然和健全之人類的要求。」（拉甫洛夫全集三卷一三四頁）

這一理論，一望即知，根本就是十足的形而上學觀點。拉甫洛夫怎樣理解人類史呢？他把人類史並非理解作規律過程，而理解作一串混亂的事變，理解作出沒無常的現象。在這種歷史的混亂中，在這種偶然性支配一切的王國裏，你要作什麼就能作什麼；你可能聯結幾塊歷史經驗，設計一個你認爲跟「萬世不變」更爲接近的歷史進步形式。拉甫洛夫及其同類理論家是把現象跟其他現實的現象聯繫割裂開來研究的。他們看不見社會史中的任何規律性。

在研究現實的時候，假如根據現象的普遍聯繫和相互依存法則，就會得出與上述絕對相反的結果來。

整個自然界、自然界的發展史、生命的出現、生命由低級形式到人類的發展、人類對原始社會的結成、該社會形式藉社會發展的內部法則而向階級社會形式的轉變、後來更進一步的社會形式變化，——所有這一切都是「聯繫的統一的整體」，都是「統一的規律的世界運動過程。」

使用這種科學的唯一正確的研究現實的方法，才能理解和觀察**歷史必然性**上的現象與過程。在拉甫洛夫這一類型的唯心論者和形而上學者看來，比如奴隸社會或資本主義社會的存在，乃是可有可無的純粹偶然物。他們站在這個或那個觀念的觀點上，把這些社會的存在跟每一時代的物質條件分開來考察，跟特定的歷史環境分開來考察；反歷史主義，是形而上學的主要特徵。但站在正義觀念的觀點上，來判斷奴隸社會的好壞，這是不可以的。奴隸社會的存在，會跟一定的生產力水平有關聯，會跟分工等社會過程有關聯，因爲這種社會過程產生於氏族社會，而準備了奴隸社會出現的必要條件。所以該社會的出現，是歷史上必然的，也如資本主義制度將在歷史上必然爲共產主義所代替一樣。

普遍聯繫與相互依存原理，能指出各種社會制度之重大的、眞正的客觀的原因，並能說明歷史的研究方法，說明對事物的歷史觀點。

凡是否認現象的聯繫和否認現象的相互依存的地方，都不可避免地有神祕論、鬼怪說、超自然力的迷信等在盛行。因爲這裏，不可避免地把偶然者當作必然者、把表面現象當作本質、當作主要者。

大抵宗教總是堅持說：自然現象或社會現象的由來，並不跟他們以前的發展有聯繫，並不跟其他現實現象有聯繫，而是最高主宰者神的意志所造成的。

在資本主義社會里，無政府狀態和競爭到處盛行着。很多的現象都是以極端神祕的姿態和超自然的姿態出現的。

馬克思曾經說過：在商品生產佔優勢的時代，奇蹟和幽靈就包圍着勞動生產品。資本家利潤的眞實來源，是被掩蔽了。由表面上來看，似乎資本是直接生出利潤，似乎生利乃是資本的一個本性，這正如梨樹結梨的本性一樣。

遠在直接生產過程中，資本家與工人間的關係就充分被掩蔽起來了。然而資本一轉入其他與生產過程不直接相聯繫的範圍，就完全弄模糊了人類的眞實關係。例如：資產階級社會裏有一類人，除放款收息，藉此致富發財外，簡直無所事事。放出的款子，經過若干時期，就會生數倍於本錢的利息。

大家都曉得：事實上一切利潤的源泉，都是對工人的剝削，都是商品生產過程中剩餘價值的創造。然而資本主義社會下的各種投資領域，是相互孤立的，是相互間沒有直接聯繫的。商品流通範圍與商品生產範圍是分開的，貨幣資本也直接有獨立的存在形式等。

這樣看來，由於剝削工人而製造出來的全體資本家間所分配的剩餘價值，不跟這種生產過程聯繫起來去觀察利息，就會鑽進神祕論的牛角尖，而陷入抹煞資本家發財與致富的眞正原因之泥淖中了。

用馬克思的話來說，資本便成爲「卑鄙的東西和神祕的東西了。」

馬克思曾指出一切投資範圍的密切的相互聯繫，還指出利潤的眞正來源；因此資本主義關係的眞面目便暴露無遺了。

所以，爲了在必然性上瞭解事物，爲了不使偶然者和表面者偷換了必然者和本質者，就需要在聯繫上和相互影響上觀察事物。

現在請讀者注意一下我們所講的這個問題的一個重要方面罷！

在形而上學者看來，原因與結果間有一條不可逾越的鴻溝隔離着；凡是表現爲原因者不能成爲結果；凡是結果者都不能表現爲原因。

事實上我們曉得，物體間存在着相互作用：原因可變爲結果，結果可變爲原因。

但我們可否只限於談談事物間所存在着的相互作用就夠了呢？

例如，當我們研究社會主義國家蘇聯個人長處的蓬勃發展，及其各方面的飛黃騰達的原因時；我們就先從工人農民趕走了資本家和地主，肅清了剝削階級，並建設了社會主義經濟說起。社會主義生產關係是工農社會主義國家成長和鞏固的原因和基礎。蘇聯社會主義類型的國家，是偉大的歷史上空前的蘇維埃民主發展之原因。社會主義的民主，解放了人們，並給人們開闢了運用自己力量、表現自動精神和向各方面發展的廣大原野。

正如上面所說，原因與結果是互相轉化的。於是我們就可以得出結論說：社會主義生產關係，通過蘇維埃政治制度的媒介，通過社會主義民主的媒介，成爲個人長處發展的原因。蘇聯個人長處的蓬勃發展，又對社會主義經濟的發展及其發展速度，引起很大的影響。例如斯達漢諾夫運動主要條件之一，曾是新的高度的社會主義技術之出現。不過斯達漢諾夫運動，正如斯大林所說的是精通本行技術者的出現，以及盡其技術所能的人物之出現，而又是社會主義技術、勞動生產效率等更加長足進步的原因。

忘記這一客觀而有巨大意義的現象之相互作用，就妨礙了自己走上正確地、科學地瞭解事物之途徑。

但馬列主義不能只限於找出相互作用的事實來。普列哈諾夫（Plehanov）曾很正確地說過：分析只限於找出現象彼此間相互的事實，這是「相互作用的死點」。

而不越雷池一步的只限於這一點，則不可避免地將認爲一切原因和一切聯繫都是同樣的東西。

陷於這樣結論的，就有那承認現象之相互作用的，十八世紀一個法國唯物論者的著名代表荷爾巴赫。

他說過「假如我們根據結果判斷原因，那末宇宙間就沒有細小原因了。在一切都相互聯繫着的、一切都相互作用着的自然界中，……沒有一個原因不起重要而必然的作用……」。（

荷爾巴赫著自然體系一四七頁）

荷爾巴赫說過，最意外而最微小的現象，都可能成爲社會巨大轉變的一個原因。

「一個盲從主義者的肝火過於激動、一個征服者的心情過於興奮、某個君主的消化不良、某個女人的放蕩浪漫、這都可以成爲發動戰爭、調兵遣將、攻城陷陣、毀滅鄉鎮、置人民於倒懸，陷人民於飢荒疫癘、水深火熱至數百年的原因。」（同上書）

同樣的結論，也可以從下面的事實中得出來。觀念畢竟是在人類物質生活條件的基礎上發生的。而觀念又強有力地影響物質條件。根據這一點，可以得出一個結論說：人的物質生活條件和觀念，有半斤八兩的意義。

事實上並不如此。社會存在決定社會意識，無論觀念的作用如何巨大，物質生活條件、經濟基礎、生產力和生產關係等，都有社會發展的頭等意義。

因此，辯證法不僅限於肯定事物的普遍聯繫與相互作用這一原則上。這一原則經常要求考察這一相互作用的基礎，要求考察各個現象發生的決定原因和主要原因。

社會主義生產關係和社會主義意識發展的相互作用的這個基礎，就是社會主義的生產關係。

也可能有人認爲辯證法發見現象的普遍聯繫時，必須考察事物彼此間的全部原因，全部聯繫，以及全部關係。然而這並不如此。現象的聯繫極其普遍、極其廣泛，所以要考察某一現象的原因，不必要牽涉到無數的事物與事件，因為這些事物與事件對該現象是沒有直接的任何關係的，是沒有決定性作用的。

所以辯證法要求分析造成某一現象的決定性的原因，要求觀察最重要的有機聯繫和有機關係。

四

聯共黨在爭取共產主義的日常鬥爭中，就是由辯證法分析環境，由辯證法估計蘇聯全國所處的一切條件作指導的。

聯共黨史上有許多的實例告訴我們說：黨在解決最重要的革命問題時，是從各方面調查和研究社會條件和政治條件的聯繫及相互依存情形的，黨的口號是反映着每一個歷史階段形勢的特徵與特點的。

去估計到實現某種任務所必需的一切決定性的條件，經常是我們黨的行動的指導原則。

列甯說過：「現象、現實及其（相互）關係的各方面總和起來那就構成了眞理了」。（哲學筆記一八九頁）

這一句精湛的話，就是說辯證法要求估計到最重要的現象聯繫和關係之全部總和；也就是說，如忽視共同聯繫條件中一個必要環節，就有歪曲眞理和混淆問題之虞。下列事實，可作辯證法分析條件的最好說明。

在一九二九年四月聯共黨中委全會上，斯大林有一篇論聯共黨的右傾的演說，其中論到集體農莊大量發展的必要條件問題時，他曾經說，有些「左傾」空談家們硬要說黨對於發展集體農莊，失之太遲了。

斯大林證明說：考察這一問題，離開實現擴大集體農莊化所必要的整套歷史條件之聯繫，是不可以的。他說過：「要實現這種計劃，就需要把握我們從未有過而只在最近才出現的許多條件」。（列甯主義問題二四四頁）

斯大林曾經指示過：這些條件是什麽呢？

黨老早就預先看到了集體農莊和蘇維埃農莊（一譯「國營農場」——譯者）的必然性。然而單單黨的上級領導份子有這種預見是不夠的。因爲我們的黨，是千千萬萬人的黨。

「爲了實施集體農莊和蘇維埃農莊的廣泛運動計劃，首先就需要黨的上級領導份子，在這一事業上取得黨員大衆的擁護……所以需要使廣泛的黨員大衆相信上級領導份子的政策是對的才行」。（同上書）

這是第一個條件。

第二個條件，就是需要農民本身在經驗上，瞭解集體農莊強於個人經營，需要「在農民的內部成立一個集體農莊的羣衆運動。」但要達到這一點，是需要一個相當時間的。黨不能採取強迫發展集體農莊的辦法，因爲這種辦法，只有百害而無一利。

其次，爲了實施普遍集體農莊的計劃，國家手中應當握有幫助集體農莊和蘇維埃農莊所必要的物質手段。

這是第三個不可或缺的必要條件，如沒有這個條件，就休想談集體農莊。

小農經營的社會主義公有化，就是給大規模農場奠定高度技術的基礎。社會主義農場需要拖拉機、收割機、以及其他機器。然而爲達到這一點，就需要全國擁有發達的工業。

這就是第四個條件。

斯大林同志曾指出，只有全部這些條件實現的時候，黨才能提出全面集體農莊化的口號。如沒有這些條件，想要實現大量的集體農莊化，不啻是冒險的嘗試而已。

由此觀之，黨常常在利用辯證法的武器，保證順利地發展社會主義社會的建設。

現在根據本章裏面所說的，可以得出下列幾個結論來。

與形而上學者的說法相反，普遍聯繫與相互依存，是一切現實的必然法則。物體如脫離聯繫和相互作用，就不能存在了。聯繫與相互作用，使自然界中的一切運動，都成爲統一的過程。如不估計到現象與過程的相互規定性，就不能在必然性上和規律發展上瞭解現象與過程。凡是以客觀現實當作必然過程和規律過程來研究和觀察的地方，才能產生眞正的科學。

對現象的全部主導性聯繫和主導性關係之估計，就是正確認識的必要條件，因而也是正確革命行動的必要條件。

第二章　現象的運動與轉化·新生與發展

對於世界停滯和不變的形而上學的理論—機械的運動理論—辯證法的發展理論—物質與運動—辯證法認爲運動一般地說是轉化—運動與靜止—靜止、均衡的相對性與運動的絕對性—辯證法發展理論的革命本質—發生着的東西與發展着的東西之不可克服性—結論

一

形而上學者否認現象的普遍聯繫和相互依存，因而不可避免地便歸結到否認客觀世界法則是發展的，而肯定那是靜止的、不變的。

這樣的結論完全是前後一致的。假如事物彼此相互無聯繫，那末也就沒有、也就不能有發展和新生了。前面我們已經講過烏托邦社會主義者論社會主義的例證。他們在資本主義社會的發展與未來社會主義間沒有看到任何的聯繫。他們認爲社會的出現，是理性觀念實現的結果。所以他們便結論說：社會主義社會並不是前一社會運動和發展的結果。

形而上學者並不否認運動，然而他們只承認最簡單的機械運動形式爲唯一的與普遍的運動形式。

這種理論公式，在十八世紀是不以爲怪的。因爲當時全部科學之中，最發達的是機械學。化學生物學以及其他科學，還在開始發展的幼稚階段。這就是哲學家們把機械運動的形式普遍應用到世界所有領域中的顯然原因。然而現在還有擁護機械學觀點的「理論家」在科學業已高度發展到我們目前的這一時代，這種觀點是十足反動的觀點。

這個機械運動的形式究竟是什麼？這一運動形式的最簡單實例，可以比仿做二球的相撞。一個球沒有跟其他球相撞時，是靜止不動的，然而相撞後，便動起來了。所以運動是存在於兩個互相外在的物體的撞擊中，存在於那兩個互相外在的物體的相互作用中。

這就是機械論哲學家對運動所下的定義。法國哲學家狄卡爾（一五九六——一六五〇）曾經說過：運動「……無非是某物體由一處移至他處的一種動作而已」；運動是「……一部份物質或某一物體，由靠近它的似乎不動的物體，向其他物體靠近轉移位置的意思。」（狄卡爾全集一卷四九頁）

另外一個哲學家荷爾巴赫對運動所下的定義說：「運動，就是壓力；藉這種壓力，某種物體改變或要改變自已的位置，卽要完全適應各部份的空間，或要改變對其他物體的距離。」（荷

爾巴赫自然體系十三頁）

因此，承認機械運動形式爲唯一形式，這就等於承認，任何運動都是由於互相外在的物體的撞擊，都是由於外部推動，而造成的物體位置的簡單的移動。

有的機械論者，武斷地說，物質本身是被動的，說運動的發動者，是上帝。其他機械論者，雖承認運動是物質內部的不可剝奪的特性，並否認上帝爲開天闢地的主宰；但他們除了機械運動形式外，也同樣不知道其他的運動形式。

形而上學者對於運動，也抱着完全類似的理解。根據這一理解製作出來的結論是說，有的物體和現象都是一成不變的和生來如此的。所以形而上學者如想當一個首尾一貫的人，那他們對於土地、太陽系、動物、植物、人類等由何而來的問題，一定會解答說，所有這一切，過去存在，現在存在，將來也永遠存在。照形而上學的觀點說，運動並不是新陳代謝的。

恩格斯說：「照這種見解來說，無論自然是怎樣發生的，但是只要牠一經存在，只要牠存在一天，牠就一天不變的。行星和牠的衛星，有一天被神祕地「第一次推動」而運動起來後，就萬古千秋或永久不論在什麼情形之下，都遵循着它們所擺佈的軌道，不斷地旋轉。星球由於『萬有引力』彼此相互維持着，永遠停留在自己的位置上不動。地球自產生的那一世紀或那一天（按觀點有不同）起，自始至終，總是相同的，毫不變化的。現在的「五大洲」從來就有的，從來就有同樣的山谷、同樣的氣候、同樣的動植物（除掉外部人手所造成的變化不算。）動植物的種類，從發生的時候起，就永遠規定了發生時候是什麽樣子、就永遠是什麽樣子了。……他們否認自然界有任何變化，否認自然界有任何發展」。（自然辯證法八八——八九頁）

這同樣的見解也盛行於對一般現象的解釋上。例如，法國唯物論者曾經爲要用新的社會秩序去代替那舊的封建社會而鬥爭過。

他們拚命反對封建制度的方法，就是要求澈底改變物質生活條件，要求以新的社會制度代替舊的。然而他們對於這一鬥爭的說明，却是不折不扣的形而上學見解。因爲他們解釋必然代替舊社會的理由，說是永遠不變的一定的人類的特性。

他們說老早老早以前，就存在過那種正常人性的天然人了。然而這種人的內部，又添加了另外製造的人。「因此，在人的內部就發生了整個生命期間的長期內戰。有時候天然人勝利，有時候道德人、即製造的人征服了天然人」。（狄德羅文選一卷二四九頁）

反對封建制度，竟認作是擁護天然人。

正是大家所看到的，解釋這一點是根據永遠不變的「人性」這一觀念的。

不待言，法國唯物論者誤解了自己奮鬥的眞正原因，但這並沒有減少了他們行動的客觀進步的意義。同時最優秀的法國唯物論大家，曾有過不少地方竟跳出形而上學的領域幫助了辯證法的發展。然而一般說來，這些哲學家仍是站在形而上學基礎上的。

總而言之，按形而上學的觀念說，世界是不變的、是處在靜止不動的狀態中的。

那末辯證法是怎樣解答這個問題的呢?

二

單就辯證法主張在聯繫中、相互依存中研究現象這一點說，已經足夠證明革命的辯證法解釋自然的態度，是完全跟形而上學大不相同了。

從形而上學否認普遍聯繫這一點上說，就會得出這樣的世界觀，認世界是永恆不變和永恆靜止的。而普遍聯繫的辯證法理論則說，世界是處於不斷地發展、運動和新生着的過程中的。

事實上，現象的聯繫與相互作用，是表示一種現象是由其他現象產生的。生命是由無機物產生的，動植物種是在悠久的期間內由低級變爲高級的、由簡單變爲複雜的。這同樣的情形，我們憑藉普遍聯繫的辯證法原則，在社會內也可以看得到。如果沒有原始公社制度，就不會有奴隸制度；如果沒有奴隸制度，就不會有封建制度；如果沒有封建制度，就不會有資本主義制度；如果沒有資本主義制度，就不會有社會主義制度。

所以，聯繫法則指出：無論自然界也好，無論社會也好，都不是一發生就永遠不變的，而是不斷發展着的。一種現象消逝了，代之而起的是另一種現象。

列甯根據着這一點曾經說現象的普遍聯繫建立了統一的世界運動的過程。

「辯證法跟形而上學不同。辯證法並不把自然當作靜止和不動的狀態來觀察，而當作不斷運動着、變化着、不斷新生着、發展着的狀態來觀察。同時認爲自然界內部經常有一些東西在發生着發展着，也經常有一些東西在消滅着死亡着。

所以辯證法不僅要求站在相互聯繫和相互規定的觀點上去觀察現象，而且還要站在運動、變化、發展的觀點上，站在發生和死亡的觀點上去觀察現象」。（聯共黨史簡明教程一〇一頁）

這一結論，是從研究和總結五花八門的眞實現象得出來的。

我們無論觀察什麼東西——如行星、小星、地理條件、植物、全部有機界，總而言之，我們周圍的一切由巨大的物體到那個別的物質原子——這一切都在運動中，都在新陳代謝的發生與滅亡中。沒有運動、沒有發展和沒有變化的東西，是沒有的。

在悠久的期間內，曾盛行過一種理論說除了局外的創造主，物質本身並不是創造力量，因爲它是無生氣的、被動的。爲了說明世界一切多樣性的由來，這種理論曾求助於荒誕無稽的虛構說，跟被動的物質並存的還有某種無影無蹤的主動「形式」——靈魂，它使物質運動着，它創造着自然的豐富形式。還有一種人，輕輕抹煞自然中的一切變化，武斷地說，自然中就沒有什麼新的東西。

在這一點上，黑格爾便是一個最典型的例子。黑格爾是辯證法論者，他承認發展法則和變化法則的重要。然而他却不承認自然界有發展，有變化。他把自然看作不變的、永遠重複的同樣運動。黑格爾把自然和社會嚴格地劃分開；他把社會看作純粹精神的領域。按他的眼光看來，自然界、物質是比精神領域較低的東西。精神領域有改造的能力、有創造新東西的能力、有變化的能力，而自然界則沒有。

請看黑格爾本人所說的話：

「在自然界的無限複雜的變化中，只顯現着那種永遠是舊事重演的循環；自然界中並沒有什麼新奇的東西。因此，它那形式上的變化萬千的遊戲，是很無聊的。只有由精神方面所形成的變化，才有新東西出現。」——（黑格爾全集八卷五一——五二頁）

辯證法唯物論憑藉十九世紀科學的成就，推翻了這樣的見解，而創立了唯一的和澈底的發展理論。

辯證法唯物論肯定地說：沒有運動的物質是沒有的，也正如沒有物質的運動是沒有的一樣。

運動是物質不可剝奪的特性。

「運動是物質存在的形式。在任何地方和任何時候，都沒有也不可能有那沒有運動的物質。

世間上的運動，個別天體上較小容量的機械運動，都是熱的或電流的或磁氣的分子振動、化學的分解與化合、有機生命——世界上物質的每個原子，在每一刹那，都經常是處在上述那些運動形式中的一個或數個中的。」（恩格斯反杜林論六〇——六一頁）

假如物質本來沒有運動的話，我們就不能認識物體的任何特性了。正因爲物質及每一個形式，都是存在於運動中，所以物體才顯出自己的品質和特性來。恩格斯說過，不在運動中的物體，是無話可談的。

若把每一個物體當做一定物質運動形式的表現去看時，我們就可以辨別出該物質跟其他物質間的根本不同的特性來了。一種特性專一有運動的機械形式，另一種特性專一有運動的化學形式等等。

所以物質運動，並不需要什麼「靈」什麼「魂」等等形式，運動是物質的法則，是物質存在的形式。

然而單單確定物質原來就有運動，這還不夠。站在形而上學觀點上的唯物論者，也不否認這一點。他們理論的缺陷，就在於他們把運動認作空間上的單純的機械的位置改變，所以他們也就看不見運動是物體的變化，也就看不見舊的死亡新的產生、以及自然之永久不斷的新生。

黑格爾的唯心論也正像其他很多的唯心論者一樣，普通也可用這樣原因來解釋，因爲他們既然承認物質和自然界具有運動的特性，當然就只有空間上的機械的位置轉移，永遠是一個兜圈子的運動了。他們把最高的運動形式，如意識、思惟等歸之於「絕對觀念」因爲單是拿機械運動來說明意識的由來，無論如何是不可能的。

要知道，運動不僅是空間內的機械的位置轉移。運動，這也是熱、也是光、也是電壓、也是化學的化合與分解、也是生命、也是意識。而所有這些五花八門的運動形式，都密切地相互聯繫着，都彼此相互轉化着。有機物中的每一個物體，都受着不斷變化的機械影響和化學影響。摩擦和拍擊，可以產生內部分子的運動。在某種條件之下，這種分子運動可以變爲熱，化學的化合與分解可以產生新的現象；可以由一種現象變爲別種現象。生命也是特殊的高級運動形式，是由低級運動形式通過複雜的方法產生的。

所有這一切，都證明運動並不僅僅是空間內的機械的位置轉移，因爲這是低級的原始運動形式，而且是一般的轉變。

恩格斯說：「物質轉化中的運動，就是一般的轉變」（自然辯證法十二頁）然而轉化運動究竟是什麼呢？那是不斷新生和發展的過程，在這一過程上沒有一樣東西是不變的、凝固的，而經常是某種東西在發生着、發展着、破壞着、消逝着。

由於前一世紀的偉大成就，科學就得出了唯一科學的結論，認爲運動是一般的變化。如地質學、古生物學等這類科學，證明了地面和有機界的發展，是經過變化途徑的地球歷史上，有各種不同的地質時代和時期，而在這些不同的時代裏曾有過各種不同的動植物。

有名的俄國學者蒂米倆責夫（Tim-iriazev ）在植物的生命一書裏曾經指出，現在地球上的植物，已經完全不是上古地質時代的植物了。

「老早老早以前曾有過木賊屬植物（Horsetail）、羊齒屬植物（Fern）、石松屬植物（Cyeopod）——這全是胞子植物；後來出現了種籽植物，其中最初爲比較簡單的松柏屬植物，最後則爲組織最複雜最完善的植物，即雙子葉植物(dicotyledon)；這種雙子葉植物在現在的地球上到處皆是。所以，隨着時代的進展，在從前已存在過的類型當中，又加入了新型植物，這種新型植物的數量是以往那種老型植物所望塵莫及地衆多的；同時在簡單的植物當中，又加入了比較複雜的植物。」（植物的生命三〇二頁）

在動物界歷史中也可以看到這種經過情形。現代的動物界，並不像從前的動物界了。有的種類，讓別的種類代替，而自己變爲另一種東西了。所以，有機界的發展，是一種現象滅亡而他種現象產生的過程，同時也是一種有機形式由他種形式發展而來的過程。

固執於形而上學的自然不變觀點的學者，在很久期間以內都不承認一種形式是由另一種形式發展而來的過程。甚至地質的開掘研究工作，早已證明各種時代曾有過各種不同的有機物時，這類學者對於這一事實的解釋，仍然脫不了形而上學生物不變論的範圍。

因此，法國自然科學家居維葉（一七六九——一八三二）曾用形而上學的災難論來解釋這一事實。他說地球史是接連不斷的巨大災變，每一次的災變都會消滅地球上活着的生物，在每一次這類災變之後，就出現新的生命，出現新的生命形式。

只有達爾文駁倒了形而上學的有機界不變論。

人類社會也同樣有運動，也同樣有變化，也同樣是舊的沒落、毀滅，和新的產生，也同樣是一個社會形式由其他形式發展而來。在兩千五百年間，社會已經走過了巨大的發展道路。在這一發展過程當中，曾有過根本的大變化：一種社會經濟形態，一個一個地被其他形態所代替了。

社會也和自然界一樣，任何事物都不是永久不變的和生來如此的。

形而上學者喜歡引證自然界和社會都有靜止和平衡的現象。他們說：這種靜止和平衡推翻了辯證法的永久發展和不斷變化的學說。誠然，靜止和平衡在自然界和社會中都有，然而形而上學者却誤解了它們。

靜止並不獨立地存在着，而靜止是發展和運動的一個要素。如沒有運動，靜止是無法說明的。運動和靜止是處在統一之中。如沒有運動，就沒有平衡也沒有靜止。但平衡是相對的、暫時的、一時的，而運動則是永久的、非一時的、絕對的。

辯證法唯物論的觀點，並不是說全部發展過程都是迅速而急劇的變化，沒有任何一時平衡的固定東西。假如發展帶有這樣變化的性質，那末任何物體和任何生命也就都沒有了。

我們在自己的周圍，可以看見無數的物體都在很長的期間或在相當的期間內，處在固定的狀態裏，處在靜止的狀態裏。例如每一個人的生命，是處在平衡狀態中。然而這個平衡，是相對的、是一時的。生命之所以相對，是因爲有機體的極小分子及其巨大器官，處於不斷運動中。同時，有機體的平衡之所以存在，只是由於它的正常作用，而這個作用是一個運動形式。所以，平衡本身就是運動的結果，而平衡也經常是在運動中。

有機體的平衡，不僅是相對的，而且是暫時的。有機體內運行的過程，在它生命的某一階段上，結果將是死、將是消滅、將是靜止的否定。

某種物體可能在地球上暫時靜止，然而它却參加地球和整個太陽系所進行着的運動；所以，它的靜止，在這一點上說，也是相對的。

資產階級的思想家爲了證明私有財產、社會貧富之劃分、被剝削者與剝削者之劃分等等原則是永世不變的，便引經據典說：好幾個世紀以來，私有財產就已經存在了，所以這是人類的天然生活形式。私有財產是使社會維持絕對平衡，維持靜止的東西。沒有私有財產，就不會有社會。

這種形而上學的社會見解，被全部社會發展史所推翻。私有財產並不是始終存在的，它是由於社會歷史發展的結果而產生的。私有財產在悠長的歷史期間內發生而成爲社會的鞏固基礎後，本身並不是不變了，而自己的形式仍然是變的。奴隸制度、封建制度、資本主義等的基礎，都是建立在生產手段的私有上。資本主義是奠基於私有財產的一個最後社會形式上。在私有財產的資本主義制度內部，是不斷地運動着的：社會生產力在發展着，無產階級與資產階級間的鬬爭在日益尖銳化着。這一社會的「靜止」是相對的，所以即使閃眼一看，仍可看出它好像是汹湧澎湃着的海洋。資本主義的運動和發展，在客觀上準備了新的社會主義制度的基礎。工人階級掌握政權時，就消滅剝削階級和私有財產，而建立以生產手段公有爲基礎的社會。往昔由於種種歷史上的原因私有財產會經是必要的，然而今後是會永遠消滅的。

發展跟永恆的原理、跟不變標準、跟一成不變的生活形式，是絕不相容的。

社會發展中的每一個歷史時期，都有隨着社會運動而向新階段轉變的特殊法則。社會的運動形式和發展形式，是五花八門的、是相對的，只有社會的運動和發展才有普遍的和絕對的意義。

物質存在的個別形式，也同樣是臨時的、暫時的。而運動的物質本身，則是絕對普遍的和絕對永久的。恩格斯會經說，世界中「除了永遠變化中的和永遠運動中的物質以及物質運動和變化法則外」（自然辯證法九九頁），是沒有任何的永久物的。

物質按照自己特殊的法則運動着、發展着。全世界——無機界和包括能思想的人在內的有機界、世界的全部樣式、世界的表現形式，——所有這一切都是物質的產物，都是物質分化的結果；是由一種形式向另一種形式、由低級向高級轉變的結果。

總有一天，由於物質法則的緣故，所有這些豐富而驚人的物質產物，將毀滅、將消逝。然而是否就可以認爲從此以後物質將不能再加分化，再在新的地球上再在新的太陽系上產生生命呢？

恩格斯曾經囘答過這個問題說：

「無論有多少太陽與地球的產生與毀滅，無論必須等待多久，在某一太陽系上，在某一行星上，將出現有機生命所必要的條件；無論多少生物一定死亡和產生，但其中發展出來能思惟的動物，在很短的期間，就找到適合於自己生命的條件，以備將來無情地被消滅。——我們總相信：物質在所有轉變中，仍舊永遠是一樣。我們相信：物質的屬性當中沒有一個會滅亡的因而我們也相信：物質雖然某時在地球上滅絕了本身的高級花朵（能思惟的精神）但它同樣必然地一定在別的地方別的時間，重新產生這個花朵」。（自然辯證法九九頁）

三

革命辯證法，肯定發展和變化是客觀現實的法則，而給鬥爭中的勞動大衆的意識灌輸一種信念說資本主義社會是不牢固的，新的社會主義制度是必然勝利的。同時，這種信念引起剝削階級及其理論家的驚惶失措，並迫使革命敵人反對馬克思主義辯證法，擁護社會的不變與不動。

把運動理解作一切存在物的發展與變化，就一定會得出一個結論說：人剝削人、勞動者服從地主和資本家、資本主義時代的人民大衆的貧困與飢餓生活，這都不是永世不變的法則；也就一定會得出一個結論說：爲了適應社會物質生活的客觀要求，就必須以社會主義代替資本主義。

根據這同樣一個理解，還可以得出另外一個重要結論來：一切既然是發展的和變化的，社會發展法則既然是舊者死亡、新者產生，那末勝利永遠是屬於發生者與發展者的，縱令發生者與發展者還很幼小，還很軟弱，但這都無關總的趨勢。

發展，總是新舊並存的。然而剛剛產生的新者，總是比久已存在的舊者看着軟弱。《聯共黨史簡明教程》一書曾經有一段敍述過馬克思主義者和民粹派鬥爭時代的有名歷史事實。上一世紀的八十年代，俄國無產階級剛剛產生，且其代表的人數少於農民階級；然而無產階級却發展起來了，它竟長大成爲一個階級了。這個階級將來定要成爲所有勞動人民的代表，定要成爲人民大衆推翻削剝制度的領導者。而農民階級却沒落了。

所以馬克思主義者就以無產階級爲對象，也正如聯共黨史簡明教程一書所說，並未發生錯誤；因爲「無產階級後來由不大的力量長成爲具有頭等歷史意義的政治力量。」（黨史教程一〇五頁）

像這一類的例子，不勝枚舉，例如以辯證法爲指導的革命馬克思主義者布爾什維克，總是拿社會上按歷史發展法則所產生與發展了的客觀新事物作依據，而這一方針，則幫助了他們的勝利。

現在我們從聯共黨十月革命後的歷史中再舉一個例子。

在蘇聯建立無產階級專政後，列寗常常重複地說創造遠過於資本主義的勞動生產效率，是保證社會主義歷史勝利的一個決定性的條件。

在國內戰爭的幾年裏，蘇聯曾經發生了共產主義週六服務形式的社會主義新勞動的萌芽，當時列寗認爲這是極有意義的工作。共產主義週六服務隊只是社會主義工人勞動關係之萌芽，是幼弱的、不強壯的、剛才出世的嫩芽；跟舊的勞動關係比較，即跟數十年來資本主義工廠勞動所訓練成的關係比較，眞不會滄海之一粟。

然而列甯並不管這一點，竟在這裏看到一個強大運動的開端，並且認爲這一開端必然壯大起來，將驅逐舊的勞動形式。他說共產主義週六服務隊是社會主義社會的細胞。

資產階級及其奴僕如孟雪維克和社會革命黨，都譏笑布爾什維克所相信的這個社會主義勞動微弱嫩芽的力量。列甯說：

「資產階級老爺們及其走狗如孟雪維克和社會革命黨，總喜歡以『輿論』的代言人自居，自然要譏笑共產黨的願望；他們稱共產黨這種願望爲『無的放矢』，嘲笑週六服務隊，說它比起大量偷盜、怠惰、生產效率低落、偷工減料、損害生產品等事件來，是太渺小了。……

然而我們不是烏托邦社會主義者，我們知道資產階級「論證」的眞正價值，我們也知道舊者在風俗習慣上所遺留下的痕跡，在改革後若干期間內仍然一定要不可避免地凌駕新者的萌芽。當新者剛剛產生的時候，舊者在某一個期間內，總要比新者厲害，這種情形在自然界裏和在社會生活裏往往都是如此的。對新生者的軟弱的嘲笑、下流知識份子所作的懷疑，以及類似的這樣情形，——所有這一切在本質上，都是資產階級反對無產階級，反對社會主義，擁護資本主義的鬥爭方法。我們應當愼重地研究新者的萌芽，小心翼翼地處理它們，竭力幫助它們生長，『看護』這些嫩弱的萌芽」。（全集二十四卷三四〇——三四一頁）

列甯這幾句有價值的話，充分表示着他對於工人階級創造力量的絕對信仰，充分表示着他理解新者只要是照着規律進步的、社會發展所決定者，那末就必然會戰勝舊者。

而結果怎樣呢？像任何場合一樣，列甯並沒有錯。新生的萌芽長成了強有力的突擊運動和社會主義的競賽，長成了斯達漢諾夫運動了。一九一九年尚是萌芽者、現在業已成爲佔優勢的主流了。

這一實例證明：辯證法對現象的理解，是與新者的感覺相聯繫着的，是與斯大林在十八次黨大會上稱作每一個布爾什維克工作者的寶貴本質的那種感覺相聯繫着的。

現實中的發展既然是新者代替舊者，將來既然是屬於這個新者的。那末在實際政治行動中具有偉大意義的，就是要會發現生活中產生的新者，就是要會支持這一新者，爭取新者的勝利。

布爾什維克黨之所以強大，也就在於它常常看到和感覺到生活中的新者的產生，也就在於它能在實踐上創造新者發展的一切必要條件。

新者是不可克服的，它在所有的障礙上鋪設自己的康莊大道，——這就是客觀的辯證法發展的法則。所以聯共黨史簡明教程中說：

「辯證方法最重要的，並不是目前似乎堅固而已經開始衰亡的東西，而是正在產生着發展着的東西。即使這東西在現在看來似乎還是不牢固的，但將來是有前途的，因爲在辯證法看來，只有發生着發展着的東西是不可征服的」。（一○一頁）

於是從這一章裏面就可以得出下面的結論來了。

形而上學的現實現象之不變的與不動的理論，是歪曲真實事物情況的。事實上，無論在自然界中，也無論在社會裏，無一不在發展中，無一不在變化中。運動是物質的不可剝奪的性質。沒有運動就沒有物質，這正如沒有物質就沒有運動一樣。然而運動並不單只是物體在空間內的機械的轉移位置。運動是物體的變化，是舊事物的衰亡，新事物的誕生。運動擁有物質的一切變化也正如物質一樣，是不滅的。形而上學者認爲那是現實中主要特徵的各種靜止、各種平衡都是相對的、臨時的、暫時的。只有運動、發展和變化才有絕對普遍的意義。

世界的永遠不斷的新生、舊東西的衰亡和新東西的產生，就是說，將來是屬於那正在產生着發展着的新事物，即使它現在看來似乎是不堅固的，但將來是有前途的。在這裏可以發見革命的政治活動的主要原則：

「就是說，爲了在政治上不犯錯誤，要向前看而不要向後看。」（同前書一○五頁）

82

第三章 當作量變向質變轉化看的發展

形而上學認爲發展是純粹的量的過程——辯證法對該問題的理解——量與質是事物的兩面——量變在發展中的作用——物體的量變到質變的轉化——質變到量變的轉化——進化與革命——發展中的飛躍與飛躍性——由簡單到複雜、由低級到高級的向上發展——機械論者否認發展中的質的特性——由否認事物質變中所得到的結論——在科學發展中與工人階級鬬爭中所看到的法則的革命意義——結論

一

我們在前章裏早已講過：發展、運動、變化、都是世界的客觀法則。然而由舊事物轉化到新事物以及一物衰亡、他物發生的這種發展，究竟是如何進行，根據何種法則進行呢？

形而上學者認爲發展不是舊事物衰亡新事物發生的過程，他們認爲發展是既成的、永恆不變的物體之運動，是「永遠相同的、不斷重複的兜圈子的」運動。（恩格斯語）

從開天闢地以來，一切都原樣未變，舊者並未讓位於新者，這就是形而上學者的意見。形而上學者只承認一種發展。例如他們認為胚種早已是既成的有機體，只不過是形狀微小而已。胚種進一步的發展，就是純粹量的增加過程。例如形而上學者以為人類一向就在地球上存在着，而發展只是一輩傳一輩而已。換言之，從形而上學方法的觀點看來，發展是純粹量的過程。他們認為自然界或社會裏只進行着量的增減過程；而物體與現象的根本變化和整個變化，是沒有的；也就是說，他們認為世界是不變的。

這種數量發展學說，是從那種把空間中的機械的位置轉移運動，認做運動的一般形式這一觀點中產生出來的。

「在廣義或狹義上說，機械學只是講量，它的研究對象是速度和數目，至多也不過是研究研究容積而已。」（恩格斯著反杜林論三五七——三五八頁）

不過眞正的事實，無論如何是不能完全包括到純量發展的形而上學裏面的。這些事實，衝破了形而上學理論，告訴我們客觀現實中的發展，與形而上學者所說的發展是大不相同的。

假如相信發展只是純粹數量的過程，這種形而上學者的說法，那末就不得不承認物體相互間的不同，只在它那量的方面罷了。

假如眞的如此，那末各種物體就匯合而成為一團毫無差別的量了。例如我們看見前面有一片森林。森林裏面有高矮粗細的樹，也就是說，只是有量不同的樹。然而在我們的視野裏，森林是一片樹木量，這是誰都曉得的。樹雖有高矮和粗細，但總不失其爲樹。但請你稍微想一想，假如一般物體彼此間全都各有各的量，那末就滙合而成一團量了；這正如量不同的樹木滙合而成爲一片森林一樣。

試觀「浩浩無垠的大自然界！」我們能看見什麼？收入我們眼底的是千奇百怪的物體與現象。在這裏我們看不到清一色的普遍相同的東西，而只看到物體、現象、過程相互間的內容與形式之不同。土地、河川、森林、山脈、植物、飛禽、走獸、人類——所有這一切便造成了相互聯繫和彼此不同的五顏六色的世界。

這種種物體與過程之世界，全體構成不可分離的統一。這個最繁雜的物體的統一，就在於它們的物質性上。最不同的東西，如土與水、動物與植物、都是由物質構成的；就是說，都是各種發展中的物質形式。然而辯證法對統一的理解，並不否認世界的多樣性，恰恰相反，而曾與以正確說明。一切無窮無盡而種類繁多的無機物與有機物，這都是物質的運動與發展，都是物質本身五花八門的運動形式，亦即宇宙歷史發展過程中所創造出來的五花八門的形式。

所以，物體並不是滙合而成的一團量，他們彼此間存在着一個可能分辨的某種界線。自然、不待言這不是像劃分兩個國家一樣的空間界線，而是種類絕不相同的界線。水與土、動物與植物等的這類界線，就是該物體本身，就是作爲物質運動各種不同形式看的彼此不同物體本身。這種作爲物質運動各種不同形式看的、作爲水是水、人是人那種每一物體之規定性看的、物體與現象間的差別，就是物體與現象的質。

但是物體與現象不僅有質的方面而且也有量的方面；物體的量方面，是跟其質方面密切聯繫着的。

沒有數量規定性的東西或過程是一個都沒有的。恩格斯說：

「自然界中的一切的質，不是根據化學成份去區分，就是根據運動（能）的量或形式去區分，或者往往要同時根據兩者去區分。」（自然辯證法一二五頁）

社會關係中的每一現象和每一過程，也各有各的數量的規定性；當然了，它所用的尺度是與自然界中所用的尺度不同的。例如封建社會具有較低的生產力發展的水平，而且這就是跟資本主義制度不同的地方，而資本主義制度又比不上社會主義社會那種生產力發展的規模。

所以，物體同時具有量的方面和質的方面。這就是說，單就任何物體都有質量兩方面的規定性這一點說，也就足夠駁到形而上學而有餘了。

總之，每一物體和每一過程，都有質量二面的統一。但這個統一，並不是僵死的無發展的統一。物體的量的方面與質的方面，彼此間是有一定的相互聯繫的。唯有在這種相互聯繫的性質中，才隱藏着物體質變的原因，才隱藏着一物轉爲他物的原因。

物體的質量兩面的相互聯繫，究竟如何呢？

物體的量與質，從最初就是不可分離地統一着的。物體的質的規定性，是跟量的規定性相適應着的。物體有一定的標準。

然而在發展過程中的物體，它那量的方面是有變化的。量的變化在不明顯地隱密地積累着，在一定的時機前，物體的質是不變的。但這種過程並不是可以毫無止境地繼續下去的。在某一個階段上，物體的標準就會被破壞掉的。新的量的規定性，不能和舊質統一起來。這個時候，那不顯著的量變就會轉化爲公開的根本的質變。這個時候叫作量到質的轉化。質變的意思就是說，舊物死亡新物發生。

這是證明發展並不像形而上學者所想像的那樣是單純的量的增長。而是物的質變，即一物至他物的轉變。

聯共黨史簡明教程一書所講的這一辯證法法則，十分明白而恰當：

「辯證法與形而上學相反，它並不把發展過程看作單純的量的增長過程，即量變不會轉化到質變的過程——而是看作由那不顯著的隱祕的量變，轉化到那公開的根本的質的變化。質變並不是逐漸出現的，而是迅速地突然地由一種形態到另一形態的飛躍式的轉變。不是偶

然出現的，而是規律性地出現的，是由於積累許多不顯著的逐漸的量變出現的。」（一〇二頁）

二

舊的質，通過量變而轉化爲新質的這種發展觀念，是總結現實中五花八門現象與過程的一般的發展形成的。

最日常習見的東西，都可能作爲依據運動的量變由一種運動形式到另一種運動形式轉化例證。現在各種燒熱電具，如電熨斗，電灶，電器銲接氣等，早已普遍應用了。每一個這樣簡單的用具，都表示出來電力轉化爲質方面不同的熱力。我們知道，假如給傳導物通以電流，則該傳導物就會熱起來。其所以燒熱者，是由於運動着的電子跟傳導物的分子相碰，而將本身的一部份能量傳給分子。傳導物的分子便開始逐漸強烈而迅速地運動起來，這種運動狀態便造成熱的分出和傳導體的燒熱。電流的力量和傳導物的抵抗性愈大，電流在傳導體中愈久，熱度也就愈高。鐵絲以極大的抵抗性導入燒熱電具內部。電流通過這種鐵絲，便燒熱電具，於是就可以利用如此所得的熱力。電力轉變爲化學力、機械力等的例子，是很多很多的。

工業靠電力轉變爲化學力的幫助，就能生產鋁、銅、鈣以及其他許多金屬。

在化學過程中量到質這一轉化法則所表現的例子，是更加有趣的。難怪恩格斯要把化學叫做質變的科學了。讀者可能在恩格斯的反杜林論一書中找到許多有趣味的例子，如化學化合時量變對質的影響。

化學告訴我們同樣若干原素由於量的比重不同，則發生質不同的現象。

大家都曉得水是一種化合物，卽由氫氧兩種原素化合而成的。但這兩種原素，只是在一定量的比例下才能構成水。假如在比重上是氫一氧八，那末在這樣的量的比例下，結果才能得出水來。現在我們試把合成水的兩種原素的量加以變更，將氧的量增加一倍，而並不加入其他任何新的原素，則出現相同兩個原素的新量比例，卽在比重上是氫一氧十六了。於是我們就得出氧化氫的新質來。

其他原素也可作這樣的試驗。鉄七硫四的化合，便得出硫化鉄來。如果你再加硫四，而鉄量不變仍爲七，則得出硫化礦的新質來。

由是觀之，化學過程完全證明着量變質的辯證法法則。

「這一法則本身在生物學上和在人類社會史上，是愈來愈被證實了」。（自然辯證法一二九頁）

有機物是怎樣由受胎卵子發展而來的呢？在受胎之前，卵子是細胞，在受胎之後因與精虫化合，卵子已成爲新的質了。這已經是單細胞的胚種了。後來怎樣發生新細胞呢？它一天一天地發展，在量上日益繁殖和分裂，就從它裏面產生了多細胞的胚種。由一個細胞形成無數細胞或千百個細胞。後來細胞分裂和分化，便組成將來生物的有機體，最後便出現活的有機體了。

「所有細胞的有機體——不論植物或動物，連人類也在內——都是按照細胞分裂法則而從一個細胞長成的……」。（自然辯證法二一六頁）

現在我們來講一講人類怎樣用人工選種的方法，改善動植物的優種。人類發見某種動植物標本有偶然的和有利於人類實用目的的變體時，則根據有機物的變異性和遺傳性，拚命改變它們的種，改變它們的質。蒂米倆責夫說過：「人類能從有機物的這兩種特性中取得一切利益，這是很明顯的。所謂兩種特性，一個就是供給人類以廣泛選擇變體的變異性，一個就是可能鞏固這些變體的遺傳性。這樣人類就能夠逐步積累極微小的變異，結果經過幾代便出現極大而又十分確定的變體。」（達爾文及其學說七卷一一九——一二〇頁）

我們已經講過：「極微小的變異」量一代一代地積累，在某一階段上，就發生新的、更高級的、在質上是新種的有機形式。

在社會關係領域內，現象的量變，在某一階段上，也可以轉變為質的不同。

我們看一下原始氏族公社這個實例。氏族公社的秩序、生產手段的共有、管理的方式，一切這一社會的制度，都是建築在生產力極低水平的基礎上的。社會勞動的分工，因此而形成的勞動生產效率的增長，生產力在量上的擴大，這便造成了私有財產代替公有財產的客觀基礎，也造成了後來氏族社會向階級社會轉變的客觀基礎。社會裏劃分出了階級，其中一個階級是佔人口的絕對大多數，如奴隸、農奴或無產者；他們勞動，而讓別一階級（少數統治集團）可能遊手好閑、不從事勞動；——這樣一個社會只有在生產力的量之水平允許社會一部份人維持另一部份人生活的時候，才能出現的。在氏族公社的早期發展階段上，對於俘虜如不使之成爲公社的自由成員，就殺死了之；當生產力水平極低的情形下，也只有這樣作。因爲氏族公社用自己的勞動，只能獲得維持自身生存所最必要的資料。在這樣生存資料生產的微弱條件下，俘虜縱使成爲奴隸，也對公社毫無裨益。然生產力擴大，一個人生產的物品能夠超過本人生活必需以上時，才把俘虜用作奴隸，而加以剝削。所以任何社會形式的出現，是與物質生產的量變有極密切的關聯的。

階級社會只是在生產力發展的一定階段上，只是在比較氏族公社生產力更高的發展階段上，才能出現。然而階級社會的存在，又是生產水平不高的證明。

「社會所以劃分成剝削階級與被剝削階級、統治階級與被壓迫階級，這是以前生產未充分發展的必然結果。當社會勞動的成績總和，剛一超出最必要的生存資料時，當勞動佔據了社會上大多數人的全部時間或差不多全部時間時，社會就必然劃分成幾個階級。……」

假如階級劃分也有某種歷史根據，那末這也只是對一定時間，而且只是對在一定的社會條件之下而言的。階級劃分，是由於生產不足所使然，在現代生產力充分發展以後，將被消滅。……所以，階級消滅，是以生產發展的最高階段爲前提的。在這種階段上，某一特殊社會階級對於生產品的佔有、同時還有政治權的佔有、教育的壟斷、精神的領導等，不僅成爲無用的長物，而且也成爲經濟上政治上精神上發展的障礙了。現在已經走到這個階段了。」（反杜林論二九四——二九五頁）

這兩段話很精彩地闡明了社會形式的質之不同，是決定於量變的。社會主義是以生產力的高度發展爲前提的；因爲那時人剝削人的現象、一個社會階級壓迫另一個社會階級的現象，早已化爲烏有了。譬如，十八世紀末葉，我們能否組織社會主義生產呢？不言而喩是不能的。因爲當時的生產水平尙不高，對於建立社會主義社會尙不充分；該時期的社會階級中還沒有無產階級，還沒有領導人民羣衆消滅剝削社會而創立社會主義社會的階級。無產階級是資本主義生產方法的產物。在資本主義時期，也創造了社會主義制度發生的物質前提。馬恩二氏在共產黨宣言裏曾說過：資本主義好像一個魔法家，他不能降服他所召來的妖魔。資本主義召來的龐大生產力，無論如何都不服從它們主人的意志和願望了。

「資本主義生產方法所設置的枷鎖，被生產手段的突飛猛進所衝破了。」（同前）

無產階級專政，為了全體勞動人民的利益與幸福，替那無窮的、社會史上生產力的空前發展掃清了道路。

我們用不着舉新的例子了。讀者根據此處引求的馬列主義典型文獻中的例證，可以找到許多事實來證明社會發展領域內量變質法則的作用。

前面我們所談的，是關於物體因量變而造成的質變。現在順便再提一個問題，卽物體的質變，對於量是否有什麼影響呢？我們上面引證過的那些例子以及其他現實中的事實，也都可能來研究這個問題。

我們回頭看一下人工選種的例子吧。比如選擇某種優等植物的目的，是為了改良它，提高收成，取得更多的該種植物。所以，植物的質變，也是追求其量變的目的的。

蒂米倆責夫曾講過一個故事說，經過五年選種才得到了一種小麥種在地裏的八十七粒種子的一粒在第二年曾收到了六百八十八粒（十穗。）其中的一粒過了一年又收了一千一百九十粒（十七穗。）第三年又從十七穗中的一粒，曾得到二千一百四十五粒（三十九穗。）小麥的質變，就是這樣跟量變聯繫在一起的。類似的例子，還可以從蘇聯農業試驗場的經驗中舉出很多例子來。

再從社會發展領域裏舉個例子。封建社會由於本身的法則，曾創造了封建制度轉變為資本主義（在質上是新的社會形態）的條件。然而在質上新的現象是什麼？有人認爲新的質和舊的質之所以不同只是在於外形，這是不對的。事實上，新的質在全部結構上、內容上、發展法則上，都與舊的質不同。

資本主義生產方法的法則，跟農奴經濟的法則是完全不同的。資本主義生產方法的這種新法則，對於社會生產力水平的量變，是起決定性作用的。資本主義社會把生產力提高到前此社會形態甚至所不能夢想到的那種水平。還可以舉一個說明這一事實的有趣例子。美國工程師，曾估計埃及的金字塔，以前建築曾需奴隸十萬，時間三年，而現在由於現代資本主義技術的發達只需工人一百，時間一年就夠了。

社會主義跟資本主義比較也是如此的。全世界對於蘇聯國民經濟的發展速度，都驚訝不置。蘇聯經濟發展的速度，的確是社會進步史上空前的。解釋這一點是很簡單的，社會主義社會的法則，即質上異於資本主義法則的法則，是創造生產力飛躍發展的一切條件的。

由此觀之，物體質量兩面的相互關係，具有兩方面的性質。物體的量變勢必引起新質的形成；新質又規定完全新的量和新量的比例。

列甯和斯大林曾經不止一次地說過：沒有全國工業化，沒有技術基礎的變更，就不可能改變蘇聯的經濟；就是說，不能把小商品的零散農村經濟改變爲大規模的社會主義經濟。另一方面斯大林又說：單是結合零散的小農經濟而爲集體農莊，也可使他們的力量大過以前自己個別工作時的數倍。……

「農民工具簡單地湊合在集體農莊裏面，就會建立我們實行者所夢想不到的功效。這種功效表現在什麼地方呢？就在於一實行集體農莊就能擴張耕地面積百分之三十、四十、乃至五十。」（列甯主義問題二八三頁）

零星農民聯合在集體農莊裏，再配合以龐大技術的發展，自然這一力量就要增加很多。集體農莊和蘇維埃農莊經過不長的一個時期，就生產出比前此全部農村經濟包括富農在內所生產的糧食爲多。這就是質變轉爲量變了。

所以，不僅物體的量變有引起質變的特性，而且物體的質變也是跟它的量變在內部裏聯繫在一起的。量變質和質變量這個辯證法法則，也就是表現客觀世界的物體與現象本身的這些特性和能力的。

三

這樣看起來，自然界的發展，是現象的質變，是新物的產生。

某一現象最初階段的發展是逐漸進化的。然而這一過程是不能無止境地繼續下去的，它必然要在一定階段上規律地由量變轉化爲質變。

這一轉變是什麼呢？應當怎樣來瞭解它呢？它跟以前的逐漸進化過程，有什麼關係呢？

形而上學對於這些問題回答說：發展是不斷的運動，是不斷的變化。

孟雪維克和現代的社會民主黨，過去和現在都把社會主義社會的發生描寫爲資本主義和平進化到社會主義的過程。從這種觀點來看，顯然發展就只是一種不斷的量的運動，而沒有質的改變。但請看事實是怎樣的呢？

人老了就要死的。一息尙存之前，人總還是人，生命總還是生命。死亡突然地、飛躍地來到時，人就終止其爲人了，即一種質轉變爲他種質了，即生變爲死了。

在現代資本主義國家裏，推翻資本主義和建立社會主義生產方法的客觀條件，早已成熟了，然而在資本主義死亡的前夕，仍不失其爲資本主義。只有無產階級革命只有革命的飛躍，才能消滅資產階級專政，而建立工人階級的專政。

這種例子證明什麼呢？首先就是證明，發展不僅是進化的，而且也是飛躍的。

逐漸而緩慢的發展過程，一定會造成物體的質變。質變的那一刹那，就是逐漸性的中斷，就是繼續運動的中斷。所以發展就是繼續與中斷的統一（漸變與突變的統一）就是進化與革命的統一。物質或現象，在量上逐漸發展逐漸變化以後，一定會突然轉變爲其他的物體，或其他的現象。新質的發生，就是發展的一個分歧點。

緩慢而逐漸發展的飛躍和中斷，就是新現象或新物體的發生。

自然界與社會裏的發展和運動，是從低級和簡單，沿着上昇路線走向高級和複雜的。現實的特徵，並不固步自封，並不在始終相同的範圍內兜圈子，而是低級形式讓位於高級形式的前進運動。

「所以辯證方法認爲發展過程，不應當當作兜圈子的運動來理解；也不應當當作簡單的舊戲重演來理解。而應當當作前進的運動來理解；當作沿着上昇路線前進的運動來理解；當作由舊質狀態向新質狀態的轉變來理解；當作由簡單到複雜、由低級到高級的發展來理解。」（聯共黨史簡明教程一〇二頁）

現在我們根據科學所給的資料，來敍述一下地球上生命的發生與發展。

科學在實驗上還沒有證明：最初的蠕動生命是怎樣由死靜的無機物產生的。企圖用化學來創造動物，現在還沒有成功。然而毫無疑問產生活細胞這種蛋白質的最初生命形式，是由於無機物原素不斷化學化合的結果。但蛋白質——這並不是死的自然物，而是生命的開端。在動物的許多構成當中，這是自然界在發展過程中所結成的頭一個質的關鍵。蛋白質所構成的原素雖然與死的自然物一樣，但在根本上和質上是與死的自然物大不相同的。恩格斯說：

「或許要經過幾千年，向第二步前進所必要的條件才能形成；那時這種沒有形式的蛋白質也才能由核心和外膜的形成，進而產生第一個細胞。然而跟這第一個細胞同時，整個有機界也就得到了它那形態構成的基礎。按古代生物學的年代史說，我們可以假定：最初組成了無數種無細胞的和有細胞的原生生物……其中有些逐漸分化爲最初的植物，另外一些則分化爲最初的動物。而從最初的動物——主要經過進一步的分化——無數綱、目、科、種、類的動物，進而至於神經系充分發展了的一種動物，如脊椎動物，最後在脊椎動物中有認識自己性質的脊椎動物，便發展成爲人。」（自然辯證法九五頁）

恩格斯敘述這個動物界發展的偉大經過時，曾引證過關於絕跡動物學的即古生物學的公認資料。

現在我們來看一看這個「古生物學的年代史。」在各種地層內實行地質的探掘，發見了千奇百怪而且彼此不同的動物遺骸。因此便發見了地球上生物發展的總輪廓。

地質時期，由太古到現代共分四個時代。假如探討太古時代到第四時期（即歷時不下三萬萬年的悠久時期）的動物界變化，那末結論就會如下：

第一個時代（太古時代）曾留下了當時地球上活着的少數動物的跡象。這就是甲殼類和軟體動物類等。第二個時代的遺跡，告訴了我們比較豐富的、具有多樣性的生物界。這時除了甲殼類和軟體動物類外、早已有了甲冑魚、兩棲動物，接着就有了最初的爬虫類。

第三個時代的生物則更形繁雜了。生物業已殖生在海中空中和陸上了。主要這都是爬虫類，如鱷魚、龜、蛇、魚龍、蜥蜴等。偶爾也能發見哺乳類的遺跡。

最後第四個時代，成爲哺乳動物的時期。動物界日益開始跟現代動物界相似了。在第四個時期之初，就出現了人類。

由於觀察絕跡動物的遺跡，才能重新敍述出生物發展的這樣簡短輪廓。讀者就可以看出來：這樣的輪廓，跟單純量的、逐漸發展過程的觀念，是毫無相通之處。由最簡單的生物種發展到現代的人類，是經過生物的質變（卽突變）的。複雜的種，是由簡單的種中形成的。這些複雜的種，由於天然淘汰論中所說的種種關係，都變爲質上是新的、更複雜的種了。不斷的量變，由新質發生而中斷。

古生物學的年代史，由於人類出現而告一段落。人類雖屬於動物界，但在質上與動物界完全不同。人類是社會的動物。假如說社會歷史的年代代替或繼續了古生物學的年代，那末我們同樣也可以看到這種上昇的質的發展、變化、運動的情形。人類社會史是什麽？這是發展史，也是一個社會經濟形態代替另一個社會經濟形態、卽高級社會經濟形態代替低級社會形態的歷史。歷史並不是不斷運動的一條線，並不是沒有飛躍、沒有革命、沒有突變、沒有逐漸性中斷的一條線。事實告訴我們是相反的；卽社會的逐漸發展，總是歸結到社會制度的飛躍和變化上去的。

無論我們拿什麼事實來看，總都會使我們相信一點，卽自然界或社會中的運動，要當作質變、當作一種質向他種質轉變、當作「飛躍的、突變的、革命的發展」（列甯語）當作由低級到高級和由簡單到複雜的發展來理解。

新陳代謝、不斷的更生，這是自然界的法則。量變轉向質變，是這個不斷更替的一個普遍而有決定性的一個原因。

四

理解作質變的這一發展原則，在認識上的、在科學分析上的、以及在革命鬥爭上的主導意義，是難以估計的。所以大部份的反對論都要生方設法帶上馬克思主義的假面具來反對這一駁不倒的唯物辯證法的法則。

這一法則也跟所有唯物論辯證法的法則一樣，在本質上是具有革命性的。量變質法則告訴我們：舊的死亡、新的生長就是發展法則。所以凡是喜舊惡新的人，都是反對這一辯證法法則的人。

在自然科學領域內，一切反動份子和一切守舊者，都聯合起來否認發展爲質變，否認發展爲新生。這種否認，對於很多反動份子說，是擁護宗教和僧侶主義的一個方法。

在不久以前，蘇聯曾有過所謂機械論者的派別，他們說現代科學並不需要量變質的法則。他們說：——科學證明在一切現象的基礎上都有物質的運動。而物質運動則是原子和電子的數量增減和空間的位置移動。無論拿什麼現象來看，現象的基礎上總有原子在空間裏的量變。自然界是沒有質變的，一切都是量的運動。

毫無疑問，物質、原子和電子，是在熱、電、化學化合與分解等等的運動形式基礎上運動的。也毫無疑問，活的自然物與死的自然物之一切現象基礎，同樣都是物質構成的。不過死的自然物中的各種物質化合，由於地球上造成的某種優良條件，便形成了生物，便形成了活的蛋白質。活的自然物與死的自然物間，有沒有原則上的和質上的不同呢？可否把活的蛋白質「還原」到因化合而產生蛋白質的那些主要物質上去呢？機械論者認爲是可以的。然而這樣一來，生命與非生命間的差別，就一筆勾消了。把活物的構成部份個別地分解開是可以的，但這樣一來生命就沒有了。學者遲早會知道蛋白質成份的，然而這是否就是說，高級生命法則可以「還原」到低級生命法則上去呢？這是否就是說，高級與低級間沒有質的區別呢？恩格斯說：

「毫無疑問，我們總有一天會用實驗方法把思惟「還原」成頭腦內的分子運動和化學運動的，然而這是否就能說明思惟本質的一切了呢？」（自然辯證法一一六頁）

當然，思惟是物質運動的產物，是這一運動的結果。然而思惟要跟一定的物質形式才生聯繫，即要跟高級組織化的物質形式才生聯繫。假如思惟像機械論者所想的那樣，只是原子在空間裏的位置轉移；假如只是純粹量的運動，那末思惟就必然是一切物質的特性了。然則，思惟只是高級組織化的物質之特性，而思惟根本不是另一運動形式的產物，那末怎樣來解釋呢？水可以分解成氫和氧這樣的構成原素。然而，無論氫也好，氧也好，本身都不是水，而只有二者化合，才能成爲新質的水；而水是跟氫氧二原素中的任何一個都不同的。

按機械論者的觀點來說，魚龍與人類間並沒有任何的質的不同。二者都是原子在空間裏的量的運動。然則，古生物學年代史所確切告訴我們的世界上一切多樣性的質，是那裏來的呢？

結果，機械論者就陷入純粹唯心論的泥淖裏。不管機械論者怎樣否認質有不同，然而事實上，不同的質始始終終是存在的。因此，就有必要來說明它們。然而機械論者的普遍說明，往往把質解釋爲純粹主觀的範疇。一切都決定於主觀，這是他們必然的結論。因爲一切既然只是原子量的運動，那末世界上的物體與現象本身，就都是沒有質上差別的東西。於是，人可以創造世界上的一切多樣性。所以機械論者曾經這樣說：「物質世界本身，是無聲無色而無區別的。」

哲學史上有過不少的例子說：唯心論者曾按照自己的唯心論的目的，利用過機械唯物論與機械發展論的狹隘性。他們告訴機械論者說：「你們都肯定地說物質是沒有質的，是有惰性的。好，我是同意你們的。但是有一個問題：世界的多樣性，自然界的一切豐富性，生命的所有千奇百怪性，都是從何而來的呢？」而他們對於這個問題，曾下了一個唯心論的解答。其中有些人曾肯定地說，物體世界只是人類主觀感覺的複合或綜合。另外有些人更直截了當地、不加掩飾地公開說，是一切奇跡的創造者上帝所手造出來的。

否認發展中的質變這一觀念，應用到社會關係領域時，是特別有害的。

社會發展法則，是否可以「還原」到原子量的位置轉移上去呢？機械論者以爲完全可以的。從他們的觀念來說，物理或化學領域跟社會關係間，是沒有任何原則上的不同的；到處都是同樣的原子運動法則在起着作用。有些機械論者呑呑吐吐、半推半就地承認着這一點，而另外有些人則乾脆地承認這一點。他們的態度雖有不同，但他們認爲人類關係的整個領域，社會生活的全部過程，都是受能力不滅法則所支配。更公開一點的機械論者曾直截了當地說馬克思主義應當成爲物理學的一編。

然而這並不是機械論者的杜撰。他們只不過是重複了一下成千成百資產階級的御用學者向庸人所作的宣傳罷了。他們創造了很多的「理論」：如社會裏的生存競爭法則論、太陽黑點對社會革命運動的影響論、生物有機體與「社會有機體」間的類似論、社會內的「能力平衡」論等等。甚至有些「學者」曾製成「科學一覽表」證明民衆的「衝動」是跟太陽上的黑點定期出現相一致的從這個一致中就得出來一個結論說民衆運動和革命是決定於他們說刺激羣衆衝動的太陽過程這一「法則」的這種說法完全是爲了資產階級的利益，完全是爲了安慰受驚的庸人的目的。列甯批評這些「理論」時說他們太不負責了，因爲他們裝出科學家的神氣，而主要地麻醉了庸人，「掩飾了主要的問題和基本的問題卽模糊了社會分裂爲不可調和的敵對階級這一事實」（全集二十一卷三七五頁）

在方法論上產生所有這些「理論」的原因，都是由於忽略了發展所具有的質變性質，也是由於忽略了高級運動形式具有質上不同的運動法則，以致不能還原到低級形式上去。

揭穿來說，能力不滅法則對於階級鬥爭的理解，會有什麼供獻呢？在階級鬥爭的戰略與戰術這樣複雜的問題上，用「物理化學」方法怎樣會確定方針呢？當然，社會運動形式是跟物理運動、化學運動、機械運動有聯繫的。生物中的人，是不能把自己的生命機能跟這些低級運動形式截然分開的。人身體裏面也進行着化學過程，人也按照空間裏「純粹」機械的位置轉移的法則移動的。然而所有這些過程，恩格斯都稱之爲主要形式的次要形式。社會法則是有其獨特的、不能還原到任何其他運動形式上去的性質的。

聯共黨史簡明教程一書曾指出：量變質法則對於革命鬥爭，對於認識社會發展法則，是有巨大意義的。

「假如緩慢的量變轉化爲突然的質變就是發展法則的話，那末被壓迫階級所完成的革命突變，當然就是絕對自然而不可避免的現象了。

這就是說，資本主義向社會主義的轉變、工人階級推翻資本主義的壓迫所得到的解放，都不是經過緩慢的變化方法，不是經過改良的方法，而只是經過資本主義制度的質變方法，只是經過革命的方法實現的。

這就是說，爲使政治上不犯錯誤，就要當一個革命者，而不要當一個改良主義者。」（一〇五頁）

各式各樣的機會主義者和改良主義者，都否認革命是資本主義向社會主義轉變的方法。形而上學的理論就幫助了這批人，因爲形而上學者們肯定地說：發展具有純粹量的性質，自然界中並無質變。於是改良主義者就下一結論說，資本主義經過和平的道路，經過計劃性的進化道路，走上社會主義的路程。資本主義純量的發展，資本主義社會內財富量的積累，他們就認爲是社會主義的成長。他們把資產階級的「民主」和議會等等，認爲是資本主義制度內部早已發展了的一塊現成的社會主義。

蘇聯無產階級革命的經驗，在實踐上證明了只有用暴力和革命推翻資產階級專政，只有用革命的飛躍方法，才能創造、建立社會主義社會的條件。布爾什維克是無產階級革命家，而並非是改良主義者他們在爭取社會主義的鬭爭中，是以社會發展的辯證法法則爲指針的，因此才勝利了。

抹煞運動的質變性，抹煞伴隨質變而發生的新法則、新形勢、新條件，這都是各種反列甯主義者和仇視聯共黨的方法論的武器。

我們從聯共黨不久前的歷史中舉一例來說。暫談一下關於單獨一國建設社會主義可能性問題的爭論，是世界無產階級革命發展的爭論。

托洛斯基派和季諾維埃夫派武斷地說：單獨一個國家的無產階級取得政權後，不能用自己的力量建設社會主義。他們還武斷地說：如其他國家的無產階級沒有取得勝利，則革命是勢必失敗的。現在用不着再加費辭證明，這一「理論」是表示了全世界國際資產階級的期待和希望；也用不着再加費辭證明，托洛斯基派和季諾維埃夫派倡導這一理論的目的，是爲了在無產階級間傳佈悲觀、失望、消極等情緒的。

黨曾紛碎了托洛斯基派和季諾維埃夫派的陰謀，並曾保持了列甯關於蘇聯一國可能建設社會主義的課題。斯大林在很多次的講演中，揭穿了反對派的反革命本質，而發展了這一問題的馬列主義學說。

托洛斯基派的一個論據，就是他們硬說馬克思和恩格斯曾講過，一國內不能建設社會主義。

馬恩二氏估計帝國主義以前的資本主義條件時，曾認爲個別國家內社會主義勝利之所以不可能，是因爲「資產階級社會還是一天一天向上昇的。」

托洛斯基派和季諾維埃夫派像教條般地看死了這一馬恩二氏的原理，因而作出結論說：單獨一國內社會主義是絕對不能勝利的。斯大林說過：

「是否可以從馬克思的引證中得出一個結論說個別國家內的社會主義勝利，在資本主義發展的任何條件之下，都是不可能的麼？然而得不出這樣一個結論來。從馬克思的話語中只能得出一個結論說個別國家只要在『資產階級社會還是一天一天向上昇的』情形下，社會主義就不可能勝利。可是整個資產階級社會由於行程關係改變了運動方向而開始下降的時候，那末情形怎樣呢？從馬克思的話中可能得出一個結論說，在這樣條件之下，否認個別國家內社會主義可能勝利的根據就消失了。」（論反對派五〇一頁）

斯大林在具體分析資本主義發展的兩個時期時曾指出反對派的結論是建築在抹煞完全新的條件之基礎上，因爲這個新條件是在資本主義壟斷時期所形成，是跟壟斷資本主義以前的時期大有區別的。例如列甯估計這一條件的不同時，按照他所發現的資本主義在帝國主義時代發展不平衡的法則而肯定說：社會主義起初在不多的幾個國家內，甚或單獨一個資本主義國家內勝利是可能的；他還肯定地說：在全世界各國內的社會主義的同時勝利是不可能的。

誰都不懷疑，壟斷資本主義的帝國主義，一般地說是資本主義的發展，是資本主義的繼續。然而在這一基礎上看不見資本主義發展上新時期與舊時期的深刻區別，那就是說，用形而上學的發展理論偸偸地代替了辯證法的發展理論。列甯說：

「資本主義只有在一定的、極高的發展階段上才能成爲資本主義的帝國主義，因爲這時資本主義的某些基本特徵，已經變爲它的對立物了；也因爲這時的各方面都形成和顯露了資本主義向更高的社會經濟結構邁進之過渡時代的特徵。」（全集十九卷一四一——一四二頁）

資本主義發展中的這種新東西，很明顯，是不能不根本改變革命條件的。

斯大林曾說過：在壟斷資本主義時期以前，一般地說資本主義是向上昇的。

「……資本主義的發展，曾經或多或少地是合理的，或多或少地是進步的，而一些國家經過一個長久期間的，並沒有飛躍，也沒有那難免的世界規模的軍事衝突，於是便超過了其他國家。現在所談的並不是這種不平衡。

在這種情形下，帝國主義時代的不平衡發展法則究竟是什麽呢？

帝國主義時期的不平衡發展法則，就是一國超過其他國家的飛躍發展；就是在世界市場上一國趕掉了其他國家；就是早已分割了的世界，用軍事衝突和兵連禍結的方法加以定期的重新分割；就是帝國主義陣營內衝突的加深和尖銳化；就是全世界資本主義陣線的削弱；就是這一陣線有被個別國家的無產階級所衝破的可能；就是個別國家內社會主義有取得勝利的可能。」（論反對派五一五頁）

我們已經講過，列甯和斯大林的方法，完全是建立在辯證法發展理論上的。

否認一國內可能建設社會主義，關鍵是在於理論上把對資本主義發展的兩個時期的「差別一筆勾銷」（斯大林）了。列甯和斯大林則相反，他們解答這一問題是以不勾銷和不忽視這一差別為基礎的，是以估計到現實中一切根本變化為基礎的。

一般說來，布爾什維克的不可推翻的辯證法法則，就是如此的。過去和現在，黨總是在嚴格而精確地客觀分析事實之基礎上，建立自己的戰略與戰術。試把黨史中十月到今天的一段來看一看。請研究一下黨在這一時期口號的發展，就會知道這些口號都正確地反映着無產階級革命發展上每一個新階段的特徵與特性；這些口號組織了民衆，而由於跟生活及其質變、跟革命實踐有準確性和有機聯繫性，以致提高了羣衆的意識。

在政治上、在政治行動上，雖然不僅估計到質變是重要的，而且估計到量變也是重要的；但理解質與量的密切相互依存性，也是重要的。假如任何物體在發展中都有進化和革命、量變和質變的兩個階段，那末要理解：假如沒有預定力量的積累，就不可能轉變到決定性行動上去，就不可能從一種狀態飛躍到另一狀態上去，這是有極大意義的。

這在革命的例子中很容易看出來。馬克思主義，不僅在反對那批否認用暴力政變有必要的機會主義者之鬥爭中形成和發展，而且也在反對那批忽視組織和教育羣衆實行革命、有必要的工人運動代表者之鬥爭中形成和發展了；因爲這批人認爲反對資產階級的革命，是用幾個革命者的暗殺就可以完成的。這樣革命觀念的理論教育，就是形而上學的理論；因爲按形而上學的理論說，運動和發展只是由飛躍構成的，而否認一切進化運動爲革命的準備階段。

列寧曾指示我們，不要讓光桿的無產階級先鋒隊作決定性的戰鬥，也不要在先鋒隊方面尚未爭取到廣大無產階級羣衆時就談革命。二月革命以後，一九一七年俄國布爾什維克曾反對過那些立刻要號召羣衆起義的人；因爲當時羣衆還沒有準備，在自己的經驗上尚未瞭解只有無產階級革命才能擺脫資本主義壓迫的這一認識。

只有在十月，工人羣衆已經團結在布爾什維克的周圍，也明瞭了布爾什維克的口號，這時黨才提出武裝起義的口號。

在基本上說，蘇聯的社會主義已經建設成功了。現在的任務是結束社會主義的建設而逐漸轉向共產主義了。社會主義時代下的主要原則是各盡所能，按勞取酬；而共產主義時代下的主要原則：即各盡所能，各取所需。為了實現這一口號，就必須製造豐富的消費品。如不擴大輕重工業、工場畜牧公司等等，就不能製造豐富的消費品。所以為了質變（蘇聯正在爭取中）為了從社會主義到共產主義的轉變，就需要預先積累全國的力量與物質財富。這一點在黨所提出的蘇聯經濟基本任務上，也早已估計到了。

所以估計量變與質變間的相互依存性，在政治活動上是有極大意義的。

從量變質、質變量法則的研究中，能得出什麼結論來呢？

發展並不像形而上學者所說，是單純的量的增長。物體的發展，在於不顯著的量變逐漸積累，在某一階段上則轉化為質變。所以發展是質變，是一物因量變而向他物的轉變。

辯證法唯物論否認一帆風順和純粹進化的形而上學發展理論。事實上發展是逐漸的進化發展和飛躍的革命發展二者之統一。

形而上學的純量發展理論，總是充當那樣或這樣保衛舊者反對新者以及反對革命者的人之武器的，總是充當那批墨守成規而怕前進，以及希望舊制度萬世永存的人之武器的。

辯證法的質發展理論，是武裝着擁護棄舊迎新者，武裝着前途光明的份子，武裝着破壞舊剝削制度而創造新社會主義社會的人們。

111

第四章　作爲對立的鬥爭看的發展

辯證法最重要的特徵——形而上學否認現象的內在矛盾——推翻形而上學的例子——對立的統一與鬪爭——對立的鬥爭是發展的源泉——辯證法的自我運動論——發展法則是革命行動克服矛盾，而非調和矛盾——對立的統一是相對的，對立的鬥爭是絕對的——國際機會主義抹煞理論上與實踐上的矛盾——形而上學的均衡論——敵對的矛盾與非敵對的矛盾——結論

一

聯共黨史簡明教程一書曾指出：量變轉化爲質變的內在內容，就是對立的鬪爭，就是新舊間的鬪爭，就是衰亡者與新生者的鬪爭。

這一理論，深入淺出地刻劃出辯證法的第四個基本特徵之意義。

「與形而上學相反，辯證法是以自然物和自然現象本身具有內在矛盾爲出發點的，因爲它們全都有消極的一面和積極的一面；全都有過去與將來；全都有衰亡與發展。而這些對立的鬪爭，新舊間的鬪爭、衰亡者與新生者間的鬥爭、垂死者與發展者間的鬥爭，就構成發展過程上

的內在的內容。

所以辯證法認爲由低級到高級的發展過程，並不是經過現象和諸的展開，而是經過物質和現象所固有的矛盾之暴露，是經過這些矛盾基礎上作用着的各種對立趨勢的『鬬爭』。（聯共黨史一〇三頁——一〇四頁）

列甯非常重視這一辯證法法則，他曾說對立的統一與鬬爭法則，是辯證法的本質，是辯證法的核心。

「統一物的分而爲二和認識統一物的諸矛盾部份，這就是辯證法的本質」—（哲學筆記三二五頁）

對立的統一，「是對一切自然界（也包括精神和社會）現象和過程上矛盾的相互排斥的、對立的傾向之認識（發現。）在『自我運動』上，在天然的（卽本身的——羅森塔爾註）發展上，認識世界一切過程的條件，就是把這些過程當作對立的統一來認識。發展，就是對立的『鬬爭』」。（同上書）

「可以簡明地給辯證法下一個定義說，辯證法是對立統一的學說。這樣就把握住了辯證法的核心……」。（同上書，二一三頁）

列甯曾說過：視現象爲對立的統一與鬬爭，就是正確地科學地理解發展的祕訣。

這一辯證法的特徵和法則，爲什麽有這樣重大的意義呢？這一法則的力量在什麽地方呢？

在這裏，我們又碰到了辯證法與形而上學的極大區別。

形而上學者絕對不承認物體內有矛盾。他們認爲空間內的機械的位置轉移是運動的普遍形式。所以他們只承認外部的對立，只承認外部對立的衝突是運動的唯一源泉。

從形而上學者的觀點看來：物體絕不可能是本身而又同時是某種另外的東西；就是說，物體本身絕不可能含有內在矛盾。形而上學者說：物體本身內絕不能有使自己最後歸於滅亡的傾向與份子。他們認爲物體絕不可能是肯定與否定的統一。他們也認爲無論那一種事情，不是肯定的就是否定的，不是因就是果，二者不可得兼。例如資本主義社會，從形而上學者的觀點看來，絕不可能是對立力量的統一，絕不可能是對立傾向的統一。形而上學者在資本主義社會裏看不見矛盾，看不見這個矛盾的發展將不可避免地使資本主義制度歸於滅亡。

形而上學者絕對不承認事物的矛盾性。這類形而上學者之一的杜林，即是那個曾被恩格斯在反杜林論名著中反對過的杜林，他曾說過：

「事物裏是不會有任何矛盾的，換言之，認矛盾爲現實這件事情（即認矛盾能客觀存在於事物本身內的這件事情——羅森塔爾註，）實在是荒謬絕論的事情……」。（反杜林論一二三頁）

形而上學者這樣一口咬定地否認矛盾，是很明白的。值得證明的只是假如他們承認物體本身和客觀世界本身具有矛盾，就等於形而上學方法全部建築的塌台和解體。

形而上學者的不幸，就在於他恰恰沒有看見現實中的重要方面和本質方面，如沒有這些方面，客觀世界就終止其爲生動的、永遠發展的、永遠新生的、由低級和簡單向高級和複雜邁進的世界了。

形而上學者否認矛盾，而橫加抹煞了現實中的一個最主要的和本質的方面，這一方面就是黑格爾所說的那種一切運動與生命力的基幹組成部份。

然而客觀世界裏的所有現象和過程本身，是由矛盾構成的，是包括對立傾向的，是形成舊者與新者、現在者與將來者、衰亡者與新生者的統一的。

在自然界中，可以說，沒有同一的東西，即沒有本身絕對相同而無矛盾的東西。

恩格斯駁斥形而上學者的時候，曾舉過運動爲物體在空間中的位置轉移這種簡單的例子。恩格斯證明說：空間裏簡單的移動，這已經是矛盾了。正在移動着的物體，很難說它是在那一個地方。它在同一瞬間內，是在某一地方上，而又在另一地方上。關於移動着的物體，不能說在某一時間它正在某一點上。因爲物體既在移轉，既在運動，那末當然它也是在一定點上，同時也是在新的點上。換言之，運動是明顯的矛盾。

假如空間裏的位置轉移的這樣簡單的現象已經可以說是矛盾，那末複雜現象和複雜過程的這一特徵，更該是如此了。

恩格斯曾舉過現象矛盾的比較複雜例子——生命。

每一個活的有機體的生命，其特徵是它從周圍環境中吸取必要的物質，消化這類物質，而排泄舊的和腐朽的成份。例如我們毫不停止地在吸着新鮮空氣，吐着廢棄無用的空氣。恩格斯根據這一例證得出一個結論說：

「……一定的物，在每一個一定的瞬間內，既是這樣的，而同時又是另一樣的」（反杜林論一二五頁。）這就是說，有機體的生命是矛盾的。

達爾文的進化論，就是從承認有機界爲矛盾的發展出發的，就是從認爲這一過程是矛盾的過程出發的。

他的進化論，是建築在否認形而上學觀點的基礎上的，因爲形而上學者認爲有機物本身，是始終相同的，是處在靜止不變的狀態中。恩格斯則證明：全部有機界中每一個種類，每一個生物，都充滿着矛盾，它們裏面同時有新的有舊的，有發生的有死亡的。生物與其生命之自然條件間的矛盾，個別動植物種類間在生存競爭中的矛盾，比較適於環境者與比較不適於環境者的鬥爭，——這就是有機界發展的眞實情況。

我們回過頭來看一看社會關係的領域，在這裏我們也可以碰到發展的矛盾性質，不過是基礎不同罷了。

馬克思與恩格斯發現了社會發展法則。這一法則說明生產力、物質生存條件的發展，是社會裏面所發生的一切變化的主要源泉。

社會的生產力並不是凝結不動的，而是在變化中、進步中，在某一階段時就會跟現存的生產關係發生矛盾。這個時候，改變所有的社會關係、和改變所有意識形態的上層建築時期，就到了；使上層建築適應改變了的物質生存條件時期，就到了。

馬克思曾用下列的話敍述過這一法則：

「社會物質生產力發展到一定階段時，便跟現存的生產關係或以前由內部發展起來的財產關係——這只是法律用語——發生矛盾了。這些關係由生產力的發展形式轉變爲生產力的桎梏了。這個時候，社會革命時代便到了。隨着經濟基礎的改變，全部巨大的上層建築也或多或少地迅速發生變革了。」（政治經濟學批判選集一卷，三二七——三二八頁）

由此觀之，社會絕不是凝結不變的形式。社會也像其他一切現象一樣，絕不能說它是始終不變的。正相反它是在不斷變化和不斷發展中。它本身就包含着內在矛盾、矛盾的傾向與矛盾的力量。在階級社會裏面，對立階級的鬥爭，就是社會裏面現存矛盾的最深刻和最明顯的表現。

全部已往的社會史，就是社會經濟形態的更替史；就是腐爛的和衰老的一種社會形態滅亡，而比較進步的另一種社會形態發生之歷史。當這樣一個社會經濟形態改換另一形態時，是在殘酷的鬥爭當中進行的。

總之，無論我們舉什麼例證——舉自然領域內的例證也好，舉人類社會領域內的例證也好，——全都能推翻形而上學的現象同一論和現象無矛盾論，而事實告訴我們，一切現象和一切過程本身，都包含着內在矛盾，都是對立的統一。

然而現象和過程本身，並不僅是對立的統一。事物與過程本身的矛盾性，就是說明它們裏面同時存在着各種對立的相互排斥的趨勢與傾向。唯其這些趨勢與傾向是對立的、不同的，所以牠們彼此不能和平共居，不能不彼此進行鬥爭。

所以事物與過程，不僅是對立的統一，而且是對立的鬥爭；舊者與新者、衰亡者與發生者，彼此間都在鬥爭，相互間都在排斥，它們經常都在鬥爭中。例如資本主義時代發展着的生產力，在某一階段上就會跟現存的生產關係發生衝突，卽生產力的發展，超過了資本主義生產關係的範圍。生產力和勞動過程本身，是具有社會性質的。恩格斯說：生產力和勞動過程，要求事實上承認它們的社會性質和有計劃的組織。然而少數資本主義寄生蟲，則佔有着社會勞動的成果，妨礙着生產力由資本主義枷鎖下解放出來。生產力已經是新的社會主義制度的基礎，而舊的資本主義制度則是反對新的，維護本身的存在。

勞動的社會性質與佔有的私人資本主義形式間這種矛盾，就表現在定期的經濟恐慌裏。馬克思說過，經濟恐慌是資本主義制度絕對矛盾的表現形式。

所以事物與過程不僅是對立的矛盾傾向的統一；而且也是對立的矛盾傾向的鬥爭。列甯說過：「發展是對立的『鬥爭』。」（哲學筆記三二五頁）

這一現實方面的意義、這一現實客觀法則的意義，是很難過高估價的。假如事物和過程中沒有對立的力量和對立的傾向，假如它們間沒有鬥爭，那末就不會有任何發展。辯證法的對立與統一與鬥爭這一法則的眞實意義就在於它發現和說明了客觀世界發展的深遠源泉。

在前面的幾章裏，我們已經講過：自然界與社會並不是處於凝結不變的狀態裏，而是不斷發展着；也曾講過發展是量變向質變的轉化。現在我們又知道了發展與質變的主要原因、內在內容以及源泉。這些源泉，就在於舊者與新者、衰亡者與新生者的鬥爭裏，就在於對立的鬥爭中。

事實上，物體的內在矛盾如停止一分鐘，對立的鬥爭如停止一分鐘，則物體就會變爲死的、凝結的、不變的東西了。

假定有機體的生命沒有矛盾，假定有機體中不發生舊細胞衰亡和新細胞發生的這樣經常矛盾的過程，那末在這種場合之下，活的有機體將成爲怎樣一種情形呢？回答是很簡單的：生命就沒有了，死就降臨了。

「從而生命也就是事物與現象本身中存在着的、不斷自行提出和自行解決的矛盾；而這種矛盾一當停止的時候，生命也就停止了，死亡也就到來了。」（恩格斯反杜林論一二五——一二六頁）

對於社會的發展和矛盾也有這同樣的意義。社會的矛盾、對立階級的鬥爭，都會是全部階級社會史上發展的源泉和社會發展的動力。

一種社會經濟形態被另一種形態所代替；如奴隸社會由封建社會所代替；封建社會被資本主義社會所代替資本主義社會被社會主義社會所代替；這究竟是什麼原因呢？原因就在於生產力與生產關係之間的矛盾上面。

假如沒有這種矛盾，假如生產力的發展跟存在於社會形態的生產關係不發生矛盾，那末會怎樣呢？這樣社會就不會有發展。

生產力與生產關係間的這些矛盾，並不是臆造出來的成果，而是從前全部社會發展史的客觀法則，是獨立於人類意識之外的法則。也正是由於這一法則的緣故，社會就在歷史發展過程當中，由一個階段昇到另外一個階段，社會的低級形態被高級形態所代替。十八世紀末十九世紀初所發生的資產階級革命，會是反對封建制度的資產階級革命，會是存在於封建社會裏的矛盾的表現與結果資產階級革命會用推翻封建制度確立資產階級統治的方法來解决矛盾的。資本主義關係的發生，又是跟新的矛盾之發生與發展聯繫在一起的。

一九一七年十月革命開始的無產階級社會主義革命時代，會用暴力推翻資產階級專政而建立無產階級專政的新政權方法，來解决資本主義社會不可調協的矛盾。無產階級革命打碎了資本主義的枷鎖而解放了生產力，且對生產力開闢了一帆風順毫無阻擋的發展道路。

所以，研究現實時，不要脫離現象與過程的內在矛盾，不要脫離對立的鬥爭。這種脫離方法，不可避免地就要染上現實不變的形而上學觀點，不可避免地就要陷入否認發展的深刻原因和源泉的泥淖。忽視物體的內在矛盾性，就沒有可能在舊物中看到新傾向和新現象的發生，就沒有可能看到舊者與新者的鬥爭，因而也就沒有任何可能看見現象的發展和現象轉化為本身的對立物或高級形態了。

把現象與過程認作是對立的統一與鬥爭，這是唯一正確的科學方法。這種認識方法，可以使人明白生命的眞像，可以使人看見和瞭解新舊的鬥爭以及這一鬥爭的前途。斯大林說：

「大家都說生命就在於不斷的生長和發展，但社會生命也並非某種不變的凝固東西；它從未停止在一個水平上面，它永久在運動中，在不斷破壞與不斷創造中，這也同樣是對的。所以馬克思說：『生產力不斷地生長運動，社會關係不斷地破壞，觀念不斷地發生，而世界上的所謂不變物，只有運動這一概念而已。』因此，在生命中永遠存在着新物與舊物，成長物與衰亡物，革命與反革命；——在生命中，一定有某種東西在死亡，同時也一定有某種東西在產生……

辯證法說，需要把生命當作現實存在着的生命來觀察。生命是處在不斷運動中，所以我們應當從運動中、破壞中和創造中觀察生命。生命向何處去，生命中的何者在死亡與何者在產生，何者在破壞與何者在創造，——這就是我們首先應當加以注意的。」（按斐利亞著高加索布爾什維克組織的歷史問題一書中之引語一〇一頁）

二

把現象和過程認作是對立的統一與鬥爭這一方法，是根據現實本身的客觀法則的，是有可能使人在科學上去發現和說明那存在於現實中的客觀規律性的。

否認物體的內在矛盾，結果就會承認在客觀世界之外有某種外在的神的力量主宰着事物和人類的命運。

唯心論者解釋一個社會制度跟另一個社會制度交替時說，這種交替發生的原因，是由於人類有了新的、更完善的、更理性的社會制度觀念。辯證法唯物論者則有與唯心論者不同的見解說：舊社會本身內分出了與整個舊結構相矛盾的新原素；舊的原素和舊的傾向跟新的不能和平相處，而彼此間進行着鬥爭；最後這一鬥爭就使舊社會制度變爲它的對立物了。

任何現象都是矛盾的，意思就是說：現象本身中發展着遲早就要結束該現象生命的一方面，遲早就要使該現象轉變爲本身對立物的一方面。所以運動、發展，都是自我運動、自我發展；換言之，物體的發展是由於自身的原因，是由於自身的內在矛盾。

當然這並不是說，外部的對立物及其鬥爭和相互作用，在發展上不起任何影響。

前面我們已經從達爾文的學說中舉過幾個實例說，有機界與無機物間的相互關係，是有極大作用的。在人類社會發展中，社會與自然間的矛盾也起着很大的作用。

革命辯證法並不忽視外在矛盾的實例，可以拿蘇聯社會主義世界和資本主義世界間的矛盾看。黨常指教我們說：不能離開外在資本主義的包圍而空談社會主義的澈底勝利，只有消滅這一包圍才能談到澈底勝利。

所以辯證法的發展論，並不忽視外在的對立。它只是指出：發展的主要源泉是物體和過程本身所展開的內在矛盾，運動的基本形式是自我運動。

「列甯着重指出過：辯證法對運動的理解，是把運動當作自我運動來理解。列甯反對那否認自我運動的形而上學對發展的理解；列甯認爲辯證法理論的重要特徵，正是承認自我運動。

列甯說

「在第一個運動概念（形而上學的概念——羅森塔爾註）之下，埋沒了自我運動，埋沒了自我運動的動力、源泉、動機（或者、把這個源泉加到外部的上帝、主觀等上）。在第二個概念（辯證法的概念——羅森塔爾註）之下，主要的注意力正是集中於對『自我』運動源泉的認識上。第一個概念是死的，枯萎的，乾燥的。第二個則是活的。只有第二個才是理解一切存在物『自我運動』的鎖鑰，只有它才是理解『飛躍』、『逐漸性中斷』、『轉化爲對立物』、理解舊者消滅、新者產生等的鎖鑰」。（哲學筆記三二六頁）

列甯擁護唯物論對發展的理解，擁護那在客觀世界中、那在客觀事物與過程中、而不是在上帝的主觀等中去尋求發展動力的發展理論。列甯指出，這種動力就是對立統一的鬥爭，就是內在矛盾的暴露。

物體與過程的矛盾本身，並不是一成不變而永久如此的。矛盾在發展、加深中，是有自己的歷史的。例如資本主義發展的最初，就早已有無產階級和資產階級這兩個基本的、資本主義社會的階級之矛盾了。然而這種矛盾，尚未達到現代資本主義最後階段的這樣深刻與尖銳。資產階級與無產階級間的鬥爭史，就整個是該兩階級矛盾日益深刻化的歷史。這就是資本主義社會所固有的內在矛盾之暴露與展開的歷史。

一切現象的發展法則就是如此的。在聯共黨史簡明教程一書中有一段說：

「……發展是經過內在矛盾的暴露，是經過基於這些矛盾的對立力量的衝突，以克服這些矛盾而進行的。……」（一〇五——一〇六頁）

資本主義矛盾的發展，是會達到不得不解決、不得不克服的階段的。無產階級革命會克服這些矛盾，且無產階級革命就是變資本主義爲本身對立物的社會主義之武器。

所以，發展是物體矛盾的暴露過程和加深過程，是這些矛盾的克服過程，是一種對立物轉變爲他種對立物的過程；或是由低級形式轉變爲高級形式、由舊變新的過程。

馬恩列斯四氏總是反對根據對立力量和對立原素的調和原則來理解矛盾的。並非調和矛盾，而是用革命方法克服矛盾和解決矛盾，——這才是眞正發展的客觀的唯一途徑這才是無產階級黨在實際政治活動上的原則。假如矛盾可以調和、可以勾銷，那就不會有任何前進的運動。但現實的矛盾是不能調和的。矛盾的力量和矛盾的趨勢，在彼此間的鬥爭還沒有達到它們在一個外膜內不能並存的階段時，牠們是處在統一的狀態中。矛盾到達這一階段時，就不可避免地要尋求解決了。

對立的統一是一時的、暫時的、相對的。對立的鬥爭則是永久的、絕對的。任何物體、任何現象，由於本身內部含有矛盾，所以都會發生變化。因此，如果矛盾不是絕對的，如果矛盾不是不斷發展的內容，那末物體就不可能有變化，就不可能由一種形式向另一形式轉變，就不可能有不斷的發展。

「對立物的統一……是有條件的、臨時的、暫時的、相對的。而相互排斥的對立物之鬥爭，則是絕對的，正如發展和運動是絕對的一樣」。（列寧著哲學筆記三二六頁）

三

整個辯證法的發展理論，以及辯證法的主要特徵——對立的統一與鬥爭法則，——對於行動是有偉大意義的，因爲它是認識的工具和革命鬥爭的工具。馬恩列斯四氏的著作，都是應用唯物辯證法的典型範例。聯共黨史簡明教程一書指出將辯證法原理進一步運用到研究社會生活裏去，以及應用到無產階級黨的實際政治行動中去，這是有極大意義的。尤其是根據對立鬥爭的辯證法發展法則，可以得出下列的結論來：

「如果發展過程是經過內在矛盾的揭露，是經過基於這些矛盾的彼此對立勢力之衝突來克服這些矛盾而進行，那末很明顯的，無產階級的階級鬥爭就是完全自然的和必然不可避免的現象。

由此可見，不是要掩蔽資本主義制度中的各種矛盾，而是要暴露和揭露它們。不是要撲滅階級鬥爭，而是要把它進行到底。

由此可見，爲着不致在政治上弄出錯誤，就要進行不調和的階級的無產階級政策；而不要進行調協無產階級與資產階級利益的改良主義政策，不要進行資本主義『長成』社會主義的妥協主義政策」。（聯共黨史簡明教程中文本一三一頁）

這種結論，深入淺出地表示出無產階級黨的革命辯證法與革命行動間之聯繫。

各式各樣的機會主義者，不論他們用什麼旗幟來掩護，也不論他們是那國人，他們總是毫無疑問地反對辯證法的，尤其是反對對立的統一與鬥爭這一辯證法法則的。他們全都與鬥爭的精神、革命發展的精神誓不兩立；因爲這種精神是承認物體的矛盾性和對立傾向、新者與舊者、衰亡者與發生者之鬥爭的。無怪乎列甯在黑格爾著的論理學一書中，曾簡要地批了幾句話說。「……庸人們想把自然和歷史從矛盾和鬥爭中過濾出來使它溫柔化』」（哲學筆記一三三頁。）列甯說：

「小資產階級的民主主義者，本來就憎惡階級鬥爭，幻想避開階級鬥爭，而使之協調與和好，使其鋒芒鈍化。因此這些民主主義者，不是絕對不承認由資本主義向社會主義過渡的整個歷史連鎖，就是認爲自己的任務在於想出一個計劃來和解兩個交戰力量，而不是領導這兩個力量中的一個進行鬥爭。」（全集二四卷五〇八頁）

唯其如此，改良主義者才竭力反對馬克思的辯證法，也才竭力擁護形而上學。

國際機會主義的台柱之一柏恩斯坦（Bernstein），就是用這種精神來講辯證法的：

「辯證法那種以『是卽否否卽是』，代替『是卽否，否卽否』的辦法、它那對立物的相互轉變、它那量到質的轉化及其他辯證法的美點，總是阻撓明白瞭解已公認的變化之意義的。」一

這種「哲學的」難懂的話，如譯成政治的用語，就成為資產階級與無產階級間沒有不可調和的矛盾，就成為工人階級的黨需要進行資產階級利益與無產階級利益的調和政策，而絕不是進行無情的階級鬥爭的路線。

從現代社會民主黨的行動中，可以找到許多這樣的實例。

大家都曉得，前此第二國際有力政黨之一的比利時社會民主黨，不久前曾聲明過他們的任務完成了，而要求按照新方法工作的新時代到來了。在這樣聲明之後，黨就自行解散了。

這就是比利時職工會接受比利時社會民主黨「領袖」德曼（De man）的提議製作出來的一個決議，——讀者在此可以看見公開的階級調和的理論。

在該決議中說：

「出乎我們意外的戰爭（卽現代戰爭——羅註），造成新的歐洲秩序。我們在重建國家復興民族的事業上，應當跟那能在這一新歐洲秩序上佔一重要位置的人忠實合作。所以職工

會的領導工作人員聲明他們也和德曼一樣，要把所有的全國建設力量團結成爲服務民族利益的巨大運動爲達此目的，應當把黨的各種政策收拾起來。（這也就是他們解散黨的原因——羅註）……他們認爲階級鬥爭的出現，是資本主義自由經濟的結果，而在我國國內必須用社會秩序和經濟秩序來取消階級鬥爭。在這樣一個秩序上，具有全民族委託而處於政府統治之下的職工組織，建立勞動條件，並調整生產。」

最近發生的機會主義反革命的矛盾「調和」的理論，就是如此。這所有的理論就是說：階級鬥爭和內部社會矛盾，這是工業資本主義時代的特點，而在我們目前這個時期，建立了安定秩序；在這一秩序之下，工人政黨可能取消，而職工會應當受全民族的委託在資產階級政府的統治下工作。

科學共產主義的創始人馬克思和恩格斯他們二位最偉大的功績，在於研究資本主義生產方法時，並沒有抹煞資本主義的矛盾，反而揭發了資本主義的矛盾，給與了科學的說明，指示了無產階級克服這類矛盾的途徑。

而在馬恩二氏以前，研究資本主義者也曾看見這一制度的矛盾，例如烏托邦社會主義者，很清晰地寫過資產階級社會的矛盾，說過這類矛盾的不合理及其對人類所造成的危害。按他們的意見說，全部資本主義社會的罪惡，都在於人類的隔閡，都在於人類彼此的矛盾。然而他們却認爲資本主義的矛盾是人類愚笨和放蕩的結果。烏托邦主義者認爲創造那沒有貧困和沒有壓迫的制度的一個手段就是調和矛盾。

誠然這些烏托邦社會主義者的未成熟理論，是反映了剛建立起來的資本主義制度的尚未成熟之矛盾。無產階級與資產階級間的矛盾，當時還沒有像馬恩二氏出現時期那樣的尖銳。兩位馬克思主義創始人，是出現於資本主義較發展的時期，這也就是他們能夠戰勝烏托邦社會主義者理論的客觀原因之一。

馬恩二氏與烏托邦社會主義者不同，因爲他們二人看見和懂得了資本主義矛盾的客觀基礎。他們解釋矛盾的存在說：並不是由於「道德的墮落」之類的東西使然，而是由於物質的社會生活條件，社會生產方法使然。資本主義如沒有本身固有的矛盾，就不能存在，如不剝削勞動羣衆，就不能生活。所以這類矛盾在某種社會發展的歷史階段上是不可避免地要出現的。

馬克思不用道德觀點去探討這類矛盾，也不用臆造的理想去設計出路，而是注意於研究矛盾的資本主義制度之趨勢。換言之，他的研究是立脚於客觀現實的眞正基礎上的。

馬克思在天才的資本論名著中，曾科學地分析過資本主義生產方法。他從這個社會的最簡單最普通的現象開始，即從商品交換開始，而在這裏就找到了資本主義所有矛盾的胚胎。

「在馬克思的資本論一書中，開頭是分析最簡單、最普遍、最基本、最大量、最日常、又千千萬萬遍碰到的資產階級社會（商品社會）的關係，卽商品交換在這一最簡單的現象中（在資產階級社會的這一『細胞』中）用分析發見了現代社會的所有矛盾（……所有矛盾的胚胎）進一步又在該社會的個別部份上，從頭到尾，對我們敘述了這類矛盾和這一社會的發展（成長和運動）。」（列甯著哲學筆記三二六頁）

馬克思分析資本主義的時候，一絲一毫也沒有過分的誇張。他觀察和說明了資本主義社會的本身運動，卽其自我運動。同時，很多小資產階級的社會主義者，認爲拯救社會就必須建立貧者與富者之間、無產階級與資產階級之間的和諧；而馬克思則證明只有資本主義所固有的矛盾之發展，才能致使這一制度不可避免的滅亡。馬克思證明資本主義的矛盾，不僅不可能調和，而且還有一種日益劇烈和尖銳的趨勢。資本主義生產的法則，要求擴大生產，同時這種法則又製造商品生產的恐慌。同一法則，一方面製造了富裕，而又一方面也製造了貧窮。生產力技術的發展，打下了廢除艱苦勞動而解放人類的物質基礎，但在資本主義時期，這一發展却是與日益加強奴役人類的現象不可分離的。資本主義發展的每一步，都有二重性質。資本主義每一步新的向前發展，都是表示這個二重性質的擴大，都是表示其矛盾的加深。

馬克思指出資本主義矛盾的發展和加深，是鐵一般地自然不可避免的；他還指出：矛盾的發展，是使資本主義走向滅亡的唯一道路。

「……某種歷史生產形式的矛盾發展是該形式解體新形式形成的唯一歷史道路」。（資本論一卷三七九頁）

馬克思並不抹煞資本主義的矛盾，並不朦蔽資本主義的矛盾，反而毫不客氣地揭發其矛盾；並不消滅無產階級與資產階級間的階級鬥爭，反而使之澈底進行。正因爲馬克思用辯證法來觀察資本主義，認爲資本主義是具有內在矛盾的現象，是新者與舊者鬥爭、垂死者與發生者鬥爭的現象；所以馬克思才能在數十年之前就預測到資本主義的必然死亡和社會主義新秩序的必然勝利。正是因爲馬克思分析了資本主義的矛盾，他才發見了無產階級是具有推翻資本主義秩序、而創造社會主義新社會這樣歷史使命的大革命力量。

由此可知，馬克思的革命辯證法與無產階級的社會主義是有如何密切而不可分的聯繫。可以說，革命辯證法是使社會主義由烏托邦變爲科學的工具。

革命的唯物辯證法，總是馬克思和恩格斯，聯共黨及其領袖列甯和斯大林等爭取社會主義的指針。

聯共黨史簡明教程一書指出：社會主義勝利的一個決定性條件，就是布爾什維克反對黨內各種機會主義的鬥爭；就是毫不客氣地跟反列甯主義傾向和派別所作的鬥爭。

關於這一點，我們談一談斯大林應用辯證法分析蘇聯發展的這一最重要的方面。

斯大林在第七次共產國際執委會上所作的報告中曾說：

「假如拿我黨從產生以至今天的歷史來看，我可以毫不誇大地說，我黨的歷史是本黨內部矛盾鬥爭的歷史，是我黨克服這些矛盾及在克服這些矛盾的基礎上逐漸鞏固的歷史。」（列斯二氏著聯共黨史研究選集三卷一四五頁）

斯大林首先指出在黨的發展過程中矛盾是不可避免的；在全國社會條件中，在敵對的仇視階級存在情形下，矛盾是根深蒂固的。無產階級是不能跳出其他社會階層和階級而單獨生活的。並且無產階級也不是全都一樣的，除了畢業於資本主義工場這所艱苦學校的大批純粹無產階級外，還有剛剛來自鄉村的工人以及出身於小資產階級的份子。這些比較不堅定的工人階層，正是資產階級與小資產階級意識形態影響無產階級的方便基礎。斯大林說：

「每當階級鬥爭發展到轉變時，每當鬥爭尖銳和困難加強時，無產階級各種階層在觀點上、在習慣上、以及在情緒上的差別，就自然要以黨內某種意見分歧的方式表現出來。而資產階級及其意識形態，就自然要對這種意見分歧加強壓力，以無產階級黨內鬥爭的方式給這種意見分歧找一出路。

黨內矛盾和意見分歧的來源，就是如此。」（仝上書一四九頁，）

用什麼方法來解決這些矛盾呢？

第二國際領導下的各個社會民主黨，主要工作就是朦蔽和彌縫黨內的矛盾。眞正革命的馬克思主義新式政黨布爾什維克之發展，正相反，主要是暴露黨內矛盾和克服矛盾的。黨內的矛盾，並不需要調和，並不需要掩飾，而是需要暴露和用革命方法克服，——這就是布爾什維克黨發展的道路和發展的法則。

斯大林從黨史中舉出許多例子來證明這一法則。

在一九〇三年俄國社會民主工黨（卽聯共前身——譯者）第二次代表大會上，發生了布爾什維克派（主張革命發展路線者）和孟雪維克派（主張同資產階級妥協，主張順應怯懦的自由資產階級的政策與策略路線者）間的矛盾。當時布爾什維克派並不掩飾自己與孟雪維克派間有意見上的分岐。他們反而曾經堅决地不客氣地揭穿了孟雪維克派的資產階級性質。斯大林說這一鬥爭是「眞正革命黨和眞正布爾什維克黨的誕生與發展之必要階段。」（仝上書一四六頁）

在一九〇五年革命時期，布爾什維克派和孟雪維克派間的矛盾，已經加深了；對於日益成熟的革命上之實踐問題，已不能不給以答案了；於是便出現了兩個完全相反的路線。卽布爾什維克路線與孟雪維克路線。

「當時爲什麽黨內布爾什維克派能取得勝利？爲什麽布爾什維克派能獲得黨內多數人

的同情，這是因爲他們並未掩飾原則上的意見分歧且曾利用孤立孟雪維克派的方法盡力克服這些意見分岐。」（同上書一四七頁）

斯大林還曾指出，黨曾克服了一九〇五年革命失敗後各時期的矛盾，在一九一一——一九一二布爾什維克派從黨內驅逐了孟雪維克派，而形成了獨立的布爾什維克黨。就是這一個時期，布爾什維克黨的根本原則及其反對機會主義與反對工人階級叛徒的鬥爭，曾獲得了勝利。

在準備十月社會主義革命，建立無產階級專政和建設社會主義社會的時期，布爾什維克黨內又出現了新的意見分岐和新的矛盾。

剝削階級曾拚命反抗進攻中的社會主義。隨着新社會的建設，出現了極大的困難。創辦大規模社會主義工業、使零小而分散的農村經濟轉化爲大規模的社會主義農業、肅清剝削階級等之類偉大歷史性任務，都需要解決了。所以剝削階級努力保持生存，拚命反抗社會主義，並企圖在蘇聯恢復資本主義秩序的這種意念，當然就不能不影響到聯共黨內比較不堅定的份子和政治上從未受過鍛鍊的份子身上。

黨內也曾有過從前反對列甯主義的份子，也曾有過暫時加入布爾什維克派的份子。這些份子，一當聯共黨開始實現社會主義建設綱領時，就變成了垂死的反動階級在黨內的代表者。

托洛斯基派、季諾維埃夫派、加米涅夫派、布哈林派等多年以來反對黨的傢伙們，都滾到反革命的泥沼裏，而成爲仇視社會主義的階級之應聲虫，成爲反革命的奸細了。

社會主義是可能取得成功的，這只因爲聯共黨曾經毫不客氣地揭穿了這類資產階級與富農的理論家，而從自己的隊伍中把他們趕掉了。

「有人也許覺得：布爾什維克花費了太多的時間去進行反對黨內機會主義份子的鬥爭，布爾什維克過份估計了這些機會主義份子的意義。然而，這是完全不對的。不可在自己內部容忍機會主義，正如不可在健全身體上容忍毒瘡一樣。黨是工人階級的領導部隊，是工人階級的前方堡壘，是工人階級的戰鬥參謀部。在工人階級的領導參謀部中，是不可容許那些缺少信念者、機會主義者、投降主義者、和叛徒們立足的。如果在自己的參謀部中，在自己的堡壘中，留有投降主義者和叛徒，而去和資產階級作殊死鬥爭，那就是陷於腹背受敵的地位。不難瞭解：這樣的鬥爭是只會得到失敗結局的。堡壘是最容易從內部奪取的。爲要達到勝利，首先就必須從工人階級的黨內從工人階級的領導參謀部內從工人階級的前方堡壘中，把投降主義、逃兵、工賊、叛徒們清掃出去」。（聯共黨史簡明教程中文本四二七頁）

因此無產階級革命的強大堡壘兼工人階級的戰鬥參謀部之聯共黨，是在悠久的歷史中清除了敵對份子而鞏固起來了。

四

在蘇聯爭取蘇維埃制度的鬥爭中，和爭取社會主義社會建設的鬥爭中，有好多明顯的例子，說明列甯斯大林黨，是由辯證法指導工作的。

同時在蘇聯爭取社會主義的鬥爭中，也有好多的例子說明社會主義的敵人從形而上學的軍械廠里，搬出一些「哲學」理由來作掩飾他們反人民的工作。

整個新社會建設的時期，就是舊社會向社會主義制度轉變的時期。

布爾什維克黨非常明白：這一時期絕不可能不是新者反對舊者、發生和發展者反對衰亡和反動者的時期；絕不可能不是不可調和的階級鬥爭的時期。社會主義的任何一步前進，都是從舊世界的所有反動勢力中用生命換來的。

反對派反對黨的路線，且在反對列甯主義鬥爭過程當中，早已變成毫無原則的破壞份子和外國間諜匪徒了。他們在宣傳階級調和、矇蔽矛盾、否認社會主義建設過程上的內存矛盾性。

他們之所以需要宣傳階級調和以及否認內在矛盾者，就是因爲他們要在蘇聯國內恢復資本主義，要給富農和國際反革命份子掃清道路。

社會主義的敵人爲了對自己的發展富農的計劃和發展資本主義的計劃加上一個「理論」外形，就借「均衡論」來作他們的根據。

「均衡論」是一個典型的變相的形而上學方法它否認現象和過程內的內在矛盾。布哈林以這個理論作指導，曾作了一個結論，說壟斷資本主義是「有組織的資本主義」說資本主義社會的內在矛盾在減輕、在消失，所留下的只有個別資本主義國間的外在矛盾。這一結論的意思就是說資產階級與無產階級間的階級矛盾在緩和，而每一個資本主義國內的階級鬥爭卽將結束。

這就很容易看出來，多數變節份子和資本主義復辟份子爲什麼要引證「均衡論」。「均衡論」曾幫助他們反對黨，反對社會主義建設，保存富農階級，恢復資本主義。根據斯大林的話來說，「均衡論」的目的在於「……要用「新的」理論武器去武裝富農份子來反對集體農莊，是要破壞集體農莊的陣地。」（列寧主義問題中文本三一八頁）

布哈林和李柯夫派中的反黨份子，根據否認社會發展內在矛盾的形而上學「均衡論」，曾製造出「階級鬥爭消滅」富農階級和平轉向社會主義的一套狗屁不通的「理論」。黨在斯大林領導之下，曾揭穿了「均衡論」的反革命性質。

「……我們的發展，並不是一帆風順，昂揚無阻的。不是的，同志們，我們有階級，我們國內有內部的矛盾，我們國內有過去的東西，我們有現在的東西和將來的東西；它們彼此間有矛盾，我們不可能在驚濤駭浪的生活中一帆風順地向前進行。我們是經過鬥爭，經過矛盾的發展、經過這類矛盾的克服、經過這類矛盾的說明和清算而前進的。只要階級存在一天，我們任何時候都不能說：謝天謝地，現在什麼都好了。同志們，這在任何時候都是不可以的。在我們的生活中，經常有某種東西在衰亡着。然而這衰亡着的東西却不乾心死去，它要拚命爭取生存，堅持垂死的事業。在我們的生活中，經常有某種新的東西在產生着。然而這產生着的東西却不是很容易出來的，得要呼號、吶喊，堅持自己的生存權。舊者與新者間的鬥爭、衰亡者與產生者間的鬥爭，這就是我們發展的基礎。」（斯大林第十五屆聯共黨代表大會政治報告）

全體蘇聯人民，無論過去與現在，都奉斯大林這些精闢的話爲金石格言而任何一分鐘也不忘記：社會主義建設就是階級鬥爭，就是矛盾的發展與清算；假如沒有這種階級鬥爭，就沒有也不可能有社會主義的建設。

這也就是我們的黨和我們的人民所以能夠得到偉大勝利的原因。這也就是革命的辯證法，過去曾是而現在仍是社會主義實踐勝利的理論基礎的道理。

五

在總結上我們再談一個重要的問題。

對立的統一與鬥爭法則，是一個普遍的發展法則。列甯說過：對立的鬥爭是絕對的，正如發展和運動是絕對的一樣。所以經過揭發和克服內在矛盾的這種發展，這並不只是哪一個特殊社會形式所固有的現象。這就是說，以前的各種社會形式以及沒有階級的社會一律都是辯證法地發展着，都有着本身的矛盾，都要解決這些矛盾。

這一切都是絕對如此的，但應當曉得，一般的矛盾是沒有的。具有一定內容、一定性質的具體矛盾是有的。例如在蘇聯社會裏，最初幾年還曾有過資產階級：如商人，工業家，富農等。在無產階級與這類階級間，曾有過深刻的矛盾。無產階級在各方面都跟資產階級是對立的，他們彼此間沒有任何共同利益，他們彼此間對視着，即是相互間仇視着，且他們的利益是不可調和的。然而跟蘇聯社會的基本階級工人並肩存在着的，還有另外一個基本階級的勞動農民。這一個階級在農村經濟集體化以前，曾經是小資產階級。

工人階級與農民階級間，毫無疑問地曾有過矛盾。這種矛盾的基礎，在於農民是以自己的經濟爲私有財產，是小商品生產的階級。而無產階級則把國民經濟建築在生產手段社會主義公有的基礎上。農民階級曾由自己的隊伍中不可避免地產生出資本家和富農的階級。

這足證無產階級與農民階級間，最初曾有過矛盾。

不過假如我們把無產階級與資產階級間的矛盾跟無產階級與勞動農民階級間的矛盾，混爲一談，那就大錯而特錯了。

實際上，這兩種矛盾彼此間是有絕大不同點的。他們的不同點，也在內容上，也在形式上，也在發展的趨勢上，也在克服矛盾的性質上。

工人階級與資產階級間的矛盾，只有用清算和消滅剝削階級這一個方法才能解决；其他第二條道路是沒有的。因爲只要剝削階級在國內存在一天，就不能建設社會主義。社會主義是表示人剝削人現象消滅的意思。蘇聯人民也就是用這一個方法，解决跟資產階級、富農階級之基本矛盾的。

無產階級與勞動農民階級間的矛盾，是完全具有另外一種性質的。這並不是敵對的、仇視的矛盾。

黨曾致命地打擊過反革命的托洛斯基主義，因爲它曾宣傳無產階級與農民階級間，將不可避免地發生衝突、發生分裂。

孟雪維克派和托洛斯基派，總是把勞動農民階級視作仇視無產階級的、跟工人階級毫無共同利益的資本家階級。

黨及其領袖列甯和斯大林則恰恰相反，總是教導我們說：農民是階級，因爲它在本質上，含有對立的特徵，含有對立的趨勢。農民一方面是一個私有者階級，小資產階級；另一方面又是靠自己勞動維持生存的勞動者階級。資本主義社會裏的農民，大多數都在走向貧困、破產，而在補充着無產階級的隊伍。只有微不足道的少數農民，才會僥倖爬到上層去，成爲富農、成爲資產階級。對於勞動農民說，資產階級和富農就是他們的死對頭。

所以唯一挽救農民的方法，就是消滅資本主義制度，跟工人一同和在工人的領導下建設社會主義社會。

由此可知，無產階級與農民階級間不僅有某種矛盾，而且也有共同利益。無產階級與農民階級的這些共同利益，就創造了他們間的不可分的聯盟基礎。

布爾什維克黨之所以勝利，就是因爲黨在革命鬥爭的所有階段上都曾保持和擁護了工人階級與農民階級的聯盟，以及黨曾把這一龐大的革命後備軍吸收到無產階級方面來。

究竟如何克服這兩個階級間的矛盾呢？自然，這一克服的方法是與解決無產階級與資產階級間的矛盾，絕對不相同的。

只有一條革命性地克服工人階級與農民階級矛盾的道路。這條道路就是把農民階級轉移到大規模的社會化農業上，就是洗去工人階級與農民階級二者的界限。

社會主義集體化的順利進行，逐漸克服了零星個體農村經濟與社會主義工業間的基本矛盾。農村經濟與工業，現在已經構成一個統一的社會主義體系了。工人階級與農民階級間仍然還保持着某種區別，然而這種區別將隨着社會主義建設的新的成功，日益洗去和日益消失。

一九三六年十一月二十五日，斯大林在非常第八次全蘇聯蘇維埃代表大會上的報告論蘇聯憲法草案裏，論及蘇聯所發生的社會變化特徵時曾說過：

「這些變化是說明什麼呢？

第一，這些變化就是說明在工人階級與農民間以及在這兩個階級與知識份子間的界限是正在泯滅着，而舊時的階級特殊性也正在消失着。這就是說，這些社會集團間的距離是日益縮短着。

第二，這些變化就是說明：這些社會集團間的經濟矛盾是正在降低着，正在泯滅着，最後，這些變化就是說明：這些社會集團間的政治矛盾也是正在降低着，正在泯滅着。」—（列寧主義問題中文本五八三頁）

由此可知，是有兩種矛盾的：一種矛盾是敵對的，另一種是非敵對的。

在有剝削階級與被剝削階級的社會裏，矛盾一定是敵對性的，而解決這種矛盾的方法，就一定是政治革命，就一定是殊死鬥爭。馬克思曾說過：

「基礎建立在階級對立上的社會，走到最後的結局時，就必然發生最深刻的矛盾，就必然

發生人類肉體的衝突。」—（馬克思恩格斯全集五卷，四一六頁）

列甯曾說過：

「敵對和矛盾，絕不可以混而爲一。在社會主義社會裏，前者消失，後者仍然存在。」—（列甯選集十一卷三五七頁）

社會主義社會是沒有敵對的矛盾的，因爲它沒有被剝削階級與剝削階級敵對的矛盾，只是存在於社會主義已經建設成功的蘇聯和其周圍的資本主義國家間。而也存在於社會主義國家與已經擊潰的國內敵視階級殘餘間，因爲這些殘餘在受着周圍資本主義國家的培養和支持。

社會主義，是歷史上第一次創造生產力與人類精神文化無限發展條件的一個社會形式。只有在社會主義的情形下，運動才能在社會生活的所有領域內眞正開始運動才不至受剝削社會中所存在的無數障礙所阻撓。

不過凡是有運動、有發展的地方，就必定有舊者與新者，有衰老者與新生者。因而舊者與新者間，衰老者與新生者間，就有矛盾。

但是這類矛盾，具有完全不相同的內容，完全不相同的性質，完全不相同的解決形式；而跟階級社會中的矛盾，是絕對沒有絲毫共同點的。馬克思說過：

「只有在不再有階級和階級彼此敵對時的秩序下，社會進化就不再是政治革命了。」（馬恩全集五卷四一六頁）

解決社會主義社會的矛盾，並不需要政治革命。在（無論低級發展階段或高級發展階段的）共產主義社會裏，生產力與生產關係間是沒有矛盾的；正相反，共產主義的生產關係開闢了生產力發展的無限前途。在資本主義社會裏所有的矛盾都是表現生產力與生產關係間的基本矛盾的。

共產主義則永遠克服了這種矛盾。在社會主義社會裏，有完全不同的矛盾，這就是社會主義社會向前發展和運動的矛盾，即共產主義由低級階段向高級階段過渡的矛盾，就是共產主義社會無限發展的矛盾。

蘇聯在基本上業已建成社會主義的社會。各盡所能按勞取酬的社會主義原則，在蘇聯業已取得了勝利，且擁有主導的地位。這一原則，是適合於一定的生產力水平的。

然而生產力並不停留在一個地方，並不是處於不變的狀態中。社會主義爲了技術、工業、社會主義農業等的空前更大的發展，而在掃清着道路。

在共產主義第一階段發展到某一個時期，生產力創造出豐富的生產品和消費品時，某些社會主義社會的徵兆就不可避免地開始死去，而成爲不需要的東西了。「各盡所能按勞取酬」這一社會主義原則，在生產力還沒有達到能創造出豐富生產品那樣的水準的時候，在人們還沒有澈底擺脫意識上資本主義殘餘的時候，是必需的；在自願從事社會福利的勞動尚未成爲社會主義社會所有人們的習慣的時候，是必需的；然而生產力達到能製造豐富生產品階段的時候，在共產主義第一階段時採用的勞動報酬原則就成爲多餘的了。當每一個人可以各取所需的時候，按勞取酬原則就成爲過時的現象了。

克服這種矛盾，並不需要任何政變。社會主義跟資本主義的不同點，就在於社會主義社會的人們自己統治着自己的關係。社會將隨着新條件的出現而自覺地、逐漸地廢棄了過時的一些原則；採用跟新的、更加高級的物質生活條件相適應的其他必要原則。

社會主義的蘇聯早已在實踐上表示出這一新的克服矛盾的方式，是迅速向前發展的偉大源泉。

我們拿斯達漢諾夫運動這一現象作例子來看一看。這一運動的特徵，就是打破了舊的、過時的勞動生產效率之定額。列甯曾經說：當共產主義創造出比資本主義更高的勞動生產效率時，它就能勝利了。斯達漢諾夫運動是爭取共產主義勞動生產率的表現。大家都曉得：斯達漢諾夫工作者所建立起來的新技術標準，不可避免地將跟舊的標準發生矛盾；因爲舊的標準早已不能適應新的技術水準和已經發展了的工人文化等等了。

斯大林說過：斯達漢諾夫運動「正打破着對於技術的舊觀點，正打破着舊的技術標準，舊的預定生產能力，舊的生產計劃，而要求規定新的更高的技術標準，新的更高的預定生產能力，新的更高的生產計劃。」（列甯主義問題中文本五六三頁）

矛盾的發生與克服矛盾的必然性，創造出發展勞動生產率的有力刺激。

科學也是如此的。斯達漢諾夫運動推翻了一些舊的科學概念，陳腐的公式就不能不跟新的科學證據發生了矛盾。眞正的科學總是跟實踐聯繫在一起的。社會的實踐發展，充實着科學，使科學的原理更加精確，它規定着科學更新的必然性。

「科學之所以叫作科學，正是因爲它不承認偶像，不怕推翻過時的舊物，却很仔細傾聽實踐經驗的呼聲。如果不然，那我們就會根本沒有什麼科學，就會沒有——譬如說——天文學，而直到如今都會信奉着那陳腐不堪的普托萊米地心說；就會沒有生物學，而直到如今都會迷信着上帝造人的神話；就會沒有化學，而直到如今都會相信着鍊金術士的預言。」（同前書，五七二頁）

很容易想像得到，在共產主義社會裏，技術、勞動生產率、科學等的發展，將達到何種程度。然而在共產主義社會裏，這種發展也將採取舊者與新者間、衰亡者與發生者間等矛盾的產生與克服形式的。

「本來矛盾的力量，也就在於清除那些已經不充分的東西，清除已經陳腐而不能當作模範的東西，爲提高到更高的階段而清除需要克服的東西。

不過在以前剝削社會形式之下，矛盾都是通過殊死鬥爭和流血鬥爭而出現和解決的；因爲有那以保持奪者爲有利的階級的存在。然而在共產主義社會之下，矛盾是由社會本身順利而自覺地加以克服的，因爲共產主義社會並沒有階級的化分，而社會的所有勞動者都同樣關心於向前的進展。

這樣，我們可以從這種種矛盾的敍述中得到以下的結論。

通過鬥爭和對立物相互轉化的唯物論辯證法發展學說，根本推翻了形而上學方法所說的物體永遠相同的原理。事實上，物體和過程都含有內在矛盾和對立趨勢，都有它的過去和將來；這種對立物的鬥爭，就構成了物體發展的源泉，就構成了量變質的內在內容。

每一個物體和每一個現象，都是對立物的統一，然而這種統一，都是相對的、即臨時的、暫時的。假如統一是永久的、絕對的，那末就不會有任何發展了。只有萬古千秋永不停止的運動之源泉——對立物的鬥爭，才有絕對的性質。

舊者消滅、新者發生、世界不斷更新的這種眞正的發展，並不是以調和對立、中和對立爲前提的，而是以革命方法克服對立、解決對立爲前提的。

就在這一點上，無產階級革命家的理論與改良主義者、機會主義者的理論間，是有極大不同的。前者並不朦蔽矛盾，反而勇敢地暴露矛盾，並用革命方法克服矛盾。後者朦蔽階級矛盾，企圖調和矛盾，而成爲帝國主義資產階級的奴僕。

唯物論辯證法是無產階級革命的和建設新社會的工具。

第五章　唯物論辯證法的範疇

唯物論辯證法的範疇是什麽？——馬克思主義辯證法的法則與範疇——本質與現象——內容與形式——必然性與偶然性——必然與自由——可能性與現實性——結語

一

我們已經講完辯證法的法則了。然而辯證法並不限於這些法則。形形色色變化着不斷進步着的現實，也在許多唯物論辯證法範疇中找到理論上的證明。範疇中的最主要者爲本質與現象、內容與形式、必然性與偶然性、必然與自由、可能性與現實性等等。

在簡短地討論這些範疇的特徵以前，我們首先看一看唯物論辯證法中的範疇是什麽？辯證法唯物論的認識論，就是反映論；我們的感覺、我們的思惟就是按照着反映理論反映現實的。然而反映現實，並不是對存在於面前的物件所作的平凡而簡單的照像過程，並不是自發地、自動地反映自然界的結果。列甯在哲學筆記中曾特別注意過辯證法的認識論，並曾指出認識是自然界在人類意識中的反映。他說：

「不過這不是簡單的反映，不是直接的反映，不是純粹的反映；而是一串抽象的過程，是公式化過程，是形成概念和法則等的過程。因爲這些概念和法則等……也是有條件地、近似地包括着不斷運動不斷發展的自然界之普遍規律性。」（哲學筆記一七六頁）

列甯強調認識過程的複雜性，並且着重指出主要點與基本點，是在那描寫自然界法則的概念和範疇之形成上。

列甯這個理論的意思究竟是在什麼地方呢？一切認識，都是由對現實的生動的直覺開始的。但是認識，並不能單單限於感官所能達到的那些資料。對現實的生動的直覺只適合於創造單個現象的概念。直覺是更進一步認識的必要的準備階段，是概括大量單個現象和發現現象主要聯繫、主要方面的必要的準備階段。認識由對現實的生動的直覺向高級階段發展，而這一高級階段也就是許多抽象、範疇、法則的形成過程。

當我們發展到這一認識階段時，我們就好像脫離具體現實的多樣性一樣。假如感官對現實的生動的直覺把世界的一切，全都直接地具體地給與我們，那末認識在形成範疇時就只採取每一個別現象所特有的典型者和最本質者了。

我們來比較一下藝術和科學這兩種認識。當作認識形式的藝術，其特點就在於它用單個形式、具體形式、藝術形象形式來反映和臨摹主要物。藝術作品，如故事、小說、詩歌，以具體的生動的歷史形式、以敍述某人命運的形式，描寫人類重要的主要事變，暴露人類的心理、思想、行爲、活動。我們得到生活圖畫方面的典型物；而這種典型物，是以單個物的形式表現出來的。

這裏有幾句德國詩人斯萊爾的詩。詩人描寫大自然界說：

被太陽照着頂的、我的山，你早！
自己光線依戀着山頂的太陽，你早！
茂盛的草原，你早！嘩啦嘩啦的菩提樹，你早！
躲在柔軟樹枝上，歡躍歌唱着的雀隊，你早！
廣闊地流泛着淺藍的靜靜的天空，你早！

在我們面前的，是活的畫面。我們看見的大自然界，正像直接出現於感覺上的一樣。

現在來看一看科學認識。科學認識並不告訴我們這樣具體的形象；科學認識用概念、範疇等形式臨摹自然界和社會生活。與藝術形象不同，科學範疇是抽象化了的。例如，科學範疇中的「物質、」「運動，」並不反映物質的哪一個具體形式，並不反映物質運動的哪一個具體樣式，而是反映一切物質的形式，而是反映一切運動的樣式。

人類在範疇中的認識，是從現象和物體中去其偶然者，取其主要者和特徵者，而概括其特徵性質。恩格斯說過：如『物質、』『運動』之類的範疇，是『我們根據共同性質把感覺上可知的各種事物的共同性質加以摘要而作的簡單縮影』列甯也說過範疇是無限量特殊物的縮影，外部存在的次要特徵之縮影。所以當認識構成科學的範疇、概念時，認識就必然脫離了現實的多樣性。

列甯很深刻地揭開了這個脫離的眞正意義：這是爲了奔跑，而最好是爲了向前跳躍，即最好是爲了認識現實所必要的脫離。認識在範疇形成過程上，深入到客觀世界裏去，發見世界發展的法則。如沒有這種科學的範疇、科學的法則，就不可能在科學中正確地確定單個現象、單個事變的眞正本質，就不可能在世界的具體多樣性中作一正確的辨別。

由此觀之，範疇也是辯證法的最普通的法則，這是科學地反映現實的一種形式。列甯說過：

「在人類認識中反映自然的形式也是概念、法則、範疇等等。」

列甯指出範疇在認識中具有如何的意義。他說人們面前有自然現象的網，有極易混淆的很複雜的網。本能的人、未開化的人，尙不能跟自然界有區別；自覺的人，則跟自然界就有區別了。請看：

「範疇是區別的小階段，卽認識世界的小階段，是幫助認識和精通網的結節點。」（列甯哲學筆記九四頁）

唯物論辯證法認爲認識的範疇，是客觀現實的反映；它是駁斥唯心論理論的。因爲唯心論認為範疇是具有主觀性質的。唯物論辯證法的範疇，是描寫現實本身的法則的，這種法則是根據人類的實踐活動被認識的。

這就是唯物論辯證法的範疇理論與唯心論哲學的範疇理論根本不同的一點。例如康德所說的範疇，就是先驗的概念，即在意識上沒有經驗以前、沒有實踐以前早已知道的概念。他認為範疇並不是從客觀現實本身中抽象出來的，範疇並不是概括這一現實的結果。康德把範疇認作是人類主觀行為的產物。他認為範疇在人類的意識上早就存在了，而人類把現成的影子般的範疇套在自然界上，藉以整頓自然界中盛行着的混亂偶然物。根據康德的意見就會得一個結論說：人用自己的範疇和概念設計現實；然而事實上，現實是反映於人的意識上，反映於人所創造的範疇上。唯心論對於範疇的觀念，也像所有的唯心論理論一樣，被事實所駁倒了。

在唯物論辯證法的範疇理論中，聯繫問題，聯繫間的相互關係問題，是有非常重要意義的。每一個範疇——內容、形式本質、現象、必然性、偶然性等等——都是反映現實中某一定方面的；因此，個別的範疇如把它孤立起來看，就不能窺其全豹，不能完整地反映現實。正如在現實本身上，現實的不同部份、物體的不同方面，都相互依賴着，都相互制約着，都相互轉變着。也如在認識過程上，為了在運動中、在完整性上把握現實，唯物論辯證法的範疇，就必須彼此聯繫着，就必須相互影響着，相互轉變着。

根據這一點，列甯作出一個極重要的唯物論辯證法原理來能告訴我們現實的眞正情形者，並不是個別的範疇，並不是哪一個範疇，而是在聯繫上、在整個上，在趨勢上的無數範疇。只有「無數的一般的概念、法則等，才能告訴我們具體物的全部。」（哲學筆記二八五頁）

根據上面所說的範疇，可以作一結論說：沒有一個原則上的界線，可以把辯證法的範疇跟辯證法的法則截然分開的。法則、範疇、概念，這全部是意識上反映現實的形式。辯證法法則——普遍聯繫、運動與變化、量變轉化爲質變、對立的統一與鬥爭，——這是更一般性的、更重要的客觀現實發展的法則。範疇也表現現實中的重要方面；它們用新聯繫形式補充辯證法思惟的基本方法；它們對於辯證法的發展論加以具體化、加以擴大；它們表現現實的某些新的方面，這些新方面只有在辯證法的基本法則中方能發見最一般性的特徵。

現在就開始敍述某幾個基本範疇。

二

本質與現象，在馬克思主義辯證法中是兩個最重要的範疇。

什麼是本質？什麼是現象？

本質，這是一羣現象中一個最重要的，最具有決定性的東西；這是現實中的主導者，是現實的內面。

現象，這也是本質；它就是那在生活外表上呈現着的，本質的直接的外觀。它是本質外部的表現，是現實的外面，是個別具體事物、事件等等的外觀。

本質的、內在的東西是許多變化着的物體內比較穩定的、比較鞏固的東西，同時現象則是比較不穩定、比較不鞏固、變化稍快的東西。

在資本主義市場上，我們觀察許多各式各樣的商品。乍看來，似乎商品與商品間彼此並沒有什麽共同點，因爲它們各有各的使用價值。各種商品彼此間無論如何不同，但它們仍有許可它們相互交換的共同物。而這個共同的、本質的東西，就是生產所消費的勞動的價值。馬克思說過：

「勞動是不同商品中的相同物，是商品的統一物，是商品的本質，是商品價值的內在基礎。」（剩餘價值論三卷一〇七頁）

資本主義市場上的價格，因競爭而不斷漲落地擺動着；價格並不穩定，也不一樣：某種商品今天一個價格，明天又是一個價格。然而在這一不斷擺動着的當中，却有某種穩定的東西，有某種鞏固的東西。而商品價格中的這一穩定和鞏固東西，就是價值。

價值就是價格的本質。價格就是這一本質的現象。價值在價格變化中是比較安定的鞏固

157

的。商品的價格可能漲，可能落，然而價值則始終如一。競爭可以影響商品價格的動搖，然而價值却通過種種迅速變化中的價格爲自己開闢道路。

我們研究現代資本主義世界時，就會碰到周期性的瓜分世界的戰爭，周期性的爭奪殖民地的戰爭，周期性的生產過剩的恐慌，周期性的失業等等現象。概括資本主義現實的所有這些五花八門的現象，就會發見資本主義這種種不同現象中的統一、本質、基礎。這個基礎，就是資本主義社會的生產力與生產關係間之矛盾。

生產力與生產關係間的矛盾，是一種比較鞏固的東西，是一種牢牢實實停留在所有資本主義社會現象中的東西。在資本主義社會的每一個現象裏；例如在周期性的戰爭當中，在恐慌當中，在失業等現象當中，我們都可以發見這一矛盾的表現。

與此相反，所有蘇聯社會主義社會的各式各樣的現象，都表示着它們的統一，都表示着原則上最重要的一個事實：卽表示在蘇聯生產力與生產關係間並沒有矛盾，而是完全一致的。這種一致，無論在工業和農業的突飛猛進的發展速度上，也無論在失業和恐慌的消滅上，也無論在有計劃的經濟發展上，也無論在文化等等現象的發展上，都表現着。

在每一個蘇聯生活現象上，都反映着社會主義社會的新原則，和蘇維埃制度的新的社會基礎。

這些實例已足夠表示出本質與現象的範疇，在科學認識中是具有如何偉大的意義了。現實中本質與現象的區別，能夠使我們在千千萬萬不同的現象中發見其統一與法則。自然界和社會生活，它的表現是那樣豐富繁多而又易於消失，並且容易使人以爲每一現象都獨立存在着，都有其獨特的存在法則。十八世紀的自然科學還不能發見無機物界與有機物界的統一，還不能發見各種無機自然本身的統一；還不能發見各種有機自然物本身的統一；還不能發見不同形式的物質運動之統一。十九世紀的科學，獲得了巨大的成就；因爲它已能建立不同領域的現實之統一，即它能暴露現象的內部聯繫，已能暴露外部的假象仍是由於根本動力所致的。

本質與現象這兩個範疇，也反映客觀世界中的本質的、比較鞏固的東西與表面的、變化迅速的東西間的差別。

對於物體的內在聯繫與外在表現（有時候是矛盾的表現）之相互辯證關係之不瞭解，曾是許許多多哲學體系的眞正絆脚石。

問題在於本質與現象不僅是統一的，而且也是差別中的統一。馬克思說：假如本質與現象是完全一致的，那就不需要科學了，那就按照感官所感覺到的現象記載下來就夠了。事實上，內在的主導聯繫並不在現象的表面上，如不用工具而只用肉眼是無法看出來的。現象並不直接

159

跟本質完全一致的，二者間可能有矛盾，科學的任務也就在於研究現實的現象時，必須發見現象的本質，發見現象的發展法則，並須指出物體內在的決定的方面如何在外部現象上實現出來。本質與現象的這個不一致，因種種原因對克服本質與現象間的矛盾之無能，這就是哲學史上脫離科學、建立不合科學的哲學體系之一個原因。

尤其對現實過程上本質與現象間的相互關係之誤解，就是唯心論最主要的形而上學認識論的理論基礎之一。

如康德之流的哲學家，把現象與本質一刀兩斷地截然分開來，認為本質與現象間沒有任何聯繫；而解釋說本質是不可知的「物自體」。康德認為：我們人類可能理解的只是現實的現象。不過他把現象本身，剝去了所有的基礎而本質則被他化為某種主觀的、只在人類感覺到它的時候才存在的東西。

黑格爾告訴了我們很多關於正確瞭解本質與現象間相互關係的道理。他在論理學一書中曾證明：無本質的現象是沒有的，本質是表現於現象中的。黑格爾認為本質是可知的。黑格爾評及康德時說：絕對不可以說本質是不可知的。永不能說認識的對象是一種不可知的虛無之物。這樣的本質是不存在的。

雖然黑格爾在論理學一書裏，一般地指示出正確解決問題的方法，然而他的整個唯心論體系可能成爲曲解現實中本質與現象間眞正相互關係的例子。

黑格爾斷定：現象是不固定的、遲早是要消失的。但科學不能只限於認識一種現象，還需要認識現象的本質。例如一個人是單個的，地球上存在着許多單個的、具體的人。他們的共同點，就是人類。因此黑格爾得出一個結論說：主要的，這本不是單個的人，因爲單個的人在生生死死，而主要的是人類，因爲人類在這個不斷交替中仍然屹然存在。然而什麼是人類呢？這就是人的總體。但黑格爾說總體只有用思惟來理解，而在外部物質世界上它是不存在的。『總體……我們是聽不到看不見的，它只是在精神上存在着』（黑格爾全集一卷四九頁）。於是他認爲總體是精神、觀念、概念。

因此，黑格爾就把客觀世界的現象之本質，弄成爲概念、精神、觀念，而把觀念、概念弄成自然和所有存在物的本質。如總體這類觀念、概念，能產生具體實在的現實現象。黑格爾把現象的本質和現象本身分開，而把客觀現實中抽出來的本質弄成概念、觀念，這是根據他所說的用思惟才能理解本質這一點而言。這就是客觀唯心論的理論基礎。

馬克思主義辯證法怎樣解決本質與現象、內在物與外在物的問題呢？

在認識的第一個階段上，我們面前有五花八門的現實。當我們開始認識現實時，就在我們面前出現了現實的現象。現象是本質的外在表現。

在實踐關係基礎上對物體進一步的認識，使我們關於物體的表象是更加正確化、具體化、深刻化了。

由現象的認識進而到分析物體的隱匿在內面的本質，認識就提高到形成抽象的階段了。

在前面已經講過，本質是現實的無數特質的縮影，是物體中鞏固部份的反映，是外在物、外觀物向發展的基本動力、發展法則的還原。

應當知道，按列甯的話說，本質與法則是同一系列的概念。法則也是現實中本質物的反映。在具體法則中，我們發見自然的本質和社會生活。

例如：資本主義生產方法的本質，是形成剩餘價値的過程。不過這個本質本身，是表現於馬克思在資本論中所規定下的一連串的經濟法則中。這些法則中的每一個，都比整個資本主義生產的本質狹小，但比較具體，因爲本質在這些法則中才能得到本身的確定表現。

由此觀之，法則是本質的表現。

只有知道物體的本質，才能把那浮現在世界外表面的現實之外在多樣性的正確形相，描畫出來。

我們知道本質的時候，就早已在現象的本質關係上把現象視作本質的表現了。

例如：我們發見了一七八九年資產階級反對封建制度的法國大革命的本質後，就把唯物論反對唯心論的鬥爭、市民藝術反對脫離社會問題的藝術的鬥爭、共和制觀念反對君主制觀念的鬥爭等等當時社會生活的現象，並不視作相互獨立的和彼此孤立的現象，而視作當時本質的表現，視作社會新生產力與舊生產關係間的鬥爭表現。

這樣，科學方法對現象的認識，揭穿現象的本質，並指示出本質如何出現於各式各樣的現象中。

在此應當注意：固然這一方面在馬克思主義本質與現象理論中有極大的意義；然而單單用理論批評現實，則對於認識現實的本質還是不夠的。理論批評是以實踐為基礎，是在實踐中取得證明，且由實踐活動加以充實。列甯在哲學筆記中曾強調這一面：

「人類在為自己編排客觀世界形象的活動中，改變着外在的現實，消滅着現實的有限性（即在更改着現實的這一面或那一面、這一種質或那一種質）因此也就削除着現實的那種似是而非的、外觀上的、瑣細無聊的地方而作成……（客觀的眞理）」。（二〇九頁）

這就是馬克思主義對本質與現象範疇的扼要理解。

我們可以看出來，這一理解在根本上跟黑格爾派的理解是有區別的。

按黑格爾的意見說，物質世界的基礎是觀念本質，是概念，是絕對觀念。按馬克思的意見說，物質是所有自然現象的本質。意識本身，乃是高度組織化的物質的動作表現。物體的本質，並不在現象以外的某一地方，而是在現象本身裏面，是在許許多多現象裏面。本質範疇正如認識範疇一樣，其源泉就是客觀的眞實世界、就是世界的規律關係。用思惟來把握現實法則的這一事實，只是證明單純感覺器官並不能充分發見那隱蔽着的現象的聯繫。只有唯心論者才會說：一切都是精神的屬性。一切都是精神的特性。商品的價值是被剝奪了感性要素的東西。然而價值是客觀的現實，是每一個商品的客觀內在的特性。

馬列主義辯證法在思惟歷史中建立下了堅牢的基礎，以便在矛盾的認識中去克服那物體本質與物體外觀間的不一致。

前面已經講過，現象的本質與外觀二者之不一致，是有其客觀必然性的。我們也曾引證過馬克思的話，說假如本質與外觀二者一致，那末科學就成爲無用的長物了。

爲什麼馬克思主義認爲這個不一致是不可避免的呢？因爲本質並不表現於哪一個現象裏，而是表現於許許多多現象裏，因爲本質是這羣現象的平均。假定有人說：張三個人完全跟「人」的本質一致，那末他就犯了不可饒恕的錯誤。「人」的本質並不只表現於張三上，而也表現於李四、馬五、王六等等上，就是說是表現於一羣個人上。假如人的本質完全跟某一個一定的個人是一致的，那末在人種的屬性上說那個人就與所有其他的人不同了；因爲世界上就沒有一個完全跟別人一樣的人。

任何本質和任何法則，像物體的本質表現一樣，是跟現象不同的，而只是大致在平均中、在趨勢上跟現象一致的。

我們舉例來說明這一點。

我們這個時代社會發展的客觀普遍法則，就是資本主義國家內無產階級革命的成熟，消滅資本主義，向新的共產主義社會的轉變。這就是全世界現行過程的本質。然而這一法則是否可能有某種千篇一律的表現形式？是否可能有各國都必須實現這一法則的固定表現形式呢？在個別國家內的無產階級革命，能否跟共同法則完全一模一樣？對這個問題的囘答只是否定的。本質和法則並不是脫離具體現象而存在着的某種東西。一個法則的存在，是實現於一連串現象中的。但在不同的國家內存在着不同的條件。因此，由於條件的不同由於歷史環境的不同，適用於任何國家的普遍法則也將有特殊的不同的表現形式。列甯說過：

「所有的民族將走向社會主義，這是一定的；但走的方式並不是大家全是一致的。每一個民族，在採取這種或那種民主形式，採取這種或那種不同的無產階級專政，採取這種或那種社會生活各方面的社會主義改革的時候，都各有各的特點。」（全集十九卷二三〇頁）

在俄國發生無產階級革命的時候，孟雪維克會痛哭流涕地說無產階級革命『並未按照法則」進行。孟雪維克想把所有各式各樣的生活，都放到自己杜撰的無產階級革命概念裏去，都放到自己杜撰的革命法則概念裏去。列甯在指責蘇哈諾夫一文中曾對孟雪維克給以有力的解答。

雖然法則和本質也表現現象中的決定性的基礎，同時在這一意義上比現象還更深刻地複寫現實，但現象却比較豐富。現象所固有的那種多種多樣的程度，不可能包含在那個只反映過多種多樣的本質物之法則中。不僅俄國的無產階級革命，就是將來各國的無產階級革命，也都有其獨具的特徵，這就是表示同一法則的許多表現形式。而這也就是爲了不犯大的錯誤，就不可把法則的某種表現形式簡單地和直接地跟法則本身看作是同一的東西。在眞實的鬥爭當中，這種看作是同一件東西的行爲，就會忽視了各國和各個歷史時期所固有的特殊條件。

同時，馬克斯主義辯證法把本質本身和現象的法則只視作現象中比較鞏固者、持久者。物體的本質也是變的。本質並不是抽象的同一，而是具體的同一，是包括着差別、對立的同一。這就是說，物體的本質本身上有其發展、變化的源泉；就是說，本質本身的矛盾和變化，乃是各式各樣現象的基礎。

總之，現實的本質並不能與這一本質的現象完全一致。甚至這一不一致，在某種場合上表現着具有極矛盾的性質。眞正科學的任務，就在於表示本質與現象間的聯繫、本質與現象的統一。只有科學的馬克思主義對本質與現象間相互關係的瞭解，才能毫無遺漏地發見這一聯繫。

辯證法對於社會內在的主導特性與特性的外在表現所作的分析，馬克思所寫的資本論就是最偉大的典型範例。從來就沒有一個社會形態曾像資本主義社會一樣，其實際法則與直接生活中所採取的外在形式間有這樣的矛盾。資本主義社會裏的實際關係是非常隱蔽的，外在關係與內在關係是極不相同的。所以在馬克思出世以前，就沒有一個經濟學家能夠揭露資本主義生產方法中的內在和外在的這種錯綜複雜的辯證法。

人與人的社會關係、階級與階級的社會關係，在資本主義社會裏具有着物與物的關係樣式。

人與人的社會關係，是被商品與商品的關係所隱蔽了。

為剩餘價值之唯一源泉的剝削工人的行為，在現象的表面上看來，似乎是資本家與工人間的「天然」關係。工人賣給資本家勞動，而資本家付給他工資，這似乎沒有什麼剝削在內。實際上，資本家購買勞動力而付工人以恢復勞動力所必要的貨幣甚至資本家經常只付工人以比勞動力價值還低的工資；而整個勞動所值遠超過工資很多，資本家把全部剩餘勞動當作剩餘價值來侵吞了；這個事實是被工資形式朦蔽掉了。

生產過程由商品流通過程來完成，商品流到市場。

在流通過程中，各個工場所創造的剩餘價值使之平均，成爲平均利潤。假定一個工場所創造的剩餘價值爲百分之百，而另一個工場所創造者爲百分之二百。但兩個工場的資本家得到相同的利潤（假如他們的資本相同。）在表面上看，利潤並不決定於剝削工人的行爲上，因爲兩個資本家都得到相同的平均利潤。於是就得出結論說，利潤的來源並非產自剝削工人這一行爲，而是產自資本，因爲資本本身好像給主人生了利潤。

商業利潤，表面上似乎是簡單的價格增加部份。一百盧布買來的商品，賣給顧客一百二十盧布。商業利潤是什麼呢？在表面上看，這似乎是簡單的價格的增加。

實際上正如馬克思所指示，商業利潤，是工業資本家讓給商業資本家的剩餘價值之一部；這在現象的表面上是被隱蔽了的。同時看着好像商業利潤也跟地租一樣，來源是可大可小的、隨意的，而只不是剩餘價值。

至於利息則更加神秘化了，如非冷眼看來是無法知其來歷的。假如只限於從現象的表面上看，就可以把利息歸到那產生它的貨幣的天然特性上去。

資本主義生產的本質與資本主義生產的表現形式間的這種矛盾，是這一生產方法本身的必然結果。這個矛盾，就使一般人在理論上分析資本主義生產關係發生了極大的困難。

資產階級經濟學家並沒有克服現象的外觀和現象的本質間的這個矛盾。馬克思指出亞丹斯密、李嘉圖等資產階級古典學派經濟學家跟最近庸俗經濟學家間的區別來。前者想洞察「資產階級社會的生理學，」而在這個路程上曾獲得過不少的成果。後者並沒有越過現象外觀的雷池一步。甚至關於古典政治經濟學的代表們，馬克思曾說他們雖然也想揭露內在聯繫，尋找現象的本質，但他們未能作到這一步，因爲他們沒有剝掉資產階級的外殼。在此處不僅他們的理論是如此，而且他們那見解中的階級根底也是如此。馬克思說：本能完全正確地偷偷告訴資產階級經濟學者（馬克思所指者是英國經濟學界李嘉圖學派）說，探索剩餘價值來源這一緊急問題，是極危險的事。正相反，資產階級經濟學家的利益是在於用煙幕來矇蔽資本主義生產的本質。

庸俗經濟學家，正如馬克思所說，發出了連篇累牘的不學無術的辯解。庸俗經濟學家感覺到自己在生活外表上是處於自己社會的不可抗力之中。庸俗經濟學家利用這個現象的外觀來矇蔽資本主義關係的內在聯繫，頌揚資本主義是唯一合理的制度。這一派經濟學家怕因揭露內在聯繫而破壞資產階級的統治，也怕突然發生警察所認爲不良的結果。（馬克思用語）

恩格斯論及庸俗經濟科學時曾說，普通資產階級意識的拙笨駑馬，停止在劃分本質與現象、原因與結果的鴻溝前呆然若失，手足無措。

在理論上只有馬克思揭露了資本主義生產方法的眞正內在聯繫，而指出內在聯繫採取各種表現形式的對立性質的原因。馬克思之所以能作到這一步，不僅因為他在理論上有分析與綜合的過人之能，而且也因為他是敢探索現象的本質本身的無產階級理論家。

無產階級的領袖們用自己的全部理論和實踐，對於種種過程的本質種種事變的本質作過許多科學分析的範例，對於出現象的外觀到基本動力的說明上作過無數的範例。

不言而喻，對於無產階級黨的政治實踐活動說，能夠看出現象的本質，能夠對本質與現象不混為一談，能夠在現象的背後發見現象的眞正基礎，這是有極大意義的。

拿我們這個時代作個例子，國際關係從來就沒有像現在這樣複雜過。現在是帝國主義國家間有極大的勾心鬥角的時代。現在是整個世界劃分為資本主義與社會主義兩大體制的時代。在這樣條件之下，社會主義國家的外交政策，應當以充分瞭解資產階級國家的眞實的本質的、隱蔽着的政策的聯繫為基礎，應當以辨別這類政策的外觀與本質為基礎。

足當馬克思主義分析的明顯實例者，就是斯大林在第十八次黨代表大會上說到英法在第二次世界大戰前的「不干涉政策」的一節報告。

斯大林把這個不干涉政策在「形式上」的外觀跟該政策的『眞正基礎，』該政策的本質之不同區別出來。斯大林說：

「從表面上說來，也許可以把不干涉政策描寫如下：『讓每個國家隨自己的志願和按自己的能力去防禦侵略者罷；這與我們無干；我們既要和侵略者講交易，也要和被侵略者講交易。』而在事實上，不干涉政策却是縱容侵略，展開戰爭，——因而也就是把它變成世界戰爭。」（列寧主義問題中文本六四七頁）

一切後來的事變，都證實了這個對不久前國際政治最複雜問題之一的正確分析。在不傷感情的「不干涉」之外形下，隱藏着一個目的，即嗾使各個國家相互不和，進而藉此向弱國提條件，而首先使侵略者反對蘇聯。斯大林及時揭穿了帝國主義者的陰謀，並堅決地使蘇聯的外交政策走上更加發展社會主義國家的威力與國防之道路。

這就是本質與現象這種辯證法範疇的理論意義和實踐意義。

三

本質與現象這兩個範疇，是用以表現現實內在的本質的聯繫、以及現實外表上種種表現的一種手段。而內容與形式是反映現實的另外的新的方面；內容與形式是使我們對客觀現實的知識更進一步深刻化、具體化的小階段。

從內容與形式的這兩個範疇中反映出來的現實又是哪幾方面呢？

下面一個例子可以幫助我們很清楚地瞭解這一點。所有自然界現象與過程的本質，是在物質的運動中。物質就是客觀現實，是表現於所有各式各樣自然界中的基礎。作爲現象本質看的物質概念還沒有表現盡至本質這一個範疇幫助我們尋找所有物體中的有決定性的主要的東西。但這一個範疇還沒有使我們得到關於某一物體特定本質的概念。無論是石塊、無論是水、無論是植物、無論是動物、無論是人，物質就是它們的本質。在現實中，在眞正的自然界中，物質只是作爲具體的物質存在着能了。因而對於每一個物體說，或對於整個物體領域說，本質是具體的，是一定的。說物質、物質的運動，是生命的本質是不夠的。我們對生命所認識到的程度的深淺，是由對這個定義的具體化程度中由我們把生命當作物質運動（那種根本不是物質的本質一般，而是特定物質的本質——蛋白體、蛋白質體中的過程——所原有的物質運動）的特殊的生物學上的形式來處理的研究中表現出來的。

這就是說，由認識本質進到認識特定的具體的本質時，那就要在內容與形式這兩個範疇中去表現了。內容就是本質，就是物體中的主體，具有特定形式的主體。形式是給物體加上特定性的東西，是把物體作成既定的物體而非作成別的物體，一個能由其他物體中區別出來的物體。所以每一個物體、每一個現象，都有內容與形式這兩方面。沒有形式的東西是沒有的，正如沒有內容的東西也是沒有的一樣。任何事物、任何過程，都是內容與形式的統一。

老早老早以前，人類是爲了生存而勞動。人類的勞動，是人類與自然界間的特定關係。人類與動物的不同點，就在於人能創造勞動工具、生產工具，且能用它來取得必要的生存資料。人的勞動工具與勞動力，這就是勞動不可缺少的要素；合起來，它們便是社會的生產力。

在任何社會裏，生產力及其發展，都構成社會生活的內容。

不過這個內容本身的存在，是跟社會生產的他方面緊密難分地聯繫着的。生產力要素——生產工具和使用工具的人——本身，是不能相互孤立的。勞動工具與人之間，有一定的聯繫、一定的相互關係；在生產過程中人們間都各有各的崗位，都有相互的一定關係。在聯共黨史簡明教程上說，這些關係可能是合作和互助的關係，它們可能是一部份人剝削另一部人的關係，但它們也像生產力一樣，是必要的生產要素。這類關係叫作生產關係，而與生產力不同生產關係構成社會生產的形式。

用這個例子可以更深刻、更精確地給一般內容與一般形式下一個定義，且能洞知內容與形式間的最重要的聯繫與關係。

生產力是社會的基礎，是構成生產的東西，是藉以從事生產的東西。如沒有生產力，就不能從事一般的生產。在任何現象中的內容意義，都是如此的。如沒有物質，就不會有自然界。物質，就是建設自然界這個樓房的磚瓦。因而堆積成發展成某種現象的材料，一般地說就是內容。

生產關係是社會生產的形式。生產關係用一定形式來組織、聯繫生產力要素，建立生產力組織的一定社會式樣。如沒有這種社會組織，生產力就不能成爲動作中的力量。任何過程、任何物體中的形式意義，就是如此的。形式，這是內容本身內部的構造，內部的組織。

根據這個內容與形式的定義，也可以得出二者相互關係的性質來。

內容既然是構成形式的基礎，那末沒有內容就不會有形式。

形式既然是內容內部的構造、組織，那末沒有形式就不會有內容。

所以在任何物體與任何過程中的形式與內容，都是處於密切不可分的聯繫狀態、相互滲透狀態中。

這種形式與內容的相互聯繫，列甯在一個重要的政治問題中曾經精闢地指出過。

大家都曉得，俄國社會民主工黨（卽聯共前身——譯者）第二次代表大會上，關於黨章第一條所說入黨資格的問題，曾發生過熱烈的爭論。這曾是黨組織形式的爭論：卽爭論黨應當是怎樣的？是像列甯和列甯派所主張那樣，工人階級應當是有組織的、戰鬥的前進隊伍呢？還是像孟雪維克所主張那樣應當是無形式的、脆弱的、無政府組織？第二次黨代表大會以後，孟雪維克曾熱烈地反對過列甯主義，同時還曾抨擊過列甯所主張的建設工人革命政黨的組織原則。孟雪維克罵列甯，說他的集中制是建立黨內的「農奴制」，說要求黨內鐵的紀律，使少數服從多數，這是使黨「官僚主義化」等等。

列甯在進一步退兩步一書中曾給孟雪維克以痛快淋漓的批判。孟雪維克拚命用深奧的哲理，尤其是引證黨的革命工作內容重於黨的形式這一說法，來掩飾組織問題上的機會主義。列甯說過：「……內容重於形式、綱領和策略重於組織，組織『這只是形式』等等深奧的『思想』像紅線似地貫穿着所有新『火星報』的文章」（全集三〇五頁）。新的孟雪維克的火星報對列甯派主張「社會民主黨的戰鬥革命派，不僅要進行理論鬥爭，而且要實行黨組織的一定的革命形式」的說法，報以教條式的回答說「形式只是形式，」問題不在於形式，而在於鬥爭的內容。

列寧揭穿了孟雪維克派的這一「哲學，」暴露了它的政治內幕。列甯指出形式並不是單純內容的外殼，形式適應內容，且給內容以一定的作用、一定的方向。孟雪維克反對布爾什維克的組織形式，反對集中化的、紀律化的、戰鬥的、革命的工人階級政黨，擁護使黨成爲一盤散沙的組織形式。事實上孟雪維克就是反對黨工作的革命內容，而擁護黨活動的機會主義改良傾向。集中制、鐵的紀律、少數服從多數、嚴格的祕密技巧——所有這一切都是組織和保證戰鬥的革命的內容之形式。如不採取這種形式，在發展黨的革命活動的內容上就一步也前進不了。

當時列甯曾說過，黨的工作形式並未能作到這一點，「這是一件不舒服的事，對於凡是不注意自己黨事業，『而只顧自己眼前私利』的人是會引起羞恥之心的。……不發展和不鞏固

的形式，不可能使內容作一長足的發展，且會造成可恥的停滯，致使力量分散，言行不符」（同前書，三〇八——三〇九頁）

然而在另一方面，列甯曾指出形式本身是以內容爲轉移的。在渙散的、小派別活躍的時期，換言之，在四分五裂的小組織各自獨立行動，而沒有統一綱領、沒有統一策略的時期，即沒有統一的工作內容的時期，也就談不到第二次代表大會前後布爾什維克所擁護的那種組織形式。列甯說：

「在綱領和策略這種基本問題上，當我們還沒有得到統一的時候，我們會直截了當地說，我們是處於渙散的、小派別活躍的時期；我們會直截了當地聲明，在團結之前應當首先分清一下；我們也並未曾嘮嘮叨叨地講共同的組織形式，而只是專門商討反對機會主義的新綱領和新策略問題。我們大家都承認，現在這一鬥爭業已保證了黨綱和黨策略決議上所形成的十足統一；現在我們應當作下一步，凡在我們共同的贊成之下，我們也作到這一步：即滙合所有小組和所有組織，作成統一的形式」。（全集六卷三〇六頁）

事物的內容與形式間之眞正相互關係，就是如此的。

然而這還不能說明全部內容與形式間的聯繫問題。上面所舉的例子，是說明內容與形式間所存在的密切的相互影響。但在這個相互影響上有一個基礎，一個決定這個相互影響的決定性的要素。這個決定性的要素就是內容。

從上面所舉的例子中，可以得出一個結論來說：內容是事物中具有決定性的東西。既然內容是建築物體的資料，那末由此就可以得出物體的形式從屬於內容的結論來。物體的物質，決定形式的特徵、決定形式的性質。

一定的生產力水平產生一定的生產關係，即產生一定的社會生產形式。原始時代的石器，促成了氏族公社的組織的形式。鐵器出現的結果，產生了第一次以人剝削人爲基礎的制度。資本主義是跟巨大機器工業的發生有連帶關係的。高級社會組織形式的共產主義，只有物質生產力發展到很高階段才有可能。

在自然中我們也可以看到這同樣的情形。物質運動的千變萬化的形式，並不是外部超自然的奇蹟力量所賜與，而是物質本身的發展所產生。在科學史上有很多哲學家和學者，都認爲不同於物質的形式，是某種非物質的物，他們把積極作用都歸功在這個觀念形式上。但後來科學推翻了這類見解，並說五花八門的自然界，是物質本身的五花八門的形式。

形式對內容的依存性和內容的決定性，在形式與內容分開的時候，在二者互不一致的時候，特別表現得明顯。問題在於物體的形式，雖然也決定於該物體的內容，但也有某種相對的獨立性。假如這個相對的獨立性，由於某種原因變成絕對的獨立性的時候，那末形式就會取得不依賴他物的性質，去貫徹它那不以內容性質爲轉移的、完全不同的作用，就是說，它會給那完全不同的內容充實起來。

內容與形式之辯證法的這一個重要的方面，斯大林在論鄉村工作的著名演說中曾經闡明過。他指出形式的重大意義，同時又警告說，不可過高估計形式；形式雖起着重大的作用，然而它總不外是充滿着某種內容的形式。

斯大林在演說中曾說過：集體農莊是農村經濟的社會主義組織。他說：社會主義形式的集體農莊，是革命的偉大收獲。也只有在這種形式下才能發展鄉村中的社會主義當作政治組織的社會主義形式之蘇維埃，就是如此。

「集體農莊和蘇維埃，只是一個組織形式，固然是社會主義形式，但總不失其爲組織形式，一切都要以何種內容將裝到這個形式裏去這一事實爲轉移。」（斯大林列甯主義問題四〇四頁）

斯大林想到一九一七年初期，領導蘇維埃的是孟雪維克和社會革命黨，當時蘇維埃充滿着這類黨的反動內容。在克朗什達茲基起義的時期，資產階級的領袖曾提出一個口號說「蘇維埃不要共產黨」。集體農莊假如不加以領導的話，也可能被反蘇維埃份子利用作現成的羣衆組織。當時斯大林說過：

「『蘇維埃不要共產黨，』這在反蘇維埃份子當中現在已經是喊慣了的口號了。所以問題不僅在於社會主義組織形式的集體農莊本身，而且主要在於何種內容裝在這個形式裏，即問題主要在於集體農莊以何人爲首以及何人領導蘇維埃這上面。」（同前書四〇五——四〇六頁）

形式對內容的依存性以及後者的決定性作用，還可以在藝術的例子中加以說明。

藝術是社會意識形式之一。藝術與科學的不同點，就在於藝術用藝術形象來臨模現實。藝術中的形式有很大的意義。沒有藝術形式，就沒有藝術。藝術言語、體裁、格調、題材、詩歌形式等等，這就是形成藝術作品形式的要素。眞正的藝術，主要的是要藝術作品形式跟其臨模的內容相一致。藝術家藉藝術形式的要素來反映現實，來記錄人類重要的事變。我們跟作品的主人公一同體驗他們的命運、一同鬥爭、一同受苦，一同享樂。

藝術形式既然含有這樣的意義，那末這種意義是直接跟其與內容的聯繫和其所表現着的內容的豐富性相適應的。把藝術形式變爲單獨存在的東西，變爲獨立於內容之外的東西，這就會造成藝術中的形式主義。在這種場合下的形式，就忽略了內容，忽略了主題。在這一點上，比較一下普希金、托爾斯泰、巴爾扎克、拉法愛爾、列昂那爾道、大温治等所代表的古典藝術，和資產階級沒落時期的資產階級藝術——形式主義的、頹廢派的藝術二者之不同，是極有意義的。古典派的作品，採取對人類極有意義的主題，採取某一時代中社會鬥爭、社會命運與個人之命運的主題。但形式主義者的作品是以內容貧乏出名的，且並不喜歡有社會意義的主題，而喜歡個人的主題。偉大藝術家作品中的形式，是服從意識的是一定內容的表現手段。形式主義者作品中的形式是獨立的，內容是服從形式的。例如繪畫中的印象派思潮，主要目的都放在表現照明效果（lighting effects）、色光與暗的對比上，並不注意於所表現的內容上，並不注意於主要物上。普列哈諾夫曾很成功地對比過著名俄國藝術代表波羅夫和一個印象派的兩張畫。兩張畫都是描寫鄉村出殯的。波羅夫的畫，眞是十足的悲劇。看這張畫的人，一看就注意到主題——絕望、殯送唯一養家者（丈夫和父親）時，妻與子所體驗的無上的人間痛苦。這張畫比許多學者的論文都雄辯地敍述了俄國農奴制時代的農民生活。

再請看一下印象派的畫。普列哈諾夫曾形容過如下：「……是鄉村出殯。這是一張悲劇畫面。什麼地方悲呢？並沒有悲的地方。從畫的美方面看，畫者是很注意的。出殯的行列，的確很美。但也只有這一點。單從effet de lumiere（照明效果——羅註）的觀點看，似乎畫者很注意人的臉，全行列裏的人，由於皓皓白雪的反光，都眯縫着眼睛。」（普列哈諾夫的文學遺產選集卷三，二六六頁。）

形式變成獨立物的這種藝術，很顯然已經不是藝術了，退化成爲令人漠不關心的工匠製品了，成爲荒謬的玩意兒了，成爲矯揉造作的東西了。形式與內容的相適應，這是眞正藝術的基礎。

由此可知，辯證法不僅規定形式與內容的聯繫與相互影響，而且也規定內容的決定的、確定的意義。

內容決定形式，形式表現一定的內容，這就是說只有在一定的內容與一定的形式間才能互相適應。並不是所有的形式都可能成爲一個特定內容的形式，也正如並不是所有內容都可能成爲一個特定形式的基礎一樣。因爲在自然界中就沒有一成不變的物體；因爲現象的內容總是變的，所以發展中的物體的內容，跟舊的形式必然是會發生矛盾的。

這個矛盾，是自然界與社會中最重要的發展和過程之源泉。明白這個矛盾的性質是很重要的。在內容與形式一般間並沒有矛盾，而在新內容與舊形式間是有矛盾的。無論什麼物體，都是內容與形式的統一。在發展過程中，內容是在變化着，吸收着新的成份，最後使成爲新的內容。但是物體的形式，仍舊是以前的、舊的。在形式幫助內容發展的時期，形式是起積極作用的，是肯定地協助內容的發展。當內容起了極大變化後，或根本變化後，前此內容與形式間的相適應就破壞了。幫助內容發展的要素之一的形式，就會成爲以後內容發展的障礙物。二者間就發生衝突和矛盾。而這一矛盾，一直到形式還沒有變化以前，一直到形式尚未跟新的內容相適應以前，總是不會「平靜」下去的。

這又表示物體形式對內容的依存性。形式落後於內容，因爲只有在已變或正在變的內容發出形式必須改換的信號時，新形式的要求才會發生出來。革命政治的一切藝術，也在於能及時預見到改變鬥爭形式所必要的成熟時機，不要在事變的天然進程成熟後才去經驗這種時機。

相適應地表現新內容的新形式，又創造內容發展的新地盤，且該新形式是正在發展的內容之內在組織。這個發展，一直繼續到形式與內容間重新發生衝突時爲止。

列甯與斯大林對內容與形式的辯證法作過下列的定義：

「內容跟形式鬥爭，形式跟內容鬥爭。剝去形式，改變內容。」（哲學筆記二一二頁）

內容與形式，這是一個統一體。然而斯大林說過這個：

「形式與內容間有衝突這一思想，並不是完全矛盾的。問題就在於衝突並不存在於內容與形式一般之間，而是存在於舊形式與新內容之間，因爲新內容尋找新形式，追求新形式。」（是無政府主義抑是社會主義一〇三頁）

證明這一說法，可以找到很多的例子。現代的資本主義，就是生產力與生產關係間尖銳矛盾的最好例證。老早以前資本主義存在的頭幾十年，資本主義生產關係曾是積極促成社會生產力發展的形式但這一形式老早就跟發達了的生產力發生了矛盾。生產的社會性與佔有的私人資本家形式間，有了極深刻的敵對性；所以只有無產階級革命，才能消滅那過時的、已經變成反動形式的資本主義生產關係。蘇聯的社會主義革命，消滅了這個敵對性，並建立了新的社會制度。

由分析內容與形式兩個範疇所得出來的簡短理論就是這樣。

瞭解現象與過程中形式與內容的辯證法，估計形式與內容的相互聯繫、相互影響、統一以及矛盾，這在改造社會的實際鬥爭中，在無產階級黨的實際政治行動中，都是有極大意義的。

要在已改變了的鬥爭內容、新與條件推動下階級能力顯現出來，黨就會立刻改變鬥爭形式的。在客觀形勢有力地要求新形式的時候，一切對過時形式的信仰，對舊形式的堅持，無論過去和現在總都是保守、停滯的源泉。

在共產主義的「左傾」幼稚病一書中，列甯曾舉例說，第二國際的領袖考茨基、巴維爾等人的基本不幸，就在於他們在帝國主義戰爭及無產階級革命的條件上，看不見也不要看見工人階級反對資本主義鬥爭的新內容與新形式之產生。

在資本主義比較和平發展的條件下所產生的鬥爭形式和方法——社會主義者的議會黨團，工人的經濟罷工以及第二國際機會主義領袖當作唯一而周到的形式來絕對化和頌揚的其他合法鬥爭形式，——在新的條件下已經不夠了，也已經不是主要的了。無產階級反對資本主義而進行的尖銳革命衝鋒、武裝起義的時期已經到來了。此時應當準備工人階級及其黨爭取政權、建立無產階級的專政。但第二國際及其領袖，深陷於資產階級政治的泥淖裏，所以他們也沒有想到改變鬥爭形式。因此他們也隨着崩潰了。列甯說過，

他們「在實踐上表現了這樣的非辯證法，表現了他們是那樣不會考慮迅速轉變形式，迅速以新內容裝入舊形式的人，所以他們中很少人的命運是比甘德曼蓋德和普列哈諾夫等人的命運較好些。他們土崩瓦解的基本原因，在於他們『專心注意』一個特定發展工人運動與社會主義的形式，忘記了它的片面性，且曾怕看見客觀條件所促成的必然會急轉直下的局面，而繼續盲目地相信簡單的、默認的、乍看來是無可爭辯的眞理：三大於二。但政治像代數比像算術的成份還大，像高級數學比像低級數學的成份更大。事實上，所有社會主義運動的舊形式，充滿了新的內容，因此在數字的前面出現了新的符號——『負』號，可是我們的聰明人還繼續乾脆對自己和對別人保證：『負三』大於『正二』。」（全集二三五——二三六頁）

機會主義的第二國際政黨所不能作、亦不願作的那種事情，以列甯和斯大林爲首的布爾什維克黨作了。

關於蘇聯的革命，列甯曾說過，革命是「以不斷交替的富麗堂皇、五花八門的形式」而普

遍深入地展開了。當然，要想這一革命順利，只有估計到這種五花八門的形式，瞭解到鬥爭形式的必然交替。革命馬列主義辯證法的力量也在於它能教育我們這種瞭解，也在於它是革命行動的指導。

從來就沒有一個階級，沒有一個政黨像蘇聯的工人階級和布爾什維克黨所作的一樣，曾採用這種五花八門的階級鬥爭形式。而蘇聯在爭取社會主義的鬥爭中，其所以能得到偉大勝利的祕訣，就是聯共黨選擇鬥爭方法與形式時，具有極大的機變性。

我們上面已經引證過列甯關於革命黨組織形式的思想。黨在自己的全部歷史過程中由於形勢變化而曾發展和完成了這些形式，同時黨章中的那些修改，總是促進黨在實際行動上的內容的發展的。

在聯共黨第十八次代表大會上，黨又把黨章問題提到議事日程上。在修改聯共黨章的決議上，大會是以蘇聯國內所發生的那些巨大變化爲根據的。當時蘇聯的階級成份變化了。新的工人階級長大了。農民階級也根本起了變化。新的社會主義知識份子長大了。接受入黨的條件，如按舊的黨章顯然是跟國內所起的變化不相適應了。黨克服了這一矛盾，使黨組織的形式跟新的內容、新的環境相適應，而規定了新的入黨章程。

全國生活的民主化，新憲法的實施，因此造成的全國整個政治生活的改革，這都要求在黨章內有所反映，黨廢除了對黨內民主原則有所違背的措施，黨撤消了對民主有矛盾的互選（co-optation）行爲，且在黨機關的選舉時候禁止了按名單投票，而在黨機關的選舉時候建立了不記名的祕密選舉制等等。

聯共黨第十八次代表大會所通過的新黨章，表現社會主義蒸蒸日上所引起的新任務，與新發展的要求。由於修改黨章所達到的組織形式與政治行動新內容之統一，已經成了進一步發展的重要刺激物。

在黨的領導之下，這樣的變化同樣也普及到全國整個政治、經濟、文化等生活的組織形式中。黨是遵照下列列甯的話行事的：

發展中的任何轉變，「都不可避免地要造成舊形式跟新內容的不相適應。」（全集，三三二頁）

斯大林關於六項新經濟條件的演說，可以說是實現列甯這一原則的最明顯的實例。這篇演說，對於蘇聯經濟工作者曾提供了爭取社會主義工業成功的新鬥爭形式；教會了他們估計工作內容中所起的變化，也教會了他們跟新的事業組織之配合。斯大林在這篇演說中曾指出，對企業保證勞動力的供給問題發生了基本的轉變，現在不能像在資本主義時代一樣，希望有失業者，希望「有鄉下人從農村跑到城市來」等等，因爲在蘇聯這種現象都早已不存在了。所以供給企業以工人，是需要新的形式。斯大林在演說中曾指出這種新形式說，與集體農莊訂合同，有組織地徵求勞動力，以及使勞動機械化。

一九四〇年所頒佈的勞動後備軍命令，奉命成立龐大的職工學校，與鐵路學校，成立輕重工業工場工人訓練班，這都發展和改善了準備蘇聯勞動力的形式。

從上面已經知道內容與形式的哲學理論問題了；爲了譯成實踐和政治的言語，就要跟活的現實、活的社會主義鬥爭血肉相連。辯證法在整個無產階級政黨和其個別工作人員的行動上之實踐意義，也就在於這一點。

四

事物的本質，客觀世界的現象，在必然性與偶然性的範疇中是更加具體化了。

在哲學史和自然科學史中，必然性與偶然性的問題，是很難解決的問題之一。自然界的現象，歷史的事變，人類的行動，這是什麼呢？是屬於必然性呢，還是屬於偶然性呢？動植物各式各樣的種類，花草或動物的目前構造，是偶然的呢，抑是必然的呢？某種社會制度的存在，某種國家秩序的存在，這是由於偶然性所致呢，抑是由於必然性所致？

這類問題，曾由哲學家和自然科學家用不同的方式提出過和解答過。不過在對這類問題的千奇百怪的答案中，可以分成兩派，可以分成兩種觀點。一派思想家認爲：自然界和社會中的一切，都是由必然性形成，而絕非由偶然性形成。相反的另一派則認爲：世界上的一切都是偶然的；或者他們承認必然性與偶然性的存在時，他們却認爲偶然與必然是分別地和絕無任何聯繫地存在着；一個物體，不是偶然的，卽是必然的，二者絕不可兼而有之。

第一種觀點的明顯代表者，可以說是十八世紀的法國唯物論者。例如這類法國唯物論的代表如荷爾巴赫，曾肯定地說偶然性，這是毫無意思的話。在自然界和社會裏都沒有偶然性。人稱呼不知道原因的事物就是偶然物。人承認能發見原因的現象就是必然物。然而在事實上——荷爾巴赫說——，並沒有無原因的現象。全部有其原因。於是他就得出偶然性不存在的結論來。荷爾巴赫稱自己的觀點爲宿命論，卽一切的存在，都是由於必然性，都是由於物質運動所不能阻止，所不能設計的事變過程。荷爾巴赫說過：

「宿命，這是自然界中永久的、不可避免的、必然的、被規定的程序，或者宿命是實際原因跟自己所產生的動作二者不可避免的關係」—（自然體系一三一頁）

恩格斯很聰明地敘述了這一自然界見解。

「根據這一見解，說在自然界中流行着的只是簡單的，直接的必然性。在這個豌豆莢中有五粒豆，而並非四粒豆或六粒豆；這條狗的尾巴長五英寸，而並不多一英分或少一英分；這朵三葉草（clover）花今年因蜜蜂而結子，那朵花就沒有，而偏偏是這個蜜蜂是這個時候偏偏風吹來的這個蒲公英籽出了芽，而別的沒有在昨天夜裏早晨四點鐘跳蚤咬了我，而並不是在三點或五點，且咬的是右肩，而不是左腿；——原因與結果不變的結合所造成的這一切事實，都是由於確定的必然性所聯繫着，而產生太陽系的煤氣層，也是這樣形成的，所以這些事變的不可能發生，只有這樣，而不能那樣。」（自然辯證法一〇八頁）

由於荷爾巴赫不瞭解必然性與偶然性的眞正相互關係，所以像他這樣偉大思想家的論調，就很像恩格斯所嘲笑的那種擁護宿命論者的論調。

例如荷爾巴赫的人類史論調就是這樣的。機械唯物論者的荷爾巴赫，關於人的一切行動之原因，都認爲是人類有機體的肉體構造所致。所以他也把偉大社會變動的原因，認爲是某一偉人的特殊肉體組織所造成。荷爾巴赫問道：

「構成登徒子、野心家、狡猾者、熱心家、雄辯家的聯合要素，甚至構成能使周圍服從他，且使彼等實現他見解的人之聯合要素，是什麼？」（自然體系一四八頁）

我們從荷爾巴赫的話裏可以得到如下的解答：

「這是他極微細的血液；這是他不可捉摸的纖維組織；這是使他神經發癢的或多或少的刺激性鹽；這是他脂肪中流通着的多量或少量火性物質。但這些要素本身，究竟是從什麼地方來的呢！是來自他的母胎，來自他所吃下去的食糧，來自他所生長的國家的氣候；來自他所受到的觀念，來自他所呼吸的空氣，這還不包括那些千千萬萬微小而稍縱卽逝的原因在各種不同的場合，這些微小原因對於某一個能改變地球面的人說，是可以改變和決定慾望的」。（同前）

總之，從這一觀點上說，一切都是必然的。乃至某一時期的人類歷史是這樣的，而不是那樣的；在這個豌豆莢中有五粒豆，而不是六粒；這一小塊物質是這樣運動，而不是那樣運動；——這所有的一切，都表示一個鐵的，不可逃避的必然性。

認爲社會歷史是偶然性結合的人，則對於這一問題就有另外一個看法。某一個時代的歷史有一種派別，而在另一時代則有正相反的派別，——按他們的觀點說，所有的這一切，都是偶然性的。

在講辯證法第一個要點那一章裏，我們曾引證拉甫洛夫的歷史過程說法。這個民粹派理論家的觀點，跟主張偶然性統治歷史的原則是有聯繫的。假如說歷史是政治家及戰略家所製造的實驗連鎖，那末歷史的進程就是決定於純偶然性的：卽決定於實驗者私人的智慧與才能。

按拉甫洛夫的意見說，個人在一般歷史上起主要的作用。最初出現一個或數個出衆的個人，想出一種有益而正確的理論。然後這一理論當尚未成爲很多人所理解的東西時，則傳給別的個人。拉甫洛夫說：

「社會力量的成長，最先是由孤獨的、脆弱的個人轉變爲其他個人的共鳴，然後轉變爲其他個人不協調的協助，這是當時鬥爭指示方向和加以統一的黨尚未組成的時候。自然這個黨就在這個地方會碰到其他黨派的同時勝利的問題也就成爲數量與方法的問題。在什麽地方有更大的力量呢？在什麽地方有更聰明、更瞭解、更有力、更技巧的個人呢？哪一個黨組織得更好呢？」（選集一卷二六一頁）

顯見所有的問題都在於哪一個黨聚集更多的力量，更多最聰明和技巧的個人。但是爲什麽某一個黨能夠聚集和組織這些個人的鬥爭，而他黨就不能呢？對於這樣的問題也像對於其他類似的問題一樣，拉甫洛夫一類的理論家是不能解答的。在這種場合上，他們只好求助於永久公正和人類理智說的理論。

因此，從這一個觀點說，歷史具有純偶發事變的性質。出現了出類拔萃的個人，能夠擬定眞正的「歷史進步的公式」，這個人能團結自己周圍的人，他一帆風順地組織成功了自己的政黨，——在這一連串的情形上，都是純粹偶然性在作祟着。

承認宿命的必然性和單單肯定一個偶然性，這兩種觀點都不跟客觀的現實相符合。二種理論中的任何一個，都會走上不能解決的矛盾，且對於自己提出的問題也無力解答。

其實，假如世界上的一切都是必然的，因爲一切都是由因果關係所決定，那末可以區分本質物與非本質物，可以區分重要歷史性事變與瑣碎小事的標識，是什麼呢？

世界上的一切，都有其原因。但問題在於不同的原因，都有其不同重要性的結果。單單路易十六的個人缺點，假設是孤立現象的話，就不會有大的後果，就不會造成一七八九年的社會改革。所以，革命的改革定有某種更本質的原因在。把這些不同的原因混淆起來，除了錯誤的結論，什麼也得不出來。

宿命論的代表，只是在言語上不承認偶然性。我宣佈偶然性不存在，則偶然性絕不因此而消失於客觀生活中。無論如何把路易十六的好色或拿破崙的野心這類事實曲解為歷史的必然性，但這類事實絕不會就不是人類史上的偶然事象。例如這位荷爾巴赫還曾說過：「挽救一個王朝的不亡，往往因適當的食品、一杯水、放放血就夠的。」（自然體系一四八頁）

宿命論的代表把這類事實既然算到歷史上的必然事象裏去，這就是把眞正的客觀必然性降低到偶然性的水平上了。

譬如說，一七八九年前夕的法國經濟原因，以及當時在位皇帝的私人個性，既然說此二者都是同等意義的現象，那末客觀上第一位的現象就會當作第二位的現象，即把必然性現象當作偶然性現象了。

這樣只承認有必然性的理論之反面，就是把必然性當作偶然性，把偶然性原則斷定為自然界中的支配原則。

得出這樣結論來的，還有對於歷史也認爲是偶然性過程的見解。這種見解的代表，也有時候是不會區別本質事物與非本質事物的人。假如說一切都是偶然的，那末把比較重要的事變和比較不重要的事變，又等量齊觀了。而這種見解，不可避免地會變成本身的對立物，即把所有偶然事物都冒稱爲必然事物。既然把歷史發展的基礎認爲是偶然性，那末就把所有的偶然性都像對必然性那樣加以注意了。

那末究竟怎樣來解決唯物論辯證法中的偶然性與必然性問題呢？

馬克思主義辯證法推翻了形而上學的理論，因爲形而上學把偶然性與必然性分開了，把二者之中的任何一個都認作是彼此孤立的互不聯屬的。在唯物論辯證法看來，偶然性與必然性這是相互滲透、相互轉變的對立物之統一，所以偶然性不可能沒有必然性而存在，反過來說也是一樣，必然性不可能沒有偶然性而存在。

必然性是什麼？偶然性是什麼？

黑格爾曾下過很精闢的必然性定義。他說必然性「是本質上相互結合着、可以直接互相替換的各關係物間的相互關係。」（選集十二卷一一九頁）

反過來說，必然物——這是不能不發生的現象、事變，這是不可避免地要從事物本質本身中發展出來的現象事變。這種必然現象，必然事變的產生，是由客觀現實的諸關係方面，諸條件之結合所使然。

種籽生長植物。這種生長並不是偶然的，而是必然的；這由於種籽本身的特性，由於合適的氣候條件等。

資本主義生產，創造社會主義社會發生的物質條件。這些條件在資本主義範圍內是自動而必然會產生的，正如花種在合適的條件上就會長出花來一樣。

無產階級革命——這是資本主義向社會主義轉變時的必然而非偶然的階段。資本家階級不願自動把政權讓給工人階級。既然有這樣一個方面，那末也就必然產生另一個方面，即非用暴力推翻資本主義制度不可。所以無產階級革命並不是偶然的，而是我們這個時代裏有歷史性的必然現象。

偶然物——這是可有可無的現象，在其一般總過程上說，這並不是由現象的本質本身中生出來的現象。

種籽生長植物。但意外地遭受了暴風雨，被冰雹打壞了植物。這很明顯，該植物的死是偶然的。絕對沒有預定該植物是必然這樣死的。暴風雨固然可能有，但也可能沒有。對於該植物說，暴風雨是純粹的偶然現象。

從資產階級革命時代的法國的發展本質與法則裏，並得不出一個結論說，只有拿破崙才能當戰略家與政治家，只有他才能在全國內建立鞏固的資產階級秩序，只有他才能領導法國軍隊等等。假如當時沒有拿破崙，一定會有其他將軍來代替他，而這個人物是拿破崙而不是別人這一點，對於當時的法國歷史說，是由純粹偶然的那時所發生的事情所使然。

我們已經看出來客觀現實中也有必然現象，也有偶然現象。凡是否認必然性者，或是否認偶然性者，都毫無根據。

但是瞭解自然界與社會中的必然性與偶然性間之眞正相互關係如何，二者彼此間之聯繫如何，這是非常重要的。

偶然性與必然性間的相互關係，可以用下列說法加以簡單的說明：偶然性是這樣或者那樣地跟必然性聯繫着，偶然性是必然性的表現形式，必然性是這樣或者那樣地通過一羣偶然性而給自己開闢一條道路。

我們舉例來說明一下。

偶然性是跟必然性相聯繫着的，如沒有後者則前者也就不可能存在。

我們在地裏種上種籽，對於它的生長加以培植和灌漑，這個種籽必然會生出植物來。由於氣候的變化，也必然地落下了冰雹，打毀了植物。種籽生植物和天上落冰雹，這都是必然現象，只是二者彼此相遇而才產生偶然現象——植物死亡。普列哈諾夫對於這一點曾經很正確地說過，偶然性是出現於兩個必然事變現象的交叉點上。根據這一點就可以看出來視偶然性與必然性漠不相關者，顯然是一個錯誤。

但偶然性與必然性相互關聯，還有其他的形式，還有更深刻的方法。

拿資本主義社會爲例。在這種社會裏面流行着無政府性和無計劃性。這種社會的每個成員，都注意於私人的利益，盡可能各自爲生。人的利益，彼此間是矛盾的，但人們行動的結果，是很少跟那一個人所努力的目的，是一致的。貧農或中農，都想經營大農場，手工業者和小商人，都夢想向上爬，都夢想一朝成爲社會裏的最上層；資本家間進行着瘋狂的競爭，拚命的競爭。

假如個別地來觀察每一種情形，那很可能就以爲資本主義社會裏只有偶然性在作祟，那很可能就以爲人的命運中沒有任何客觀歷史的必然性。農民張三實現了自己的夢想而致富了，但農民李四沒有，——所有這類事情，都是純粹的偶然性。事實也是如此，以資本主義制度的本質中絕對得不出一個結論說，只有張三必然致富，而李四一定成爲一個窮措大。在歷史發展的一點上說，形成某一個個人的命運這是偶然的。

但我們並不是拿一種情形或幾種情形來看，而是拿許多這類偶然性來看，於是就可以知道，在這些偶然性後面藏着一定的歷史必然性，它們是必然性的表現形式。資本主義的性質就是這樣的，農民大衆在分化着：一小部份轉向資產階級的隊伍，大部份農民則日益貧困化，無產階級化。一部份資本家戰勝其他資本家，一部份資本家壓倒自己的競爭者而發財致富，而擴大自己的工場。這是必然的資本主義發展法則。張三的命運和李四的命運是偶然的，但一部份發財致富，而另一部份日益貧困降到無產者的隊伍，這並不是偶然的。個別情形無論如何複雜錯綜，但所有這些現象都圍繞着一個軸心轉，而這個軸心就是歷史必然性，就是資本主義生產方法的內在法則。

由此可知，偶然性本身就是表現必然性的形式。

還可以舉別的例子來講。上面已經講過，對於歷史發展進程說，正是這個出類拔萃的個人成爲運動的領袖，而並不是別人，這個事實就是偶然性。我們可以着重指出：對於歷史發展進程說，因爲恰恰是拿破崙當了革命後法國的獨裁者，而並不是某一個別人，在這一點上絕看不出任何必然性來。不待言，對於拿破崙的個人發展說，在這一點上並沒有什麼偶然性。這因爲在軍事天才上說，在政治家的聰明上說，拿破崙都比他周圍的人強勝百倍。由於這一點，在某種條件上他就能當了法國政府的領袖。恩格斯說過：

「偏偏這個偉人在一個特定時期出現在這個國家，這種情形，自然是純粹的偶然性……拿破崙偏偏是科西嘉島人，偏偏他是軍事獨裁者，被戰爭所疲憊的法蘭西共和國所需要，——」

這都是偶然性，」

恩格斯對於這一點還作過很重要的補充。他說：

「假如沒有拿破崙這個人，他的任務則一定由別人來完成。這是無疑的，因爲當要求這樣人出現的時候，蔡查爾·奧古斯特，克倫威爾等總會出現的。」（馬恩通信四〇八頁）

這就是說，此處的偶然性，也是必然性的表現形式。規律的必然性所促成的社會發展，是需要會領導運動組織羣衆的先知先覺的。這種人的出現和他們的社會活動，就是歷史必然性本身所促成。

而這種歷史的必然性，正如歷史經驗所指示，一定能實現，而也正在實現。所以，偏偏是奧古斯特，克倫威爾，拿破崙及時出現領導運動，而不是別人，這縱令是偶然的，但這一偶然性本身，却是歷史必然性的表現形式。

這種偶然性跟歷史必然性是極密切地關聯着。例如拿破崙的軍事天才這種私人特徵，多半都由創造戰爭新條件（大批羣衆參加戰爭等）的反對封建制度之資產階級革命所造成。如沒有這種客觀條件，拿破崙絕不會這樣有力地表現自己的戰爭能力。

偶然性就是這樣跟必然性相關聯着的。

必然性又是這樣或那樣地跟偶然性相關聯着，必然性是靠許多偶然性的媒介來表現自己。前面舉的例子可以證明馬克思主義辯證法的這個說法是對的。

在自然界與社會中客觀必然性在支配着。現實的法則具有必然的法則性質。馬克思主義駁倒了肯定偶然性支配自然界與社會，以及自然界與社會的發展毫無規律的學說。然而馬克思主義指出自然界與社會中的規律必然性，同時又否認了宿命論者所說的那種必然性跟偶然性的聯繫，以及二者的相互影響。

馬克思說過，假如歷史沒有偶然性，假如偶然性不起任何作用，那末歷史就具有極大的神祕性。人製造歷史，但不同的人用不同的方式製造歷史。在歷史上的人的行爲，不能不包括偶然性因素，這是不言而喻的。在這裏，我們就會碰到社會發展中歷史偶然性的作用問題。

各種社會的發展，歸根結底都要以生產力狀況爲轉移。假如有某種一定的生產力水平，就任何力量也不能在相當長的時期內使歷史開倒車或使社會向前躍進數個世紀。生產力的發展，也構成歷史必然性的基礎，社會運動規律的基礎；不過歷史的必然性是體現和實現於人的行爲中——不僅體現和實現於廣大的人民羣衆中，而且也體現和實現於個別的政治家、軍事家、領袖、外交家等裏面。這些人物中的任何一個人，都不能改變必然的時代要求。他們只能加速或拖延社會發展的歷史進程。但是他們的性格，他們的能力却是偶然地推開了進入歷史的門。

馬克思說過：

「加速和拖延，在最大程度上是決定於……『偶然性』，『偶然性』中起作用的也有最初領導運動者的性格這類『情形』。」（馬恩通信二九一頁）

沒有這樣偶然性，也就不可能有歷史的必然性，因爲歷史的必然性是實現於人的行動中。但最新的原理總是停留在通過所有偶然性而開闢自己道路的歷史必然性方面。

譬如說，克里米亞戰爭時期的塞巴斯托波爾保衛戰爭，當時如果沒有科爾尼洛夫和那西莫夫二位海軍上將這樣有才能的人物能組織英勇的保衛塞巴斯托波爾，反對英國和法國，而代替他們二位的是某些平凡人，且在當時俄國統治階層中假如又缺乏這類人物，那末克里米亞作戰的進程，就一定會有某種程度上的改變。塞巴斯托波爾的陷落，一定會比當時眞正陷落的時間爲早，但總的結果仍然還是一樣的。克里米亞戰爭中帝俄的失敗，並不是偶然的。失敗曾由當時俄國比西歐的落後，以及俄國貴族階級不願放棄農奴制度等現象所決定。影響戰役進程的某一個人，正如普列哈諾夫所說，是可能改變事變的個別形象，但必然性最後總還是通過所有偶然性而鋪設自己的道路。

由此觀之，偶然性與必然性間有密切的聯繫和相互作用，其中構成這一相互作用的基礎的，就是必然性。

必然性與偶然性間聯繫的客觀形式，如交互轉變，偶然性向必然性轉變與必然性向偶然性轉變，這都是非常重要的。

形而上學者中有一種人在承認有必然性與偶然性存在時，但認爲偶然性與必然性二者是個別獨立的過程：卽認爲一種現象與過程是必然的，一種是偶然的。例如在達爾文以前形而上學者把動植物的主要的本質的種的特徵，認爲是必然現象；但把多樣性，種內部所具有的以及脫離主要種符號的所有多種性，他們都認爲是不必注意的偶然現象。

上述觀點是非常不科學的。達爾文在物種原始一書中不僅沒有忽略這些偶然的和在表面上似乎是意義不大的種內部之不同，而且他根據這些偶然傾向曾指出：偶然傾向表示出一面代代相傳，一面隨着時間的過去而改變種，而最後便產生新種。

最初這種傾向或不同，具有純粹偶然的性質，這種傾向並不是所有種的典型。但是假如這個偶然傾向幫助動物或植物在生存鬥爭中勝利，那末這個偶然傾向就會一代一代地遺傳下去，而成爲主要的種的特徵。偶然者變爲必然者，同樣，前此必然者在尙未完全消逝期間就成爲偶然者。如沒有偶然性與必然性這種辯證法的相互轉變，有機物界就絕不可能有發展。

這種轉變現象，在社會生活中也有。馬克思在資本論中曾指出：單個的或偶然的價値形式如何變爲複雜而普遍的價値形式。最初氏族公社間的交換，具有純粹偶然的性質。當時是自然經濟形式。但交換隨着時間的久遠而日益擴張範圍，終成爲必然的人間關係形式。自然經濟就成爲殘餘，就成爲偶然性。反過來說，偶然者就轉變爲必然者，而必然者就轉變爲偶然者。

這樣看來，要按照客觀現實來解决唯物論辯證法的必然性與偶然性問題。馬克思主義辯證法中的偶然性與必然性範疇，使我們可能正確地洞悉現實，可能正確地區別必然物與偶然物，同時還使我們可能把握二者的聯繫，二者的相互作用。

五

現在我們再來談自由與必然這兩個範疇。在表面上看，世界上就沒有一種東西像必然與自由這樣的對立。

自由這是私人意志和主觀願望所支配着的領域。在這裏似乎是一切都按「我要怎幹就怎幹，我的意志叫我怎幹就怎幹」這一原則進行的。

必然這是獨立於人們意志外的法則所支配着的領域，在這裏似乎一切都不按人的意志進行，即完全與自由相反。

在社會科學史上，這兩個範疇在很久的時期內都認作是不可能連接的對立物，所以不是承認必然就是承認自由。有一些哲學家說，在生活中只有必然存在着和作用着。人在自己的行爲中並沒有自由。人的一切動作早已預先規定了。另外一些哲學家則肯定地說，歷史發展的唯一力量是自由，是人的自由意志。一切都以人的智力，以人對好的生活原則之自由努力等爲轉移。

有一種人肯定自己的觀點說，任何事情的發生，都不會沒有原因的。對於一個人在表面上好像自由行動，其實他的一舉一動都是由一定的原因所引起。他可以在腦筋中想手中拿一杯水喝光，這是根據他的自由意願來作的。事實上是他渴了，而這個原因必然地強迫他滿足自己的慾望。在這一點上，那裏有自由呢？爲了證明自己的自由和對器官所作的要求表示獨立，人可以忍耐一下不喝水，但他能有力量持久麼？必然就用這種或那種方法表示自己的威力，並強迫人用「自由」的方式去作。所以，沒有自由。

十八世紀的法國唯物論者，就是這樣想的，他們否認人的行動中有各種自由。這種不對的片面形式，在反宗教鬥爭中在反對承認客觀的、必然的法則性質之神學鬬爭中，當時是有其進步意義的。愛爾法修(Helvetius)武斷地說，只有神學才有資格討論自由。他說「哲學的自由論，是沒有原因的結果論」（論智二六頁）

另外一個法國哲學家荷爾巴赫說過：「軟弱無能的人，你自以爲是自由的！喂！難道說你就沒有注意到束縛你的一切線索麼？難道說你就沒有注意到構成你和使你運動的原子麼？難道說你就沒有注意到獨立於你以外的環境在改變着你的本體，在指揮着你的命運麼？」（自然

體系一四九頁）

還有一些人反對這種人類行爲的性質之觀點時說，主宰一切生物的唯一和最高原因，是上帝，人是這個最高主宰者的兒女，所以人都按照自己的意志行動。人對於自己周圍的人可能好，也可能壞，他可能是刺客，可能是慈善家等。這些人說，所有的人都決定於他自己的意志，都決定於他的意志對最高主宰者的同意。

意志自由這個概念，一般說是出自唯心論哲學的。正如唯心論者所肯定，人既然規定自己的現實法則，在現實中既然流行着混亂和無秩序，那末顯而易見的，主使人作事的源泉，只是人自己的內部，人的觀念。人的意志自由。應當從唯心論者裏面把黑格爾單劃出來，因爲他對於這個問題曾提供了很多寶貴的正確瞭解。但是，只有馬克思主義在科學史上第一個先指出了必然與自由間的眞正相互關係，因而對於改造世界的智力行爲開闢了廣大的範圍。

馬克思主義否認機械唯物論者與觀念論者對自由與必然的形而上學解釋，因爲該解釋與客觀現實不符；單純承認必然，假如把這一觀點徹底發展下去的話，就會使人否認一切的意識活動，就會使人相信人類史中的一切都是自動形成的，而智力行動和自由行動都是不可能的。單純承認自由意志的基礎，就是否認客觀的獨立於人意識外的發展規律，就是誇大人在社會史中所起的作用。

在馬克思主義辯證法看來，必然與自由並非兩個不相連屬存在着的或彼此截然不同的原則；而是對立的統一物，而是相互密切聯繫着的和彼此相互轉變的。

我們舉兩個例子可以使我們明白自由與必然的辯證法。

人是以自然界爲轉移的。人不可能住在特定環境之外。對於人說，這個環境就是自然界，即特定的地理條件，氣候等等。人不能不顧自然界法則。法則的作用就是人的必然。

在此處很容易下一個結論說：人是自然界的盲目工具，他完全服從自然界的必然法則，且對於自然界毫無自由。

但是人類社會發展史所告訴我們的完全不是這末一回事。

人跟自然界現象相遇時，就開始認識自然界法則以及這些法則的作用。根據工業、農業等實際活動研究自然界及其法則的科學就產生出來了。自然界對於人就不再是祕密了。

人知道自然界法則，按這種必然的客觀法則行動，於是就使自然界服從他。隨着社會的發展，特別是在高級社會階段上，如在社會主義社會和共產主義社會時期，人就成爲自然界的主人。這樣一來，必然就成爲自由。人認識了自然界法則，可以按自己的目的自由利用自然界。所以通過自然界法則的認識，必然就變爲它的對立物，自由。認識了的必然就是自由。

但是人認識了某種自然界現象以後自由行動，這種情形並不是說就消滅了必然和該現象對人的獨立性。必然，仍然是人自由行動的基礎。

再舉一個別的例子來看一下。

人不僅決定於自然界和自然環境。另外還決定於社會環境。這個社會環境也有必然的、獨立於人以外的法則。例如每一個後輩都會看到前輩所製成的生產力。後一輩不能一下就跳出前此所遺留下的生產力之範圍。因爲後者是社會構成的基礎，且人的習慣必然由這種生產力來決定。

但，人認識社會發展法則，按歷史必然性行動，並適應這種法則行動，這就會改變社會秩序。千千萬萬的蘇聯人民自由地建築新的共產主義社會。爲了摧毀資本主義奴隸制度的枷鎖，爲了消滅產生資本主義的源泉，爲了建設新的社會主義社會，有需要克服的很多困難。順利的鬬爭，順利地建設新社會，其原因是什麼呢？原因就在於懂得社會發展的必然法則，懂得馬列主義理論。因此，必然變爲自由，而自由以必然爲基礎。

上面舉的例子是證明：必然和自由，這是彼此密切相聯的概念。

實際上，自由——眞正的自由而非想像的自由——可能不以必然的、獨立於人意識之外的自然界和社會之法則爲根據麼？人可以想像自己的行爲是不依存於客觀自然法則的，和最自由的。他可以按照自己自由選擇的觀念想出很多改造社會秩序的方法與形式來。歷史上有過很多這類改革家。但是假如這類改造世界的觀念和方法並不反映歷史的必然性，那就會成爲空話，也就只能證明作者的虛構。這類社會鍊金術者確實知道自己的觀念不可能實現後，就會再轉到另一個觀念上去，但結果仍然還是一樣的。更仔細地審查一下的時候，就可以看出來他們的理論本身一定表現着他們所代表的階級和階級團體的社會地位，所以在這一點上，他們的自由也是很有限的。

絕對的自由，即獨立於自然界必然法則以外的自由，是沒有的，也不可能有。對於客觀必然性的任何輕視，事實上都是盲目地、絕對地服從必然。不知道客觀自然界法則的人，或者根本宣佈自己是不受任何客觀必然束縛的自由人，他們很像瞎子，沿路摸索前進，不敢保證有任何意外事情發生。他們懷疑他們所選擇的道路，他們也懷疑他們所碰到的無數障礙，全使他們每次改變方向。

這樣的人，很像考茲麻・普魯特考夫（Kozima Prutkove）所嘲笑的那些英雄：

我仍然站在岩石上；

讓我跳入海洋……

命運會帶給我什麼？

快樂，抑痛苦？
可能，使我狼狽麼？
可能，不侮辱我麼？
本來，蟋蟀一跳，
是不看地點的。

這可以在實踐上看出「絕對自由」來。

在這一問題上恩格斯曾說過：

「不相信這一件事情是產生於不知道，不相信在很多不同的、且彼此可能矛盾的決定中表面上可以自由選擇，因而證明自己不自由證明自己服從所不相信的那個物體。」（反杜林論一一八頁）

只有自然界與社會的客觀發展法則之知識，只有表現時代必然要求的事業，才能在行爲中在動作中把人作成一個自由的人。而只有相對自由的這個自由，就是眞正的實際的自由。恩格斯說過：

「所以意志自由，這無非就是，決定事件的一種能力。」（同前書）

法國唯物論者根據人的一切行爲都是決定了的，亦卽都是由於某種原因所使然的，於是便否認了人有自由行動的可能。事實上正因爲自然界發展與社會發展的基礎上有客觀的必然，有現象的因果聯繫，所以意志自由也才有可能。人認識客觀必然的時候，對於自然界的事情就不會完全是被動的旁觀者。人使自然界服從自己，學會管理自然界的自動法則，並由自然界的奴隸變爲自然界的主人。所以自由的出現，是人類發展的歷史產物。

人類的歷史，是由不認識自然界和盲目服從自然界進至認識自然界法則和對自然給以實際影響而使自然界服從自己的發展歷史。所以自由不僅是被認識了的必然，而且是人按本身利益改變自然界與改變社會關係的、所理解了的實踐行爲。只有結合客觀法則的知識和實踐的行爲，人才能名實相符地成爲自由的。

人按意識改變社會秩序，於是人就由社會關係的奴隸變爲自己生活的主人。人們就開始調整自己的關係，自由地爲根本改造社會而鬥爭。只有以知道必然爲基礎的自由，才能使人相信所選擇的道路是正確的，才能使人相信所採取的決定是眞理的，同時這種自由，才能用不可戰勝的樂觀態度甚至用那些難於實行的想像出來之「絕對」自由來武裝羣衆與個別的私人。

這種說法有如下的例子可作重要的證明。

在德國馬克思和恩格斯所積極參加的一八四八年革命，曾受到殘酷的失敗。革命後的情況，這正如一般革命失敗後的情況一樣，引起了不相信勝利可能的悲觀情緒。「絕對自由」的個人在這種情形下，很快就由樂觀轉入最痛苦的悲觀，對於以革命方法取得正面結果的這件事實失掉了所有的信心。一九〇五年俄國大革命後的情形就是如此。

一八四八年革命失敗後，馬克思和恩格斯曾寫過德國的革命與反革命一書，在這本書裏兩氏曾分析了革命失敗的原因。下面就是他們二位所寫的關於無產階級黨的未來革命與任務：

「此次革命的失敗，比革命黨所遭到的失敗，或者更正確一點說，比大陸革命黨在所有戰鬥方針的各點上所遭到的失敗，是更加難於想像的嚴重。但從這一失敗裏究竟能產生些什麼呢？……深信少數煽動家的陰謀爲革命原因的這種觀點，早已失去時間性了。現在全都知道，每當革命的震動到來時，總是普遍地有相當的社會要求，而過時的制度則阻撓這種要求的滿足。這個要求可能尚未感覺到有直接保證勝利的那樣強烈，可能尚未普遍地意識到直接保證勝利，但是用盡所有方法企圖強制鎮壓這種要求，這只能使這種要求養精蓄銳，一直到打破自己的枷鎖而後已。所以，既然我們被擊潰了，但對我們說，只有再從頭幹起。」（德國的革命與反革命）

這一節是指示我們：馬恩二氏是從何種源泉中取得自己對革命勝利的不可避免性之絕

對信心，以及對二氏號召羣衆所走的革命道路是相信顚撲不破的絕對正確。這種源泉：是歷史上已經成熟了的人類物質生活要求上的知識，是歷史必然性通過革命黨所有的一時的失敗與挫折而開拓自己道路的理解。

就是對於無產階級澈底勝利的這種無窮盡的樂觀態度與信念，形容着列甯與斯大林的全部事業，以及形容着他們在革命中的每一步。列甯說過：

「共產主義是從社會生活的各方面不屈不撓地『長出來』的，共產主義的萌芽在所有的地方都不屈不撓地存在着，『傳染病菌』（姑且用資產階級和資產階級御用警察所喜歡用的，和最『高興』用的比喻）很堅強地滲入有機體裏面去，並且無孔不入地普及了整個有機體。假如特別留心地『堵』住一個出口，則『傳染病菌』會找到另一個往往出乎意外的出口。生命會戰勝一切阻礙物的。讓資產階級去跺脚錘胸，去怨天尤人，一直至精神錯亂而後已。……共產黨員應當知道，無論怎樣將來是屬於自己的……」。（列甯全集二五卷二三五頁）

社會行爲的眞正自由，主要是因爲知道社會發展的不可避免法則所造成。而這種行爲自由的本身，就構成社會歷史的堅強因素之一，就構成社會歷史的最重要動力之一。

211

六

可能性與現實性這兩個範疇，用新的重要聯繫形式來充實了辯證法。如果說本質、現象、內容、形式、偶然性、必然性等範疇，是反映客觀現實的一定方面的，那末現實性這一範疇，就是把上述範疇當作自己的要素來包括着，且在表現整個現實上說現實性是世界各式各樣方面的統一。

跟現實性相對立的，是可能性。在那不是殭死不變形態下的現實性的發展過程中，發生着新的現象。

發生這個或那個現象的可能性，是以一連串條件爲轉移的。假如這些條件都實現出來了，那末可能性就變爲現實性了。

所以在客觀現實中，就應當會區別現象的可能性和現象的現實性。列甯說過這種區別，在方法論上是有很大意義的。他在一封信上曾指出：

「在『方法論』上……應當區別出可能物與現實物之不同來。」（全集十九卷二三六頁）

現象的可能性與現象的實現性是彼此不同的，可能性只是現象發生與發展的必要前提，而現實性則是實現了的可能性。

在種籽裏，有植物發生與發展的可能性。在雲霧的密集裏，有下雨的可能性。在人胎裏，有產生人的可能性。在資本主義制度裏，有其死亡的可能性。

現實性跟可能性不同，現實性是早已實現了的可能性。例如植物之於種籽，雨之於雲霧，人之於胎兒，都已經是現實性了，都已經是實現了的可能性。

由此足見可能性與現實性並非是同一物，而在彼此間存在着極大的區別。

斯大林說過「……可能性尚不是現實性」。（列寧主義問題四〇八頁）

但可能性與現實性，彼此間並不存有一條萬里長城。二者正如一切對立物一樣，彼此相互轉變着，一個對立物變爲另一個對立物。種籽變爲植物，由雲霧下雨，由人胎發展成爲人等等。

這裏就發生一個問題：是否所有可能性都能變爲現實性呢？

黑格爾寫過：在可能性形式中，是會圍繞着最抽象最荒唐無稽的事物的：

「可能今天晚上月亮掉到地上來，因爲月亮是跟地球分離着的物體，就因爲這樣也就可能像拋向空中的石頭一樣掉下來；可能土耳其的蘇丹成爲大主教，因爲他是人，他就不能染上耶穌信仰而成爲天主教的傳教士等等。」（選集一卷二四一頁）

黑格爾想要用自己的例子來證明：有空洞的、形式的可能性，也有內容豐富的、眞實的可能性。今天月亮掉到地上的可能性，土耳其的蘇丹成爲大主教的可能性等等，所有這些例子，都是空洞的，形式的可能性。形式可能性之所以爲形式，就因爲它在客觀現實中沒有絲毫的具體根據。

為使可能性成為內容豐富的、真實的可能性，就需要在現實中生根，就需要有客觀存在，就需要全部條件的總和使它成為真實的。

這個可能性是否為真實的——這要看許多條件來決定。

換言之，真實的可能性——這就是在一定的環境內在一定的條件下，可能轉為現實性的客觀可能性。在斯大林的著作中曾舉出過很多明顯的例子，用辯證法分析現象的可能性與現實性。斯大林在聯共黨第十六次中委全會的政治報告上曾說過：

「蘇維埃制度供獻了社會主義完全勝利的絕大可能性。不過可能性還不是現實性。為使可能性變為現實性，就需要整個一連串的條件，其中如黨的路線以及該路綫的正確執行，是有頗不小的作用的。」（列甯主義問題四〇八頁）

斯大林證明這一點時曾引證過幾個例子。右派資本主義復辟份子，大吹大擂地宣傳自動流出論。他們說，新經濟政策會自動地走向社會主義的勝利。斯大林揭穿這一理論說：

「列甯絕未說過，新經濟政策可以給我們送來社會主義的勝利。列甯只說過，『新經濟政策在經濟上和在政治上完全可以給我們取得建築社會主義經濟基礎的可能性。』不過，可能性還不是現實性。為使可能性變為現實性，首先就應當放棄自動流出論，應當建設（重建）國

民經濟，並向城鄉的資本主義份子進行堅決的進攻。」—（同上書四〇八——四〇九頁）

右派機會主義者也曾提出一種理論說因爲在蘇維埃制度上並沒有工農二階級分裂的理由，所以對於這個問題就不必担心規定什麼黨的正確路綫。一切都會自動流出的富農可以和平地轉變到社會主義裏去，而工農同盟將自動地建立起來。

斯大林對於這個問題曾引證過好多列甯所說的例子，特別是分裂的可能性尙未脫掉的例子：

「所以，工農兩階級的分裂並未脫掉，但分裂並不是絕對的，因爲蘇維埃制度中有預防這一分裂和鞏固工農二階級同盟的可能性。那末爲使這一可能性變爲現實性，需要些什麼呢？爲使預防分裂的可能性變爲現實性，首先就需要收起自動流出論，需要剷除資本主義的根，組織集體農莊和蘇維埃農莊，由限制富農剝削趨勢的政策向消滅富農階級的政策轉變。

於是就可以得出結論來，需要嚴格地區別蘇維埃制度中所具有的可能性與這種可能性的利用，這種可能性向現實性的改變之不同。」—（同前書四〇九頁）

讀者可以看出來根據可能性與現實性的客觀區別，以及二者的相互轉變，就可以得出實際政治活動的極重要的理論來。

把可能性與現實性混爲一談，這是不可以的，也是有害的；因爲這種混淆就會錯誤地估計因素，因而也就會不正確地規定任務。假如建設社會主義的可能性與建設社會主義的現實性是一而二二而一的東西，那末黨就可以守株待兎，不必孜孜計劃實現這一可能性的艱巨綱領，那末就可以不必爲建設社會主義而鬥爭。這種混淆，就會使政治活動份子在事變尚未自動與自發達到所希望的結果前，趨向消極的等待；這種混淆，是由於忽略了工人階級先鋒隊與整個工人階級實現自己所規定的當前目的的自覺意志在社會生活中變可能性爲現實性的這種最重要的條件。而假如沒有這種條件，是休想使社會主義成爲現實性的。這也因爲以斯大林爲首的黨，給一個國家內建設社會主義可能性的爭論賦與了極大的意義。

對眞實可能性的正確判定，可以指示羣衆一個方向，可以指示羣衆的鬥爭與勞動一個方向，且可以動員羣衆變可能性爲活生生的現實性。

斯大林在第十八次聯共黨代表大會上曾說過：甚至於在資本主義包圍的某一相當長的時期內，蘇聯國內建設共產主義社會也有可能性。根據這一眞實可能性，就會得出「在經濟關係上趕上和超過先進的資本主義國家，以共產主義對勞動、對公有財產等等的精神教育勞動羣衆」這樣的任務來。

在蘇聯我們有建設共產主義社會的所有客觀可能性，我們知道當前的任務。那末變這一可能性爲現實性的必要而起決定性的條件，是什麼呢？

工人、集體農莊莊員和知識份子等在共產黨的領導下之誠實勞動，對於任務和準備爲順利完成任務而犧牲的自覺態度，全部蘇聯人民爭取完全勝利的堅強意志，——這就是起決定性的條件。

馬克思主義辯證法就是這樣解決可能性與現實性的問題。

根據上述所有的唯物論辯證法的範疇，現在我們作一簡短的結論。

唯物論辯證法的範疇，反映最一般的和最本質性的現實方面，且是認識客觀世界的支撑點。

每一個範疇，都是概括眞實世界一定特性一定方面的結果。唯物論辯證法範疇的主要特徵，就是它那表現着現實本身機靈活變的機變性。爲了衡量和表現認識中那種永久進步着、變化着的自然界，範疇必須極端精確地表現變化、運動、對立物相互轉變的原則。把本質與現象、內容與形式，必然性與偶然性截然分開，且視它們爲凝結的、相互孤立的形式，這樣的形而上學範疇，絕不可能成爲科學認識和革命行動的工具。只有馬列主義辯證法中的範疇，才能被我們周圍客觀世界的生命力所充實。所以在工人階級及其布爾什維克黨的政治活動中，範疇也如辯證法的法則一樣，具有極大的實際意義。

※　※　※

現在我們已經講完了馬克斯主義辯證法的基本法則和幾個最重要的範疇。在結論上我們必須指出下列一個事實。

辯證法並不像在表面上所想像的一樣，是一切生活問題的現成總答案。辯證法，是認識自然界與歷史的方法和指南。辯證法給我們武裝一般發展法則的知識，並給我們正確認識個別現象、事物、事變過程的可能性，能使我們正確地把握形勢，選擇任務連鎖中的一個決定性環節。為了把辯證法應用到某一個事實上去，就需要研究事實本身，不要憑一般想像去處事，而要探討具體的事實，探討具體現象的發展。如果不知道事實，不知道被研究的物體，那末辯證法就會失掉了力量。辯證法的基本原理——就是非抽象的眞理，是具體的眞理。要當一個眞正的辯證法論者，就需要把一般發展法則跟具體現實分析二者結合起來，只有在這種條件下，辯證法才能成為最偉大的力量、有力的認識工具和革命的實踐工具。

馬列主義的敵人曾不止一次地大吹大擂地說：辯證法是眞理的證明工具，而並非研究和認識的工具，還說馬克思主義的結論並不是以研究具體的現象和事實為根據，而是以辯證法的邏輯要求為根據。

馬克思主義的敵人指責馬克思：說馬克思所說的資本主義必然死亡之結論，並不是從眞正資本主義關係的分析中得出來的。還說馬克思在服從辯證法的對立物轉變法則之命令時，就成爲馬克思主義了。

這種指責，是對馬克思及其辯證法的誣害。無產階級最偉大的社會主義著作——資本論，是從原則地概括資本主義發展的進程和前途描寫到極微細的小事，是用巨量的眞正事實寫成的。在世界著名著作中，就沒有一種著作可以超越馬克思的資本論的。馬克思是根據研究具體事實得出自己的結論來的。他的著作的最大力量，就在於他用辯證法、革命的辯證法研究了這些事實。

這種有機地配合具體事實的研究與辯證法認識在事實中的運用，這就是馬列主義的最重要的特徵。

無產階級的偉大領袖馬恩列斯四氏，常常毫不留情地鞭撻那些不用辯證法去嚴密地普遍地研究現實而專用騙術的人，以及那些對具體事實和現象不加以分析的人。

研究唯物論辯證法及其法則的本身，並不是，也不能是自滿自足的目的。默誦和明白辯證法的基本原理，並不是一件難事。但眞正馬列主義的瞭解辯證法，起碼是要視辯證法爲認識的工具和革命鬥爭的工具。因此可以稱自己爲眞正革命辯證法論者的人，只是那些在反對舊世界的實際鬥爭中，在建設共產主義新世界的鬥爭中善於運用這一銳利武器的人。

辯證法還是實驗主義？

李　季　著

上海神州國光社刊

中華民國廿二年二月三版發行

辯證法還是實驗主義？

實價大洋五角
（外埠酌加郵匯費）

著作者　李　季

發行者　曾　獻　聲
上海河南路一三六號

印刷者　神州國光社印刷所
上海新閘路福康路

總發行所　上海河南路一三六號　電報掛號七二七三　無線電掛號七二七三　神州國光社總店

分發行所　北平宣內大街　廣州財廳前　南京花牌樓　濟南商埠緯二路　神州國光社分店

目　　録

于革命的界說及其批評（六）革命與進化的區別（七）胡博士妄乞靈于達爾文主義（八）達爾文所舉的生物突變大批的例子（九）新近發見的生物突變無數的事實（十）轟動一時的曼德爾主義（一一）善選突變物種的柏班克（一二）多甫里斯的突然變異說（一三）新近對于生物作突變試驗的幾個學者（一四）自然眞太糊塗了！（一五）昂格思所舉化學上突變的例子（一六）馬克思所舉人事中突變的例子（一七）昂格思所引拿破崙軍事上突變的例子（一八）性質變化引起數量變化的例子

六　理論與實際的一致

（一）呂氏春秋的謬論及其批評（二）胡適博士個人主義的學說（三）易卜生主義與中國（四）“小我”“大我”的胡說（五）對于“個人造成歷史”的批評（六）馬赫的言不顧行（七）胡博士的言不顧言

七　相對眞理與絕對眞理的認識

（一）關于相對眞理的許多例子（二）牛頓和愛因斯坦對于光線所發見的相對眞理（三）關于是非善惡的相對眞理（四）莊子口中儒墨的是非（五）

序　言

“射人先射馬，擒賊先擒王。”凡素經訓練的資產階級和小資產階級的學者，或無產階級的叛徒，對付他們的論敵時，是很懂得這個道理的。例如他們要反對馬克思主義，便首先攻擊牠的方法——辯證法。現在隨便舉出幾個所謂中外“學者”的言論來做證據罷：

（一）旆班（Othmar Spann）稱辯證法爲“盲目的因果中奇怪的奇怪”。

（二）斯特魯味（Peter von Struve）稱辯證法爲“消滅連續”。

（三）巴薩洛夫（Basarow）稱辯證法爲“陳腐”。

（四）柏爾曼（G. A. Bermann）稱辯證法爲"神祕"。

（五）卞斯天（Edward Bernstein）稱辯證法爲"陷阱"。

（六）馬沙里克（Thomas Carrigue Masaryk）說："辯證法簡直是戲法。"

（七）郭任遠博士說："辯證法是哲學家在安適椅上和人家喧嚷吵鬧的方法。"

（八）胡適博士說："辯證法……是生物進化論成立以前的玄學方法。"

"盲目的因果中奇怪的奇怪"呀，"消滅連續"呀，"陳腐"呀，"神祕"呀，"陷阱"呀，"戲法"呀，"喧嚷吵鬧的方法呀，"玄學方法"呀，對於辯證法的嬉笑怒罵，算是"至矣盡矣，蔑以加矣"！辯證法果如他們所言，那也眞是罪孽深重，不獨應當受人家的攻擊，並且活該爲人家所撲滅，以免流毒社會，影響於世道人心。不過這些先生們對於辯證法的態度，恰和蒲列漢諾夫（Georg Plechanow）所稱世人對於愛爾法修（Helvetius）的態度一樣：就是：

"他們時常反對並毀謗愛爾法修，但沒有勞過神去求了解他。"（見蒲氏唯物論史序言第五頁 —— Beiträge zur Geschichte des Materialismus, Stuttgart, 1921）

"知己知彼，百戰百勝。"這些張牙舞爪的戰士沒有勞過神去求了解辯證法，卽向之開火，宜其只有淺薄的議論，而無深刻的批評，只有籠統的說法，而無分析的觀察。因此辯證法不獨未曾受到絲毫的損傷，並且愈加發揚了：牠現在已經是不脛而走，不翼而飛，連文化落後的中國知識界也正在普遍地要求牠做良導師了。

東西文中關於辯證法的著作本來很少，可是中文譯本倒有好幾本，如林超眞君譯的伏爾佛遜辯證法的唯物論（滬濱書局出版），程始仁君譯的戴博林康德的辯證法和裴希特的辯證法，河上肇辯證法經典（均係亞東圖書館出版），李達君譯的塔爾海瑪現代世界觀（原名辯證唯物論入門）和河上肇馬克思主義經濟學基礎理論都是。此外，布哈林的歷史唯物論的學說有七種譯本，在市面流行的已有四種，昂格思的反杜林有三種譯本，在市面流行的已有兩種，而昂氏自然的辯證法也有兩種譯本，歸神州國光社出版的一種聽說正在印刷中了。至於國人自作的辯證法小册子據說還有幾本。這許多譯本，重複譯本，或作品的繼續出版，可以表現讀書界對於辯證法著作的熱烈要求，大有日益增加之勢。

當我於一九二四年由德到俄之後，曾應同學的要求，開始做一個辯證法的小册子，方成三萬字，卽因事擱筆，後來起程返國，稿子留在海參崴，竟被遺失了。自此以後，總抽不出工夫，提不起勇氣，再從事於這種工作。直至去年草我的生平一書，追憶留德時代所研究的辯證法，才舊事重提，草成幾個規律，並和實驗主義作個比較，共達七萬字。我的生平雖已由亞東圖書館出版，但國光社爲應讀書界的需要起見，要求將這一部分文字另印一個單行本。因此我又獲得一個機會，將自已的作品重讀一遍，稍微加以整理和補充，並將目錄详加改訂，名爲辯證法還是實驗主義？

本書的內容和上列各書不盡相同，書名已經表現得十分明白；但除掉隨時批評實驗主義外，就辯證法的規律講，也稍有歧異，値得在此提出來說一說。

辯證法思想的發展雖是由黑格爾集大成的，馬克思雖稱他"首先寫出辯證方法一般的運動形態"，但他不獨未曾替辯證法分出條理來，而他的學說且不容易爲一般沒有哲學素養的人所領略。昂格思在杜林的科學革命（簡稱反杜林）一書中闡明辯證法，提出兩個項目，卽：

(一)量與質，

(二)反之反。

他在自然辯證法（Dialektik der Natur）的遺著中對於辯證法定出三大規律：

(一)量變質和質變量(按卽由量的變化引起質的變化，和由質的變化引起量的變化)的規律，

(二)對抗融合的規律.

(三)反之反的規律。

塔爾海瑪的辯證唯物論入門所舉的三個規律大概是採自昂氏的遺著，因爲內容完全相同，僅次序略有顚倒，卽

(一)對抗融合的規律，

(二)反之反的規律，

(三)質變量和量變質的規律。

伏爾佛遜的辯證法的唯物論中辯證法一章則採入亞多拉斯基(Adoratsky)所提出的四個規律：

(一)在眞實事物的完全狀態中研究眞實事物。竭力注意一切。詳細的研究。牢記着各方面的聯繫。

(二)在運動中研究。注意辯證法的運動是怎樣發生的和怎樣轉變的。尋求矛盾。明瞭鬥爭。

(三)牢記着：沒有抽象的眞理，眞理是具體的。

(四)不隔開理論和實際。不僅要認識週圍世界，而且要改造週圍世界。

布哈林的歷史唯物論的學說中辯證法的唯物論一章也揭櫫四個要點：

（一）動的觀點和現象的聯繫，

（二）社會科學中的歷史論，

（三）矛盾的觀點和歷史發展的矛盾，

（四）突變說和社會科學中革命的變化說。

河上肇的馬克思主義經驗學基礎理論中辯證法一章舉出三大點：

（一）對立物的統一和統一的分解，

（二）差別的相對性，

（三）在發展過程上（在運動之流上）把握事物：

一，序說，

二，到反對物去的轉變，

三，發展即是對立物的鬥爭，

四，由量到質的轉化，

五，否定之否定。

以上是就調查所得已出版或將出版的中文譯本所舉辯證法規律講的。此外德文中還有幾種書也講過辯證法，如蒲列漢諾夫的唯物論史（一四四頁）舉出辯證法世界觀的兩個特點：

（一）一切有終極的東西使自身消滅，轉變到牠們的反的方面去。這種轉變借助於每種現象固有的性質，自己貫徹出來，每種現象含有產生牠的反的力量。

(二)一定的容積的量逐漸的變化終於轉變爲質的差異。這種轉變的時節是突變的時節，是漸變中斷的時節。如果有人相信自然或歷史沒有突變，就是自欺。

阿德勒（Max Adler）的唯物史觀和辯證法的學說(Marxistische Probleme. Beiträge zur Theorie der Materialistischen Geschichtsauffassung und Dialektik)也提出兩個項目：

(一)運動的辯證法，

(二)發展的辯證法。

其餘不甚重要的或資產階級學者關於辯證法的著作所指示的規律，不必再提起了。我們試將上列八種例子綜合起來看一下，就知道辯證法的規律在根本上雖無甚差別，但分起條目來，一直到現在，還沒有一致的學說，還有待於現在或將來的學者從實際經驗與深思熟慮中精密地創作出來。本書對於辯證法作成七個規律，就是：

(一)在運動中考察對象，

(二)在實質中考察對象，

(三)在聯繫中考察對象，

(四)在矛盾中考察對象，

(五)突變說，

(六)理論與實際的一致，

(七)相對眞理與絕對眞理的認識。

我不是故意多立條目，藉此求勝，實因爲使這種艱深複雜的方法及其理論通俗化起見，不得不標舉最簡單明瞭的條規，佐以最淺近平易的例證，以便初通文理的人均能領悟，而辯證法得眞正成爲一般人的家常便飯，可以隨便使用。在平易通俗和盡量發揮（尤其是論突變，眞理，和矛盾等項）兩點上，本書也許較上列各書更進了一步。這是第一點。

我們在本書中曾說，世界資產階級自黑格爾以後即無哲學可言，這並不是指眞正沒有繼起的哲學，而是指沒有成形的哲學。即如實驗主義雖號稱爲歐美資產階級民主的和急進的哲學，然其淺薄與庸劣，實在出人意料之外。我們且先從譯名說起。孟憲承君翻譯詹姆士的 Pragmatism，叫做實用主義（商務印書館出版），可稱名副其實，因爲 Pragmatism 根本的和唯一的原則是實際的效用。可是胡適博士爲使這種主義極力接近科學，沾點科學的氣味起見，特附會皮耳士什麽"科學試驗室的態度"，把牠譯作實驗主義，到處宣傳；於是實驗主義的聲名"洋溢乎中國"，而實用主義的名字却湮沒不彰，一經提及，大家都覺得非常生疏，不知悶葫蘆內又賣得什麽藥。這種主義如果說得上實驗，那就不是實驗別的東西，而是實驗牠的唯一原則的實際效用或效果，所以皮耳士說：

"一個觀念的意義完全在於那觀念在人生行爲上所發生的效果。凡試驗不出什麽效果來的東西，必定不能影響人生的行爲。所以我們如果能完全求出承認某種觀念時有那麽些效果，不承認牠時又有那麽些效果，如此我們就有這個觀念的完全意義了。除掉這些效果之外，更無別種意義。這就是我所主張的實驗主義。"（採用胡博士的譯文，見胡適文存十四版二卷四一九至四二〇頁）

本書批評 Pragmatism 所引用的材料，以胡博士的說法爲最多，我們爲避免竄改原文或註釋原文，兼使國人容易知道本書是對他作戰起見，不得不襲用實驗主義的名稱。不過這種譯文的欠正確或有意魚目混珠，應當首先在此聲明一下，這是第二點。

實驗主義固然是一種方法，但同時也是一種哲學。如果客氣一點說，我們可和踏爾海瑪一樣，稱之爲一種"商業哲學"(Philosophie des Handelns)，如果不客氣的話，簡直可稱之爲一種"市儈哲學"。這不是我故意加以謾罵，牠的本質確是如此。不獨因牠是美國資產階級企業精神——即唯利是視，即效用或效果爲眞理唯一的標準——的充分表現，取得這個尊號，毫無愧色，而牠對於一切問題的態度無不顯出這種面目。我們試舉胡博士所提出的一個例子爲證罷：

"杜威在哲學史上是一個大革命家。爲什麽呢？因爲他把歐洲近世哲學從休謨和康德以來的哲學根本問題一齊抹煞，一齊認爲沒有討論的價値。一切理性派與經驗派的爭論，一切唯心論和唯物論的爭論，一切從康德以來的知識論，在杜威的眼裏，都是不成問題的爭論，都可'以不了了之'。杜威說，'智識上的進步有兩條道路。有的時候，舊的觀念範圍擴大了，研究得更精密了，更細膩了，智識因此就增加了。有的時候，人心覺得有些老問題實在不値得討論了，從前火一般熱的意思現在變冷了，從前很關切的現在覺得不關緊要了。在這種時候，智識的進步不在於增添，在於減少；不在分量的增加，在於性質的變換。那些老問題未必就解決了，但是他們可以不用解決了。'這就是我們中國人所講的'以不了了之'。"（見胡適文存十四版二卷四四四頁）

杜威所以"是一個大革命家"，就在於"一齊抹煞"哲學上的一切爭論。眞不愧爲一個"一齊抹煞"的"大革命家"!"從前火一般熱的"問題,現在如果眞正"變冷了",當然可以"抹煞";不過現在還是"火一般熱的"問題,也憑着主觀的見解,"一齊抹煞",這便不是學者的態度,而是唯利是視的營業家的態度,並且是"滑頭"的態度,因爲牠只是把問題擱在一邊,並沒有眞正解決。列甯說得對:

"認這樣一種概念〔按指客觀的實在〕爲'陳舊',是小孩子的胡說,是反動的時髦哲學(Modephilosophie)的議論無意識的重演!在兩千年來的哲學發展中,唯心論與唯物論的爭鬥能夠陳舊麽?柏拉圖和德謨頡利圖在哲學上的傾向或方向的爭鬥能夠陳舊麽?宗教與科學的爭鬥能夠陳舊麽?否認客觀眞理和承認客觀眞理的爭鬥能夠陳舊麽?相信超感覺的人和反對超感覺的人的爭鬥能夠陳舊麽?"(見列甯全集德文本第十三卷一一七至一一八頁)

這一切的爭鬥或爭論都被"一齊抹煞"的"大革命家"杜威擱置起來了!豈止杜威。從皮耳士,詹姆士起,至他們的一切信徒止,都有這樣的一貫的態度,而胡博士的表現最爲露骨。凡他不能解決的問題,便"一齊抹煞","以不了了之"。譬如他的一位綽號"哲學家"或"朱瘋子"的朋友專誠造訪,請

他這個深造有得的美國哲學博士解決一個"想了幾年，越想越不通"的

"人生在世，究竟是爲什麽的？"

問題，他的答案只有：

"這個問題是沒有答案的"（見胡適文存十四版四卷一一四三頁）

幾個大字。其實依我們辯證法論者看來，這個問題是有答案，卽：

"人生在世，爲的是生活。生活就是作工，作工就是奮鬥。你如果覺得'這樣養老婆，喂小孩子'，終日終夜受生活的壓迫，不'算是做了一世的人'，就起來幹，幹革命，是你，和你的全家，和整個被壓迫的民族或階級唯一的出路！"

然胡博士沒有能力解決這個問題，遂輕輕擱置着，使之"變冷"，我們還可原諒他的苦衷。不意他對于自己親口供出的"火一般熱的"問題也要行一種使之"變冷"的手術，"一齊抹煞"，那便令人無從原諒了！他在一方面說：

"中國此時……遍地的乩壇道院，……遍地的仙方鬼照相。……我們……只有靠天吃飯的人生觀，只有求神問卜的人生觀，只有安士全書的人生觀，只有太上

感應篇的人生觀。……我們當這個時候，……正苦科學的勢力還不能掃除那迷漫全國的烏煙瘴氣。”（見胡適文存二集二卷七至八頁）

在另一方面却又認定：

“靈魂滅不滅的問題，於人生行爲上實在沒有什麽重大的影響；旣沒有實際的影響，檢直可說是不成問題了。”（見胡適文存十四版四卷九七七頁）

原來“迷漫全國的烏烟瘴氣”的靈魂問題，“檢直可說是不成問題”，胡博士眞會“一齊抹煞”，因此胡博士在哲學上也是“一個大革命家”！他本來說過：

“今日的第一要務是要造一種新的心理：要肯認錯，要大澈大悟地承認我們自己百不如人。”（見胡適文存三集一卷四八頁）

其實何嘗如此。杜威博士在哲學上取得“一個大革命家”的尊號，全靠“我們中國人所講的‘以不了了之’”的方法，胡博士對付許多無法解決的困難問題也全靠這個“以不了了之”的方法。然這在中國是一種最無聊的，最懶惰的，並最被人輕視的辦法，今竟變成他們師弟——不，歐美一切實驗主義者——在哲學上取得“大革命家”的法寶，我們中國人眞可以大搖大擺地承認我們自己凡百勝人！

啊,頑笑不要再開了,我們來說正經話。實驗主義者這種"一齊抹煞"或"以不了了之"的態度在學問上是一種不負責任的態度,是一種"滑頭"態度。以一種具有唯利是視的原則的方法,造成這種在學問上不負責任的滑頭態度,本是一樁極自然的事。所以我說,如果不客氣的話,實驗主義就是一種"市儈哲學"。這是第三點。

當我正在草實驗主義的批評的時候,有一位朋友表示不大贊成,說:

"你專門做辯證法就是了,何必管什麼實驗主義?牠在中國有多大的影響,有多少信徒?!拿牠來和辯證法對峙,未免抬高了牠的身價,未免小題大做!"

這種說法雖不無片面的理由,但我是絕不同意的。第一,一種方法要和牠種方法互相比較,才容易顯出彼此的異同與優劣,實驗主義既是歐美資產階級一種比較後起的並自詡為"革命的"新方法,正不妨拿來和辯證法對比一下,見個高低。

第二,胡適博士在思想界和羣衆中的影響,無論怎樣一天一天削弱,我們總不能否認他為梁啓超以後,侏儒式的中國資產階級在學術上一個唯一有權威的代表。打倒他是我們的權利,同時也是我們的義務;而他的唯一的法寶就是實驗主義。所以他說：

"梅迪生說我談政治'較之談白話文與實驗主義勝萬萬矣'，他可錯了；我談政治只是實行我的實驗主義，正如我談白話文也只是實行我的實驗主義。

* * * * *

我這幾年的言論文字，只是這一種實驗主義的態度在各方面的應用。我的唯一目的是要提倡一種新的思想方法，要提倡一種注重事實，服從證驗的思想方法。古文學的推翻，白話文學的提倡，哲學史的研究，水滸傳紅樓夢的考證，一個'了'字或'們'字的歷史，都只是這一個目的。我現在談政治，也希望在政論界提倡這一種'注重事實，尊崇證驗'的方法。"（見胡適文存二集三卷九九至一〇〇頁）

我們要對付胡博士，須從他的實驗主義下手，否則枝枝節節，是不能獲到決絕的勝利的。我不是一個專門研究中國哲學的人，却肯花兩個月工夫，著一部胡適中國哲學史大綱批判，用意全在暴露他用實驗主義的方法著書，必然破產這一點上。這種方法既是他的命根所在，打倒了他的方法，他就受着制命傷了；所以單是要結果胡博士，也有討論他這種"注重事實，服從證驗的思想方法"的必要。

第三，實驗主義輸入中國比辯證法至少要早十年，而牠受人們的歡迎比辯證法至少要差一千萬倍——單就這一點講，牠算是大失敗了。然我們却不要幻想，以爲牠絲毫沒有力量，絲毫沒有潛勢力。例如天天憑着腦袋做假設去著古史辨的顧頡剛君就是實驗主義的信徒，其他爲我們所不知道的當然還大有人在。這不是一種偶然的現象，而是一種必然的現象，因爲資產階級的學者，教授，青年和“自由思想家”等爲保持本階級的生存起見，絕不敢接受辯證法的思想方法，但自己的腦袋中又反映着現社會變化百出的事實，不甘心墨守那一成不變的形式邏輯，於是就不得不走上這種滑頭滑腦和似是而非的實驗主義一途。所以實驗主義現時雖毫無權威，但我們不能確定牠將來一定沒有發展的可能，我們也不能保證其牠階級——尤其是小資產階級——的青年一定不會受牠的蠱惑。爲防患未然計，此時實在有嚴厲批評實驗主義的必要。

我們基於以上三種理由，特讓實驗主義與辯證法對立起來，詳細加以考察和分析，以便宣佈牠的死刑。這是第四點。

當我作我的生平時，本擬用筆名發表出來，故放棄我向來的著作方法，而採用通常的方法，凡所徵引，概不註明書名和頁數。此次既另印單行本，把牠當作一種專門著作，對於這一點便不得不有所補充。可是不獨達爾文，詹姆士等的原文著作係假自東方圖書館，現因該館被日帝國主義者燬滅，無從借閱補註，卽自己身邊所備的書籍，有時因引用文太多，記不起出自何書，何章或何頁，難於覆按，也只好缺而不補。因此這一回對於書中所引的節段的書名和頁數雖費了一點工夫加以塡補，但殊不完全，應在此附帶聲明一下。這是第五點。

以上五點拉雜的意思，一一寫出來，就當作本書的序言罷。

一九三二年四月三日著者識

一　辯證法在馬克思主義中所佔的位置

"作成一種正確的方法，是馬克思和昂格思對於唯物論的最大功績之一。"（見馬克思主義的根本問題二八頁——Die Grundprobleme des Marxismus, Stuttgart, 1920）

蒲列漢諾夫(G. Plechanow)這句話是對的。所謂"一種正確的方法"是什麼？不用說，就是辯證法。

昂格思說：

"在人類知道辯證法是什麼之前，他們的思想早已是辯證法的。"（見昂氏杜林的科學革命，一四六頁——

Herrn Eugen Dührings Umwälzung der Wissenschaft, Stuttgart, 1921)

的確，古代的中外名著，如中國的易經，希臘赫拉頡利圖斯(Heraclitus)，柏拉圖(Plato)和亞里士多德（Aristotle)的著作都含有辯證法的種子。到了近世，如笛卡兒(René Descartes)，斯賓挪莎(Benedict Spinoza)，來布尼茲（Leibnitz)，康德(Immanuel Kant)，赫爾巴特(Herbart)和斐希特(Johann Gottlieb Fichte) 等都表現辯證法的思想。可是這種方法要到黑格爾(Georg Wilhelm Friedrich Hegel)才有充分的發展。黑氏的哲學本來是集德國唯心論的大成，因此他的辯證法也就披上一件神祕的外衣，變成一種神秘的東西，令人莫測所以。迨馬克思和昂格思出，才剝去這件外衣，取得辯證法合理的核心，使之與唯物論結合起來，成爲一種科學，所以昂氏曾坦然自承：

"從德意志的唯心哲學中救出那有意識的辯證法，使過渡到唯物的自然觀與歷史觀的只有馬克思和我。"

(見杜林的科學革命一四頁)

自馬昂兩氏救出那有意識的辯證法，作成一種正確的方法後，即據以爲論戰的武器和考察的工具，終身取之不盡，用之不竭，視爲無上的法寶。馬克思後來稱之爲"眞正科學的辯證法"(見馬氏哲學的貧窮前面附錄三一頁 —— Das Elend der Philosophie, Stuttgart, 1921),昂格思也目爲"我們最優良的工作工具和最銳利的武器"(見昂氏佛愛巴黑與德國唯心哲學的尾聲三九頁—— Ludwig Feuerbach und der Ausgang der klassischen Deutschen Philosophie, Stuttgart,1920)。他們這樣的讚賞,確是出自半生的經歷,絕非虛譽,因爲馬氏在哲學的貧窮中打敗蒲魯東(P.J. Proudhon),昂氏在杜林的科學革命中打敗杜林,以及他們在共產黨宣言(Das Kommunistische Manifest)關於社會轉變所發揮的眞切和卓越的見解,無不得力於此。此外,我們還不要忘記那部"工人階級的聖經"是借助於這種"完全新的,唯物的,自然歷史的方法"(引昂格思語,見馬克思與昂格思叢刊第二卷四五二頁 —— Marx-Engels Archiv, Band II, Frankfurt a. m. 1927)創造出來的。馬克思在資本論第一卷第二版序言中,於徵引聖彼得堡的歐羅巴新聞報(Wjestnik Jevropi)論此書的方法各節後,發表自己的意見道:

"作者將他所稱爲我的眞正的方法敍述得這樣確切,對於我自己應用此方法敍述得這樣和善,然他所敍述的除辯證法外,還有什麼?"(見考茨基註釋的德文資本論第一卷序言四七頁——Das Kapital, Berlin, 1928.)

所以科洛(Heinrich Cunow)基於這種理由，宣言：

"沒有辯證法，馬克思做不成資本論，並不算是過當的話。"(見科氏馬克思的歷史社會和國家學說第二卷三四六頁—— Die Marxsche Geschichts-, Gesells chafts- und Staatsthorie. Berlin, 1921)

綜觀以上的事實，就可以知道辯證法在馬克思主義中是坐在第一把交椅上。馬氏晚年曾寫信給狄慈根(J. Dietzgen)說：

"我一經擺脫經濟的擔負，將著一部辯證法。"(見伏蘭德的康德與馬克思二七七頁-K. Vorländer: Kant uud Marx, Tübingen, 1911)

但他畢竟因人事蹉跎，未能如願相償。昂格思在這一方面的著作成績較有可觀。他在杜林的科學革命一書中對於辯證法有不少的發揮，尤其是在新近由耶薩諾夫(D. Rjazanov)題爲昂格思的辯證法與自然 (Friedrich Engels Dialektik und Natur 足有二百二十七大頁，見馬克思與昂格思叢刊第二卷)而發表的遺著中，對於這種方法有大規模的材料上的準備。不過前者是雜在爭辯之中，後者盡係片段的文字，未能將辯證法條分縷析地闡明出來，使之系統化和通俗化，成爲一種完整的學說，備一般人的應用。

馬昂兩氏關於辯證法的著作旣未及完成，即齎志以歿，而西歐繼起的馬克思主義者又大都不注意於此，甚至於還有公然加以攻擊的，如修正派的領袖卞斯天(Edward Bernstein)便明目張膽地說：

"黑格爾的辯證法是馬克思主義中謀叛的元素，是一切正確考察事物的途中的陷阱。"（見卞氏社會主義的前提與社會民主黨的任務五九頁 —— Die Voraussetzungen des Sozialismus und die Aufgaben der Sozialdemokratie, Stuttgart, 1921)

這樣一來，大家都把辯證法看做一種外來的東西，非馬克思主義所應有，換句話來說，他們以爲馬昂兩氏的採用這種方法只是由於初時留戀黑格爾哲學用語的殘餘表現，沒有多大的意義。於是馬克思主義中這種最革命的和最基本的方法便不能不賦式微了。

可是在另一方面，俄國著名的馬克思主義者較能領略辯證法的眞諦而加以重視，如蒲列漢諾夫的著作即表現得十分明白。尤其是列甯，不獨深識辯證法的神髓，而其善於應用此方法且爲馬昂兩氏以後所僅見。他常勗人精細地研究辯證法，正確地運用辯證法，他對於這種方法的著作雖只有辯證法的問題（Zur Frage der Dialektik）一篇片段的文字，然因他的鄭重提倡，已經使馬克思主義中的辯證法得到復興的機會了。現在眞正相信馬克思主義的人沒有不首先注意探討這種方法的。

但一般人要想探討辯證法，正不是一樁容易的事，因爲馬克思，昂格思，蒲列漢諾夫，列甯等關於此項著作不是太少，就是難於了解，而其他馬克思主義的學者又未嘗著有討論辯證法的專書，即偶有一二，也是偏重敍述這種方法史的發展的。至於講馬克思學說而附帶關一二章介紹辯證法的著作大概是語焉不詳，殊難盡如人意。還有一層，牠們替辯證法作出一些規律，或二三條，或四五條不等，都是就著書的人的意思列舉出來，並無一致的公例。總說一句，關於辯證法的著作，目前猶在一個草創時期。

以上是就學術較爲發達的西洋各國講的，至於文化落後的中國，在這一方面，除翻譯外，差不多完全講不到創作。作者不敏，却要來大膽一試：下面所列辯證法的七個規律，係就自己研究所得，隨意舉出，這只能算作一個草案，至完整的學說只好俟諸異日了。

二　辯證法的規律與實驗主義的評價

一　在運動中考察對象

西洋從前有句俗話，叫做"太陽底下沒有新事件"("Es gibt nichts Neues under der Sonne.")。中國向來也有句俗話，叫做"歷史不外抄襲舊文"。這都是把世事看做"一成不變"，"萬古如斯"的。更確切些說，這種觀點對於世事的發展不外列甯所說的一句話，即

"視爲變小和變大，視爲重演。"見（列甯全集——Lenin Sämtliche Werke——第十三卷三七六頁）

孟子謂：

"舜發於畎畝之中，傅說舉於版築之間，膠鬲舉於魚鹽之中，管夷吾舉於士，孫叔敖舉於海，百里奚舉於市。故天之將降大任於是人也，必先苦其心志，勞其筋骨，餓其體膚，空乏其身，行拂亂其所爲，所以動心忍性，增益其所不能。"

這更是百分之百的唯心論與宿命論，因爲牠將一切的一切歸之於天，歸之於預定。殊不知舜，傅說，膠鬲，管夷吾，孫叔敖，百里奚是因經過困苦的奮鬥，將自己優越的聰明才智鍛練一番，才能夠起來擔負大任，並沒有什麼天意存於其間，更非由于預定。

然荀子的話比孟子說得還要笨拙死板：

"欲觀千歲，則數今日。欲知億萬，則審一二。欲知上世，則審周道。"

與這種靜止的世界觀相適應的思想方法是形式邏輯，牠的三大律爲：

(一)同一律，其式爲：甲等于甲或甲爲甲。如"徹者徹也"，"孔子恆爲孔子"，"人爲萬物之靈"。

(二)矛盾律，其式爲：甲不是非甲，或甲爲乙，卽不得云甲非乙。這就是說，兩種互相矛盾的事物不能並立。如"爲富不仁矣，爲仁不富矣"，"你要讀書，休要賣柴；你要賣柴，便休讀書"。

(三)不容間位律，其式爲：甲或爲乙，或爲非乙，或不是"甲是乙"，就是"甲不是乙"。如"前日之不受是，則今日之受非也，今日之受是，則前日之不受非也，夫子必居一於此矣"。

這種法式是孤獨，呆笨，死板，固執。同一律以一個孤獨的個體去說明自身，只有對於尋常日用品最爲明瞭，如說：

柴是柴(不是米)，

米是米(不是油)，

油是油(不是鹽)，

鹽是鹽(不是醬)，

醬是醬(不是醋)，

醋是醋(不是茶)，

茶是茶(不是柴)，

像這樣的"開門七件事"，就是鄉下的愚夫愚婦也能懂得。所以晉慈根說：

"這種所謂思想律很適於家常日用，在家常日用中除掉已知的數量外不會想及別的東西。一樁東西就是一樁東西。右邊不是左邊，一百不是一千。誰叫做彼得

(Peter)或保羅(Paul)，卽終身爲彼得或保羅。我所以說牠對於家常日用是對的。”（見霤氏哲學的眞實結果三八六頁——The Positive Outcome of Philosophy, Chicago）

可是這種思想律一經應用於抽象的或非日常經驗所能完全接觸到的事物，便令人有些莫明其妙，並且也不能表現事物的眞相。如“徹者徹也”一句話，在行徹法的當日，意義固甚明瞭，但現在卽無從一望而知。

又如“孔子恆爲孔子”的話絲毫沒有表現孔子的眞相。他常爲委吏，常爲乘田，更作司寇，且周遊列國。他自己也說過：

“吾十有五而志於學，三十而立，四十而不惑，五十而知天命，六十而耳順，七十而從心所欲，不踰矩。”

可見他在一生的發達中，變化正多，“恆爲孔子”的說明語簡直將這些事實完全掩蔽了。

至於“人爲萬物之靈”一語同樣沒有說出人的內容，關於這一點，留在下面再講。

矛盾律過於呆板，常只有片面的眞實，不能說明較高的理論和複雜的關係。像此律上面所舉的第一例固然說得過去，第二例已經有些勉強，但如換一個理論較高的例子，便不可通了。如說：

"圓係由曲線而成，即不得云圓非由曲線而成。"

這句話不獨深合於矛盾律，並且也和日常的經驗相符。然據數學家說，即最圓的圓也是由無限的直線成立的。又如說：

"孔子既爲師，即不得云孔子非師。"

孔子有弟子數千，在事實上，確爲人之師，不過相傳他在這個時期中，曾問禮於老聃，同時便是弟子了，所以這個方式不能說明孔子爲師而又爲弟子的複雜關係。

不容間位律也非常固執，不是探討眞理的利器，如孟子下面解答陳臻的一段話即可以表現牠的疏漏：

"皆是也。當在宋也，予將有遠行，行者必以贐，辭曰餽贐。予何爲不受？當在薛也，予有戒心，辭曰聞戒，故爲兵餽之。予何爲不受？若於齊，則未有處也，無處而餽之，是貨之也。焉有君子而可以貨取乎？"

總括上列各點，可見邏輯的思想方式缺點甚多，在應用上不能使我們感覺滿意。返觀辯證法便不相同。牠具有一種動的觀點，所謂"源泉混混，不舍晝夜"，正是牠對萬事萬物的看法。本來一切事物都是運動的，例如月球只要在一秒鐘內停止不動，就會一直跌到地球上來，把我們毀滅個乾淨。可是此處所謂運動不單指位置上的移動，一切變化都包括在內，如一張桌子雖長年累月地站着不動，但牠的質料一天一天地朽壞，終至於變成廢物，不復可用，就是一個很好的例子。總之，一切事物都要經過一種發生，發達和沒落的過程，並不是天造地設，自始至終，毫無變動的。所以赫拉頡利圖斯說：

"一切流動，絕不長存。"

昂格思說：

"運動乃物質的生存方法。從未嘗有過不動的物質，也不能有這樣的物質。"（見杜林的科學革命四九頁）

因此他

"不把世界看做已經完成的萬事萬物的集合體，而視爲諸進程的集合體，凡似乎固定的東西及其映入我們腦袋中的思想摹本——觀念——都經過一種發育和消滅的不斷的變化，雖有一切意外的偶然和暫時的退步，但終於貫徹一種向前的發展。"（見昂氏佛爾巴黑與德國唯心哲學的尾聲三九頁）

辯證法挾着這個動的觀點，處處追隨牠的對象，一步也不放鬆，故能隨時隨地捉住對象的眞相。

舉個例子來說，我們要研究人類，當觀察採取果實充飢的原始人情形怎樣，游獵人與畜牧人情形怎樣，農業發展後的人羣情形又怎樣，手工業和手工機械業時代的人羣情形又怎樣，大工業時代的人羣情形又怎樣。這樣追蹤他們發展的過程，才能夠知道他們在各時期中的特點，對於他們有一種確切的認識。如不注意他們的發展，閉着眼睛說："人爲萬物之靈，自古至今，莫不皆然"，那就一點也沒有說明人類的眞相，因爲牠絲毫沒有表現一點發達的觀念。

又如研究奴隸制，我們追溯牠的起源，首先要問一問在游獵人中何以不蓄養奴隸，一到農業經濟與土著時期，這種制度卽開始出現？細心考察一下，便發見這是勞動生產力發展的結果。在游獵時代，一個人所生產的物品只能供一己的需要，當時蓄養奴隸沒有絲毫利益，所以游獵人對於戰爭中所獲的俘虜加以殺戮，作爲食品，或神的祭品。迨勞動一經進步，農業，牧畜和初步手工業部門的分工一經發達，一個人所生產的物品超過一己的需要，可供他人的剝削，俘虜才被當作奴隸，而不直接當作食品。此事對於俘虜自身，也是一種較優的待遇。昂格思說：

"有了奴隸制，農業與工業間較大規模的分工才是可能的，因此造成古代世界的繁榮，因此造成希臘的文物。沒有奴隸制，卽沒有希臘的國家，沒有希臘的藝術與科學；沒有奴隸制，卽沒有羅馬的國家。沒有希臘文物和羅馬國家的基礎，也不會有近世的歐洲。奴隸制對於一種狀況是必要的，並且也是普遍承認的，大家永不要忘記，我們全部經濟的，政治的和智識的發達係以這種狀況爲前提。在這種意義上，我們可以說：沒有古代的奴隸制，便沒有近世的社會主義。"

這就是科學的社會主義的創造者，對於初期奴隸制的評價。

在這個時期中，對於奴隸的待遇尚十分良好。可是當他們被用在大營業中，爲主人獲取金錢而服務時，即逐漸感受殘酷的壓迫。迨奴隸制充分發揚時，手工業，農業和每種體力的勞動都成爲可鄙的賤業，爲一般自由人所不屑從事，於是不獨統治階級要靠奴隸勞動養活，即無產階級也是如此。這種勞動被驅策到絕頂，而被壓迫得不能動彈的奴隸便將自己的仇恨與報復的感情一齊發洩在勞動畜牲和勞動工具上面。主人們爲防止損失計，予以最笨重的，最不易損壞的，自然也是最退化的工具，因此使奴隸勞動和生產物同樣退化，而奴隸制便不能不傾覆了。

我們要這樣跟着奴隸制的進程去考察奴隸制，才能看出牠在歷史中的作用。不然的話，徒打起道德的高調，忿怒填膺地說道："奴隸制是一種最古的剝削形態，是一種'始作侑者'的剝削形態，是一種逆着文化的大錯誤，是一種罪大惡極的制度，是文明進步的障礙，是社會主義的死敵！……”這只是發洩主觀的心情，不能算做對於奴隸制客觀的評價。

以上兩例表見辯證法觀察一種對象是何等深刻而切實，絕非形式邏輯所能企及，因爲牠是衝破了這種邏輯狹隘的地平線，才能有此。既是這樣，辯證法完全排斥形式邏輯麼？卻又不然。蒲列漢諾夫說得對："靜止既係運動中的一部分，形成邏輯的思想方式也是辯證法思想方式中的一部分。"我們在前面說萬事萬物川流不息地運動，這是就縱的方面講，卽就牠們的進程講的，但就橫的方面講，卽就牠們的狀態講，牠們是有靜止的時候，因此我們並不將邏輯完全除外，有時仍須用牠作工具，不過要指出牠的缺點，不恃牠爲主要的武器罷了。

辯證法的動的觀點及此觀點的應用已如上所述，但實驗主義也會學時髦，也有似是而非的"動的觀點"，據胡適博士說，他們一派在哲學上應用此觀點，還是創始的陸稿薦哩：

"哲學是最守舊的東西，這六十年來哲學家所用的'進化'觀念仍舊是黑格爾的進化觀念，不是達爾文的物種由來的進化觀念。到了實驗主義一派的哲學家，方才把達爾文一派的進化觀念拿到哲學上來應用；拿來批評哲學上的問題，拿來討論眞理，拿來研究道德。進化觀念在哲學上應用的結果，便發生了一種'歷史的態度'。怎麼叫做'歷史的態度'呢？這就是要研究事務如何發生，怎樣來的，怎樣變到現在的樣子：這就是'歷史的態度'。……這……便是實驗主義的一個重要的元素。"（見胡適文存十四版二卷四一六至四一七頁）

實驗主義受了達爾文主義相當的影響，我們是承認的，但牠只襲取了進化論的一點皮毛而忘其神髓，關于這一點留在以後再講。這裏所謂"歷史的態度"决不能與辯證法的動的觀點併爲一談，因爲辯證法明白表示凡百事物都要經過發生，發達和沒落的局面，這是一種革命的觀點，而實驗主義僅從事物的發生推到現狀，至多也不過和胡博士的另一種說明一樣，"祖孫的方法"（即"歷史的方法"，也即"歷史的態度"）

"從來不把一個制度或學說看作一個孤立的東西，總把牠看作一個中段：一頭是牠所以發生的原因，一頭是牠自己發生的效果；上頭有牠的祖父，下面有牠的子孫。"（見同書同卷五三四頁）

一種東西于發生和發達之後，是否卽長久存在，而不會有沒落的一日?關于這一點,實驗主義者緘口不言,所謂"歷史的態度"是一種滑頭的態度,完全反映資產階級害怕沒落的意識:故說到半截即停止了。

然在事實上,就是這種圓滑的"歷史的態度"也並非"實驗主義的一個重要的元素",僅係牠的偶然的玩具,只有效果或實利才是牠的唯一重要的元素。當"歷史的態度"與效果或實利發生衝突時,實驗主義或實驗主義者便毫不躊躇地犧牲前者而保持後者。例如詹姆士(William James)說:

"上帝的觀念……在實際上至少有勝過其牠觀念的地方:牠允許我們一個理想的宇宙,永遠保存,不致毀滅。……世界上有個上帝作主宰,我們便覺得一切悲劇都只是暫時的,局部的,一切災難毀壞都不是絕對沒有轉機的。"(見詹氏實驗主義一〇六頁——Pragmatism)

詹姆士是實驗主義的開山老祖,他爲着滿足替本階級——資產階級——保證秩序的要求起見,不惜相信有個萬古如斯,無始無終的上帝,和一個"永遠保存,不致毀滅"的宇宙的存在,試問這樣靜止的死板的看法是什麼"歷史的態度"?

但胡博士看到這裏,一定不服,說我是拿個一私人不正確的話當做實驗主義的標準，因爲他已經明白宣佈了詹氏的罪狀，說：

"詹姆士是一個宗教家的兒子，受了宗教的訓練，所以對于宗教的問題，總不免有點偏見，不能老老實實的用實驗主義的標準來批評那些宗教的觀念是否眞的。"（見胡適文存十四版二卷四三六頁）

好，我們就來看看胡博士的"歷史的態度"罷。他在中國哲學史大綱引墨子經下"景不徙，說在改爲"替公孫龍等二十一事中的"飛鳥之影未嘗動也"作註釋，並解說道：

"影處處改換，後影已非前影。前影雖看不見，其實只在原處。若用照相快鏡一步一步的照下來，便知前影與後影都不曾動。"（見中國哲學史大綱上卷二四一頁）

他又替"鏃矢之疾而有不行不止之時"一條辯護道：

"說飛箭'不止'是容易懂得的，如何可說牠不行呢？今假定箭射過百步需時三秒鐘。可見牠每過一點，需時三秒之幾分之幾。既然每過一點必需時若干，可見牠每過一點必停止若干時。司馬彪說，'形分止，勢分行。形分明者行遲，勢分明者行速。'從箭的'勢'看去，箭是不'止'的。從'形'看去，箭是'不行'的。譬如我們看電影戲，見人馬飛動；其實只是一張一張不動的影片，看影戲時，只見'勢'，不見'形'，故覺得人馬飛動，男女跳舞。影戲完了，再看那取下的影片，只見'形'，不見'勢'，始知全都是節節分斷，不連絡，不活動的片段。"（見同書同卷二四〇至二四一頁）

胡博士打起實驗主義的招牌，看不起形式邏輯，說：

"兩千年來西洋的'法式的論理學'單教人牢記A E I O等等法式和求同求異等細則，都不是訓練思想力的正當方法。"（見胡適文存十四版二卷四六〇頁）

然就他上面兩節話看來，他的方法實遠在"法式的論理學"之下，因為後者無論怎樣孤獨，呆笨，死板，固執，總不會把明明白白正在運動的東西解作靜止不動的！當鳥飛時，影也隨之而動，這還用得着懷疑麼？他竟不管這一點，居然把隨鳥移動而不可劃分的鳥影強分割為判然各別的什麼"前影與後影"，這是何等荒唐！

至于他把箭"每過一點，需時三秒之幾分之幾"，作為箭在這一點上"停止若干時"的證據，完全超出現代科學常識之外。因為依照牛頓的第一運動定律，凡物體不受外界的壓力，則靜的常靜，不能自動，動的常動，不能自靜；箭既因外力而動，除空氣的阻力足以減少其速度，並使之終于停止外，在中途決不能"停止若干時"。況且胡博士自己明明說出箭"每過一點"的話，"過"是動象，下面怎能無緣無故地忽然接上"必停止若干時"的一句話?!他既不能自圓其說，于是徵引司馬彪的胡說來作基本理論，把電影戲中"節節分斷，不連絡，不活動的片段"當作無上的例子。殊不知從前的電影術本是將不動的人物攝成各種姿勢的影片，加以剪裁連絡，利用人的目力趕不上電影機轉動的速度，形成一種幻覺，才有"人馬飛動，男女跳舞"的活劇。試問此事和本來飛動的箭有什麽關係而可以拿作比喻?!

所謂"歷史的態度"不是在講變遷，講發達——總說一句，講動麽?實驗主義的信徒胡博士爲什麽對于正在運動的東西，反附和詭辯派的學說而指爲靜止的呢?這又是和詹姆士對于上帝與"永遠保存，不致毀滅"的宇宙的說法一樣，係私人的和偶然的錯誤麽?决不是的。實驗主義是以相對論爲認識論的基礎，必然要流于詭辯(詳情見後)，牠除效果或實利外沒有原則，所以我說什麽"歷史的態度"並不是實驗主義的元素。

形式邏輯雖有許多缺點，但總算平穩，至于實驗主義則時時流入詭辯，與形式邏輯較已經是望塵莫及，更不要夢想和辯證法分庭抗禮了。

二　在實質中考察對象

辜鴻銘先生常對我說：

"從前有一個名士以善咏花草著名，如芍藥呀，海棠呀，玫瑰呀，薔薇呀，芝蘭呀，牡丹呀，以及其牠奇花異卉呀，經他描寫出來，眞是入神入化，惟妙惟肖。可是如果拿這些花卉去請他鑒別，他却茫無所知。"

這是什麽緣故呢？因爲他對于花卉的知識是從書本子上得來的，書上說某花如何秀麗，某花如何穠艷，某花如何淸幽，某花如何香郁，他便依樣葫蘆地造成詩歌，形諸詠嘆。至於某花的實質眞正怎樣，他從不過問，如花卉的本質與他所詠的不同，恐怕他要否認此花的眞實。這就是昂格思所謂：

"不就對象的自身去認識對象的本質，偏從對象的概念去找對象的本質。起初是從對象形成對象的概念；後來却掉轉槍來，依這種概念去測量對象。現在是要依照概念去規正對象，不是要依照對象去規定概念。"

（見昂氏杜林的科學革命九一頁）

上面所說的情形是世人容易犯的毛病，尤其是終日坐在書房中的一般飽學先生不能倖免，因爲"閉戶造車，出而合轍”，是他們的慣技。辯證法是要從實質中去考察對象而不受對象概念的拘束，這是第一義。

我們鄉間有一個十幾歲的奶媳婦（即童養媳）一日因炒絲瓜沒有刨皮，受其姑的鞭責，翌日因炒茄子刨了皮，又被痛打，她於是帶着埋怨的口脗訴苦道：

“絲瓜不刨皮也打，茄子刨皮也打，到底要我如何哪？”

左鄰右舍的人雖責備她的婆婆不應隨便打人，但同時也無不笑她的愚蠢無知，竟至不能辨別絲瓜的應刨皮，與茄子的不應刨皮！此事遂成爲一個笑柄，而這奶媳婦口中的話也被人傳誦，垂諸不朽了。

可是一班文人學士說出許多愚蠢無知的話，我們號稱智識分子的人不獨不能像我鄉人對那“奶媳婦”一樣加以嘲笑，反信以爲眞，這不是咄咄怪事麽？我少年時代讀袁枚的小倉山房尺牘，遇着下列兩句話：

“秦廢井田，民怨；王莽復井田，民又怨。”

當時總不懂得這種人民何以那樣神祕，旣怨秦不該廢井田，又怨王莽不該復井田？！後來自己能運用思想，才知道怨秦廢井田的民是耕田種地的農夫，怨王莽復井田的民是田連阡陌的地主，這是兩個利害不同的集團。袁枚竟混稱之爲民，不加區別，試問他的智識比那個對於絲瓜與茄子一律看待的"奶媳婦"要高多少?!

又如素來善於替美國資本主義宣傳得意的胡適博士在一九二八年所作的一篇"請大家來照照鏡子"的大文裏面說：

"安諾德先生的第二表裏又有這點事實：

美國人每人有二十五個機械奴隸。

中國人每人只有大半個機械奴隸。

去年三月份的大西洋月報裏，有個美國工程專家說：

美國人每人有三十個機械奴隸。

中國人每人只有一個機械奴隸。

安諾德先生說：美國人有了這些有形與無形的機械奴隸，便可以增進個人的生產能力；故從實業及經濟的觀點上說，美國一百十兆的人民便可以有二十五倍至三十倍人口的經濟效能了。"（見胡適文存三集一卷四一至四二頁）

當我見着這個消息，不禁大吃一驚，驚的並不是"美國一百十兆的人民便可以有二十五倍至三十倍人口的經濟效能"，他們比我們富得多，——這是胡博士的眞意所在——而是我的"大半個機械奴隸"或"一個械機奴隸"到那裏去了?舉首四顧，家徒四壁，機械奴隸連影子也沒有！我於失望之餘，口中猶喃喃自語，不斷地念着：“大半個呀，一個呀！怎麽失踪了?!”

胡博士倘若看見這種情形，也許先駡一句“蠢才”，然後解釋道：“他們所謂中國人每人有大半個或一個機械奴隸，是指平均數而言，你雖是中國人，自然不限定眞正有這種奴隸。”啊，原來我在實際上沒有機械奴隸，在名義上可以被派給大半個或一個！幸而他們舉出中國人的機械奴隸數目作比較，我從實際生活上可以確切知道自己沒有機械奴隸，這是一個騙局。假如他們單說：“美國人每人有二十五個或三十個機械奴隸”，以他們那種“商務參贊”和“工程專家”的資格，又經我們鼎鼎大名的胡博士用請大家來照照鏡子這樣嚴厲的題目，很鄭重地介紹出來，未嘗上加“平均”字樣，沒有到過太平洋彼岸的我和一般腦筋簡單的青年怎能不相信美國人個個有二十五個以至三十個機械奴隸呢？又怎能不羡慕美國人個個那樣享幸福，因而崇拜他們如天帝，景仰美國爲我們理想中的國家呢？卽退一萬步說，又怎能不想像美國至少是沒有窮人，無不家給人足呢？胡博士，你這樣不加限制不加說明地人云亦云，是你一時粗了心，沒有經過你那實驗主義的實驗，還是你的實驗方法破了產，找不出眞理來？

然問題的中心不在怪胡博士沒有加上"平均"兩字，而是怪他不應當介紹這些籠統的話來欺騙中國人。美國明明有資產階級與無產階級的對立，資本家每人有幾千幾萬，以至幾十萬，幾百萬，幾千萬，幾萬萬的機械奴隸，至於普通工人呢，不獨沒有機械奴隸，自己還是資本家的奴隸，還是資本家的機械奴隸的奴隸。像這樣在實際上做機械奴隸的奴隸的人在名義上竟被派給二十五個以至三十個械機奴隸，豈不是過于開頑笑麽?!那位安先生和工程先生不說美國的資產階級或資本家每人平均有多少機械奴隸，偏要不分青紅皂白地說"美國人每人有二十五個或三十個機械奴隸"，而我們的胡博士也板起面孔，引用出來，要中國當作鏡子照，試問他們的智識又比那個對于絲瓜與茄子一律看待的"奶媳婦"要高多少?!

其實這樣籠統的說法是形式邏輯和實驗主義必然的結論，因爲前者的公式爲"是，是；非，非"（辯證法的公式則爲"是非，非是"），對于凡百事物以爲是則是，非則非，是中不會有非，非中也不會有是，故只看見事物的表面，不能深刻認識其內容；後者具有一種個人主義的觀點，持論更比形式邏輯爲死板，關于這一點，我們必須略加說明，藉以表見牠和辯證法的差異。

胡博士在五十年來之世界哲學一文中自己明白承認：

“凡是個人主義者，無論古今中外，都有一個共同的特點：他們一方面只認個人，一方面却也認那空蕩蕩的‘大我’‘人類’；他們只否認那介于‘人類’與‘我’之間的種種關係，如家庭，國家之類。”（見胡適文存二集二卷三〇一頁）

此處所說的“種種關係”，當然包括階級在內。胡博士不說美國資產階級有多少機械奴隸，偏說美國人有多少機械奴隸，這並不是他不知道有階級的存在，實因他為方法所限制，為本階級的利益所束縛，不得不說一句籠統話，自欺欺人。我這種推論是有眞憑實據，並非妄相揣測，例如他明知“大我”是“空蕩蕩的”，竟在一篇不朽的大文中大談其不着邊際的“大我”，美其名曰“社會的不朽論”。這種妙論更是極籠統話的能事，而為實驗主義的充分應用。

至于辯證法是要從實質中去考察對象，找出其中個別的差異，而不為一個籠統的名詞所蒙蔽。這是第二義。

胡博士在一九二七年一篇漫遊的感想中第二項首先引倫敦晚報（Evening Standard）一九二六年八月的統計說：

“美國每六人有車（指摩託車）一輛。”

旋又引紐約國民週報（The Nation）一九二七年一月的統

計說：

"美國人口平均每五人有車一輛。"

他于引文的旁邊特別加圈（此外如全世界人，加拿大人，澳洲人等等的車數旁邊沒有這種特惠）之後，隔一段又說道：

"今年三月裏我到費城（Philadelphia）演講，一個朋友請我到鄉間 Haverford 去住一天。我和他同車往鄉間去，到了一處，只見那邊停着一二百輛摩託車。我說：'這裏開汽車賽會嗎？'他用手指道：'那邊不在造房子嗎？這些都是木匠泥水匠坐來做工的汽車。'

這眞是一個摩託車的國家！木匠泥水匠坐了汽車去做工，大學教員自己開着汽車去上課，鄉間兒童上學都有公共汽車接送，農家出的鷄蛋牛乳每天都自己用汽車送上火車或直送進城。"（見胡適文存三集一卷五五頁）

他在第三項中引出一個"穿着晚餐禮服，挺着雲白的硬襯衫，頭髮蒼白了"的"勞工代表"的話，說：

"我們這個時代可以說是人類有歷史以來最好的最偉大的時代，最可驚嘆的時代。"（見同書同卷六〇頁）

依照以上所徵引的各點，我們可以作一個結論如下：美國的工人差不多都有摩託車，至少是大多數人都有摩託車，——他們全體都富足，都滿意，並且幾乎都是資本家，或都要變成資本家了。

我想從那樣的證據中作出這樣的結論，胡博士不能怪我太過火，因爲他自己在那篇大文的第三項中固已明言：“美國是不會有社會革命的”，“人人都可以做有產階級，故階級戰爭的煽動不發生效力”。

可是魯賓斯泰（M. Rubinstein）在一九二四年再版的“資本的集中與工人階級的任務”（Die Konzentration des Kapitals und die Aufgaben der Arbeiterklasse）一書中敍述美國許多產業區域的工人狀況說：

“工人常是受生活的壓迫，全家在工廠中作工，密集於篳門圭竇之中，（原文爲 in elenden Baracken）度其非人的生活，他們的住所比牛欄馬廐還要簡陋而不適于衛生。……此等產業區域的工資制度本來很刻薄，又有一種特定的小商業與之朋比爲奸，遂使每個工人對于公司立在債務的關係中，直接變爲奴隸，除掉重病外，不能一刻離開他的主人。托辣斯的警察到處搜索，驅策每個工人去作工。”（詳情可參看我譯的世界大戰後的資本集中三四至三五頁[illegible]書局出版）

一九三〇年十二月八日申報的電報欄也說：

"目下美國已有五百萬人不能覓得職業，而據美國勞工聯合會推料，若照目下之率，繼長增高，則至明年二月間將超過七百萬人。"

一九三一年一月十二日申報的國外要電欄復說：

"美國各處求食者日見增多，紐約各街有無業無食之游民數十萬人"。

"參議員希夫林今日在參議院提出美國農區失業與困苦之問題，謂時局危迫，如不早爲補救，將起革命；阿堪薩斯州近已有大批農民攻擊城市，大呼速給我食，以救我饑。"

我雖十分抱歉，因手邊沒有參攷書，不能拿胡博士遊美當年的工人狀况來作反證，但這前後三年的事實當不致相差甚遠。像這樣的事實絕不能允許我們作出"木匠泥水匠坐了汽車去做工"，和"人人都可以做有產階級"的結論。難道胡博士說謊麼？絕對不是。他的最大的錯誤是在應用實驗主義的方法，將片面的事實拿來作整個事實的代表。至於辯證法是要從實質中去考察對象，拿住對象的全體而不爲片面的事實所淆惑，這是第三義。

三　在聯繫中考察對象

"夫秋蟬登高樹，長吟悲鳴，自以爲安，不知螳螂超枝緣條而稷其形。夫螳螂志在有利，不知黃雀徘徊枝陰，欲啄螳螂。夫黃雀但知伺螳螂之有味，不知臣挾彈危擲而集其背。夫臣但虛心志在黃雀，不知空埳其旁，埳於深井。"（吳越春秋）

太子友這一段話是不注意四周聯繫的一個好例子，這是顯而易見的。

其次，胡博士在上述一文中引出那個"勞工代表"讚頌我們這個時代爲最好的最偉大的時代以後，接着又說道：

'這是他的主文。以下他一條一條地舉例來證明這個主旨。他先說科學的進步，尤其注重醫學的發明；次說工業的進步；次說美術的新貢獻，特別注重近年的新音樂與新建築。最後他敍述社會的進步，列舉資本制裁的成績，勞工待遇的改善，教育的普及，幸福的增加。他在十二分鐘之內描寫世界人類各方面的大進步，證明這個時代是人類有史以來最好的時代。

我聽了他的演說，忍不住對自己說道：這才是眞正的社會革命。社會革命的目的就是要做到向來被壓迫

的社會分子能站在大庭廣衆之中歌頌他的時代爲人類有史以來最好的時代。”（見胡適文存三集一卷六一頁）

上面的敍述和批評一定是胡博士生平最得意的傑作之一，這不獨可以由他的特別的介紹（其餘五人對於現代的評價，他都略去不提）和字旁着重的符號表現出來，並且還因這是最切合於實驗主義所謂“祖孫的方法”的一個例子。我們在上面已經領教過“祖孫方法”是什麽，據他說這種方法接得很緊俏，因爲

“上面有牠的祖父，下面有牠的子孫。捉住了這兩頭，牠再也逃不出去了！”（見胡適文存十四版二卷五三四頁）

試看那“勞工代表”的話，從科學的進步一直到幸福的增加，不是祖父也有，子孫也有麽？好了，我現在要開始分作兩方面來批評了。

在一方面，一個“勞工代表”能穿着晚禮服，硬襯衫，與俄國資產階級的克倫斯基政府的交通總長，中國資產階級自由派的代言人胡博士，“痛駡這個物質文明時代”（引號內的話係胡博士原文中的，下做此）的印度人，“有名的‘效率工程師’”，“老女士”，“有名的牧師”分庭抗禮，討論“我們

這個時代應該叫什麼時代?”無論他是眞正的工人也好，冒充的工人也好，我們可以斷定他一定自覺地或不自覺地受資產階級社會意識的支配，他的話決不能代表工人階級的意志，這是第一點。

第二，他說現代“是人類有歷史以來最好的最偉大的時代，最可驚嘆的時代”，他拿以前各時代作比較，空空洞洞來這樣一句，自然可以說得過去。但除掉亂離時代外，這句空泛的話無論對于那個時代都能應用。因爲世界的進化是後勝於前，初期農業時代的人可以這樣對游獵時代的人自誇，初期工商業時代的人又可以這樣對初期農業時代的人自誇，手工機械業時代的人又可以對初期工商業時代的人自誇，大工業時代的人自然又可以對手工機械業時代的人自誇。

胡博士看到這裏，一定有些不服氣，以爲以前各時代對於更前的時代只能用比較級的形容詞，決不能像現代一樣，配用最高級的形容詞。殊不知人類對於超過尋常比例的事物，即喜歡應用最高級的形容詞來表示心中的驚異。當游獵時代，人類謀生的技術非常拙劣，共同生活的人羣至多不過四五十，一到初期農業時代，技術進步，共同生活的人羣卽擴充至四五百，這不是很可驚異麼?一到初期工商業時代，技術更進步，共同生活的人羣擴充至數千，這不是很可驚異麼？一到手工機械業時代，技術更進步，共同生活的人羣擴充至幾萬，這不是很可驚異麼？既是這樣，誰能說每個時代的人不配說出那個"勞工代表"那樣冠冕堂皇的話？

第三，他以人類一分子的資格說現代是最好的時代，自然不算錯，但他以"勞工代表"的資格，說出這樣的話，而以"資本制裁的成績，勞工待遇的改善"爲佐證之，那就大錯了。因爲他只注意縱的聯繫而不注意橫的聯繫，這就是說，他只知道拿從前的工人狀況作比較，而不知道拿現在的階級——資產階級與無產階級——關係作比較。這是一個嚴重的錯誤，這是他有意或無意背叛本階級——如果他眞正是個工人的話——的行爲！

拉塞爾(Ferdinand Lassalle)對德國萊比錫(Leipzig)一個工人委員會所說的幾段話正好借來作此事的解釋。他說：

"當你們講工人狀況及其改善時，你們所指的是將他們的狀況和現代其他國民的狀況作個比較，將同時代生活習慣的標準作個比較。

有人戲弄你們，把你們的狀況和幾百年前的工人狀況來作比較！

你們現在的狀況是否比八十年前，二百年前，或三百年前的工人好些——這個問題對於你們有什麼價值，牠能使你們滿意麼?你們現在比博托雒德人（Die Botokuden）和吃人肉的生番好些，這種完全確定的事實於你們有什麼快意。

每種人類的滿足總以一個時代通常所需的生活必需品的滿足方法的狀況爲轉移，或以——也是一樣——一個時代所需的生活必需品最低限度以上的滿足方法的剩餘爲轉移。一種高漲的最小限度的最低級生活必需品也有憂患和缺乏，這在早前的時代是從不知道的。當一個博托雒德人買不到肥皂，他感覺什麼缺乏呢?當一個吃人肉的生番沒有適當的衣服穿，他感覺什麼缺乏呢?在發見美洲以前的工人沒有煙吃，在發明印刷術以前的工人不能獲得一本有用的書，他們感覺什麼缺乏呢?

人類一切憂患和缺乏僅以當時已有的生活必需品和生活舒適的滿足方法的狀況爲轉移。要測量人類一切憂患，缺乏和一切滿足，要測量人類每種狀況，只有和同時代的人對於通常所需的生活必需品的狀況作個比較。一個階級每種狀況只有由同時代另一個階級的狀況去測量。"（見拉塞爾三一七至三一八頁——Lassalle, Auswahl von Reden und Schriften, Berlin, 1923)

拉塞爾這些話眞是深合於辯證法中聯繫的規律。我們試拿美國的資產階級與無產階級的狀況來比較一下。這個階級的主要代表爲摩爾根(Morgan)和洛克斐勒(Rockefeller)。摩氏的美國鋼鐵公司(United States Steel Corporation)佔有美國開礦業三分之二,和煤炭生產三分之二弱。"伊利海(Eriesee)岸有居民十萬的整個城市爲牠所有,並且爲對這個托辣斯的經理表示敬意起見,此城特名爲加利(Garry)。卽匹茲堡(Pittsburg)區的許多工業城鎭也是牠的眞正的世襲區域。""牠每年的純利潤達數萬萬元。"(引魯賓斯泰語)洛氏的美孚煤油公司(Standard Oil)佔有美國煤油產場百分之九十(美國這種產場又佔世界煤油生產四分之三),每年獲得巨大的利潤。

至於工人階級,除少數工人貴族外,普通工人所得的工資大半不夠生活(失業的工人更不必講),卽退一步,假定能夠出入相抵,然與資產階級相形之下,未免太可憐了。馬克思說得對:

"一棟屋子無論其爲大爲小,只要四鄰的屋子和牠一樣大小,那牠在居住上可以滿足一切社會的要求。可是小屋子旁邊如果建築一座皇宮，牠便相形見絀，小得不像樣子了。這小屋子現在所表現的是，牠的主人沒有體面，或很少體面；在文明進步之中，牠固然可以改造得高聳天空，但當牠旁邊的皇宮依前此的比例或更大的比例向天空昇起時，那麽，這比較矮小的屋子的居民總是感覺不舒服，不滿足，總是感覺侷促不安。………我們的欲望與享樂是由社會中發生出來的。”（馬氏工資勞動與資本二九頁——Lohnarbeit und Kapital）

住的屋子既須以四周的屋子爲標準而決定是否舒適和滿足，對於其牠衣食與享樂又何獨不然？

我現在總括起來說，美國的工人階級即使像胡博士所描寫的一樣，個個都能坐汽車去做工，然他們所得的工資與資本家不勞而獲的利潤相較，不過是九牛之一毛，近世勞動生產力發展的結果，他們被剝削的程度比以前各時期的勞動者不知大幾千幾萬倍甚至于幾十萬倍。所以那個“勞工代表”如眞有階級覺悟，而又懂得辯證法的聯繫律，注意階級間的關係，便應當說：

“我們這個時代可以說是人類有歷史以來最好的最偉大的時代，最可驚嘆的時代，但同時也是勞動者最被剝削的時代。”

他不知道這樣直說，一味作資產階級的應聲蟲，頌揚現代，眞是一個可憐蟲，有什麼稱道的價值?!

可是在另一方面，我們的胡博士不獨不肯發絲毫憐憫之心，讓他這種傻話消滅下去，偏要視爲奇貨，掠奪過來，形成另一種結論，就是形成"這才是眞正的社會革命"的結論。那個"勞工代表"的話雖與"祖孫的方法"適合，胡博士以爲"捉住兩頭，牠再也逃不出去"，其實牠是從"中段"溜跑了(即不注意與資產階級的聯繫)!胡博士，你把那"勞工代表"的傻話當作金科玉律，作出你自己的結論，這是"醉翁之意不在酒"，你故意惡作劇，還是你的"祖孫方法"破了產，找不出眞理來?

然辯證法恰能免去上面兩個例子的毛病，因爲牠知道世間絕沒有孤立的事物，必須在聯繫中去考察對象，才不致顧此失彼，所以牠的眼光四射注意縱橫兩方面和對象的一切關係，詳加審定，方才推出結論。我們知道達爾文的思想方法深合於辯證法，而他在物種原始中所舉的許多事實尤爲注意聯繫的好例，譬如他說：

"南美洲各處都有成羣的野生牛馬，獨巴拉圭(Paraguay)沒有。據阿塔剌(Azara)和棱格(Rengger)的調查，係因此處有一種蠅類產卵於初生牛馬的臍下，把牠們弄死了，然寄生牠們身上的其牠昆蟲常能殺死此蠅，如巴拉圭的食蟲鳥類減少，則昆蟲必增加，使此蠅類減少，而野生的牛馬可以蕃殖起來。不過野生牛馬一經蕃殖，將使植物大受踩躪，植物凋殘，則昆蟲減少，蠅類增殖，而野生牛馬又被殲滅了。

又英國的土蜂全屬如歸消滅或甚稀少，則需要牠爲媒介而傳播花粉的織母花和紅荔也將消滅或甚稀少。這種土蜂是田鼠的食料，而田鼠又是猫的食料，所以英國的猫如減少，鼠就會蕃殖，鼠多則土蜂少，土蜂少而織母花和紅荔將大受影響。"

以上兩事給我們一個大教訓，就是：要考察一種事實，明白牠的眞相，必須注意各種各樣的聯繫，如野生的牛馬和鳥類有關係，猫和織母花及紅荔有關係是。這就叫做辯證法的看法。

四　在矛盾中考察對象

俗語說："天下之大無奇不有。"又說："宇宙之間森羅萬象。"的確，我們試打開眼睛"仰觀天象"，只見晝夜寒暑，風雨晦明在那裏彼來此往，互相代謝；低下頭來"俯察地形"，便有山川河岳，飛潛動植在那裏縱橫排列，棲息孳乳；再抬起頭來考察人事，又遇着一些智愚賢暴，貴賤貧富的人或是孜孜汲汲地作工，或是泄泄沓沓地享樂，或是栖栖皇皇地奔走，或是轟轟烈烈地烈爭鬥，或憑喜怒哀樂的感情，發爲是非利害的言論，或據善惡邪正的觀念，窮究治亂興衰的遺跡，或持剛柔強弱的學說決定勝敗存亡的命運。總而言之，這是一些紛紜錯雜的現象，這是周易繫詞上所謂"天下之至賾"和"天下之至動"。

爲什麼演成這樣的"至賾"與"至動"呢？這是怎樣一回事呢？我們古代的哲人對此問題曾有種種的說法。

老子告訴我們說："道生一，一生二，二生三，三生萬物。"又說："天地萬物生於有，有生於無。""道"是什麼？他就閃爍其詞地說："道之爲物，惟恍惟惚。惚兮恍兮，其中有象。恍兮惚兮，其中有物。窈兮冥兮，其中有精。其精甚眞，其中有信"。道爲什麼生一，一爲什麼生二，二爲什麼生三，三爲什麼生萬物？他便解答不出來了。

其次，莊子天下篇說："寂寞無形，變化無常。死與生與？天地並與？神明往與？芒乎何之？忽乎何適？萬物畢羅，莫足以歸。古之道術有在於是者。莊周聞其風而悅之。"天運篇說："天其運乎？地其處乎？日月其爭於所乎？孰主張是？孰維綱是？孰居无事推而行是？意者其有機緘而不得已邪？意者其運轉而不能自止邪？雲者爲雨乎？雨者爲雲乎？孰隆施是？孰居无事淫樂而勸是？風起北方，一西一東，有上彷徨。孰噓吸是？孰居无事而披拂是？"這些問題不是沒有答案，就是只有牛頭不對馬嘴的答案。秋水篇說："物之生也，若驟若馳，無動而不變，無時而不移。何爲乎？何不爲乎？夫固將自化。"但爲什麽自化呢？又沒有下文了。

再其次，列子天瑞篇說出一批"自生，自化，自形，自色，自智，自力，自消，自息"的話，也一樣不能解答是爲什麽。我們試聽牠說道：

"有生，不生；有化，不化。不生者能生生；不化者能化化。……不生者疑獨。不化者往復。往復其際不可終，疑獨，其道不可窮。……故生物者不生，化物者不化。自生，自化，自形，自色，自智，自力，自消，自息，謂之生，化，形，色，智，力，消，息者，非也。……故有生者，有生生者；有形者，有形形者；有聲者，有聲聲者；有色者，有色色者；有味者，有味味者。生之所生者，死矣，而生生者未嘗終。形之所形者實矣，而形形者未嘗有。聲之所生者，聞矣，而聲聲者未嘗發。色之所色者，彰矣，而色色者未嘗顯。味之所味者，嘗矣，而味味者未嘗呈。皆'無'爲之職也。能陰能陽，能柔能剛；能短能長，能圓能方;能生能死,能暑能涼;能浮能沉,能宮能商;能出能沒,能玄能黃;能甘能苦,能羶能香。無知也,無能也,而無不知也,無不能也。"

像這樣說得天花亂墜,終是神祕而不可捉摸。

可是孔子的看法却有些近眞理了。周易繫詞上說:"易有太極,是生兩儀。兩儀生四象。四象生八卦。八卦定吉凶。吉凶生大業。"爲什麼這樣的"生"呢?繫詞上囘答道:"剛柔相推,而生變化。"可見孔子所謂運動,所謂變化,不是什麼神祕的,而是因物的自身具有剛柔兩種性質相摩相盪產生出來的。這比較僅知道萬物的運動與變化而不明其所以然的道理的上列各說算是進步多了。

不過孔子所謂易,太極,兩儀,四象,八卦等等還不能脫離神祕的色采,還陷在唯心論的深坑中,而他所謂剛柔所謂陰陽不獨不能完全說明萬事萬物運動與變化的內容和眞相,就此等名詞的本身講,有時也是迷離恍惚的。

其實萬事萬物的運動與變化是起於內外的矛盾,起於內外的對抗。我們在第一條規律中說明運動爲物質的生存方法,然"運動自身就是一種矛盾"(引恩格思語)。試囘顧上文我所舉的晝夜寒暑,風雨晦明,山川河岳,飛潛動植,智愚賢暴,貴賤貧富,喜怒哀樂,是非利害,善惡邪正,治亂興衰，剛柔強弱，勝敗存亡，莊子上所舉的天地，日月，雲雨，列子上所舉的陰陽剛柔，長短圓方，生死暑涼，浮沉宮商，出沒玄黃，甘苦羶香等等不都是些矛盾，不都是些對抗麼？牠們不獨彼此互相矛盾，互相對抗，而自身也含有矛盾與對抗（所謂彼此矛盾，是指物的自身與環境的矛盾，並不是說某物僅和另一物互相矛盾，與其一切物絲毫沒有關係。如上面所舉天地日月雲雨之類，只是取其爲對峙的名詞，簡單明瞭，容易爲人所領略，並不是說天僅和地互相矛盾，與其牠星球沒有矛盾）。所以天地間無論怎樣"森羅萬象"，無論怎樣"無奇不有"，並不神祕，都有線索可尋。整個的世界不外是一個矛盾與對抗的世界。

然一班聖人之徒會引出他們老祖宗的話來反駁道："'萬物並育而不相害，道並行而不相悖'，有什麼矛盾，有什麼對抗?!"就是怕聞"矛盾"與"對抗"的資產階級的學者們也會和杜林同聲說道：

"關於生存的邏輯上基本特質的第一個最重要的命題就在乎排除矛盾。矛盾這個範疇僅屬諸思想的結合，並不隸於實在界中。在事物中沒有矛盾，換句話來說，眞正設定的矛盾自身是毫無意識的。……從相反的方向互相爭持的各種力的對抗確是世界及屬於世界事物的生存一切形動的基本形態。可是這種元素和個體的力的方向互相衝突，與矛盾不合理的思想絲毫沒有關係。"（見杜林的科學革命一一八至一一九頁）

世界上的萬事萬物眞正沒有矛盾，沒有對抗麼？我們對於這個問題的答案是唯唯否否。怎樣講呢？請聽昂格思說：

"我們考察事物如認其爲靜止的，無生命的，分離的，和個別而不相聯繫的，那便沒有遇着矛盾。我們雖看見一些有時共同的，有時個別的質素互相對抗，然在這個場合，是隸屬於各種事物，牠們自身並沒有包含矛盾。如以這個考察的領域爲滿足，卽可同意於通常形而上的思想方法。可是如果在事物的運動中，變化中，生命中，相互的影響中去考察事物，便完全不相同了。我們馬上就遇着矛盾。運動自身是一種矛盾；卽單純的機械的位置移動也要一種物體於一刹那間在一個位置上，同時又在另一個位置上，在同一位置上，又不在同一位置上，才能夠辦得到。這種矛盾不斷的發生，同時又解決，就是運動。"（見同書一二〇頁）

"單純的機械的位置移動旣已經包含一種矛盾，那麼，物質的高等運動形態，特別是有機體的生命及其發展當包含更多的矛盾。我們在上面看見，生命之爲物尤其是在乎於每一轉瞬間既爲同一物而又爲另一物。所以生命也一樣是一種出現於事物中，常自發生，常自解決的矛盾；迨矛盾一經停止，生命也就停止，而死亡出現了。我們又看見，在思想的領域中不能避去矛盾，而人類內部無限的認識能力及其在受拘束並認識有限的人身上實際的存在，其間的矛盾是在人類無限的繼續中，無限的進步中解決的。”(見同書一二一頁)

所以我們用動的觀點去考察事物，便發見牠們自身和相互間充滿了矛盾。無論自然界，無論人類社會，一律表現這種現象，而每種科學也證明這種現象。列甯在他的有名的唯物論與經驗批判論（Materialismus und Empiriokritizismus)中曾舉出幾個例子說：

“在數學中爲正數與負數，微分與積分。

在機械學中爲作用與反作用。

在物理學中爲陽電氣與陰電氣。

在化學中爲原子的化合與分解。

在社會科學中爲階級爭鬥。”（見列甯全集第十三卷三七五頁）

即此可以表現所謂矛盾並不是沒有意識的紛亂，而是對抗的統一。所以列甯接着又說：

"對抗的同一性(稱爲'統一'—— Einheit ——也許較爲正確。不過'同一性'—— Indentität ——與'統一'這些表語在此處沒有特別本質上的差異;在某種意義上兩者都是正確的)就是指認識(發見)自然(精神與社會包括在內)的一切現象和進程中充滿矛盾的,互相排斥的以及互相對峙的諸傾向。在一切世界進程的'自有的運動'(Selbstbewegung)中,天然的發展中和活潑潑的生存中認識牠們的條件就是認識牠們爲對抗的統一。發展是對抗的'爭鬥'。"(見同書同卷三七五至三七六頁)

這種"爭鬥"怎樣進行呢?孟子謂:

"天下之生久矣,一治一亂。"

世界是僅僅一治一亂,循環不已,沒有其牠意義麼?决不是的。這種看法是形式邏輯的觀點,一點也沒有表現發達,一點也不合實際的情形。因爲世界雖不斷地呈出一治一亂的局面,但牠總是向前發達,而不是兜圈子,走舊路的。只有辯證法才會看出這一點。據牠的觀察,世事的發展大概是循着下列的方式進行的:

正(These)

反(Antithese)

合(Synthese)

上列括符中的文字出源於拉丁文，在德文中尚有三個常用的名詞，除一，二兩名詞外，第三個名詞的譯法應當稍異，卽：

正(Positive)

反(Negation)

反之反(Negation der Negation)

事物的發展係循着正反合的公式進行，何以見得呢？我們再將昂格斯在杜林的科學革命一書中所舉的例子介紹出來，就可以知道了。

"請以大麥爲例。千萬石大麥會被磨成粉末，煮而食之。但一粒大麥如果在經常的條件之下，落在適宜的土地上，因受溫度與濕氣的影響，而發生一種特有的變化，牠發了芽，大麥經過這種變化達到反的局面，由牠所發生的植物是牠的反，這種植物經常的生活進程是什麽？牠發育，開花，結實，最後又產出麥粒，當這種麥粒一經成熟，麥稈卽形枯槁而入於反。這種反之反的結果又是初時的麥粒，但不復是一粒，而是十粒，二十粒以至三十粒。五谷的變化在外表上甚爲遲緩，所以現在的大麥和百年前的大概相似。試以一種供人賞玩的植物

——如天竺牡丹或芝蘭——爲例；如果依照園藝去培植種子和植物，則這種反之反的結果不僅使我們獲得更多的種子，並且獲得更好的種子，開出更美麗的花朵，這種進程每重演一次，卽每一次新的反之反又會提高牠們的完善狀態。——大麥所演的進程在大多數昆蟲中也是如此，例如蝴蝶是。牠們因卵子的反，從卵子中孵化出來，經過變化，因性的成熟而交尾，又達到反，當交尾的進程一經完畢，雌蛾已經產下卵子，便會死去。至於其牠動植物的進程沒有這樣簡單，在牠們死去之前，不僅產生一次種子，卵子或幼兒，並且要產生許多次，然此處不必論及；我們於此只須指出反之反在有機世界的動植兩界中是實實在在出現的。”（見杜林的科學革命一三八至一三九頁）

在動植兩界的情形旣是這樣，在人類史中又何獨不然，所以昂格思又說：

“一切有文化的民族最初都是土地公有。當某種原始的的階段一經越過，這種公有財產在農業發展的過程中對於生產變成一種桎梏。牠要被勾消，達到反面，於經過或長或短的中間階段後，變爲私有財產。但因私有土地自身所引起的更高的農業發達階段又使私有財產成爲生產的桎梏——像現今的小地產和大地產的例子一樣。對於這種私產轉入反——卽再變爲公有財產——的要求必然會出現。然這種要求不是指恢復原始的公有財產，而是指形成一種更高和更發達的公有財產形態，不獨使生產不致受絲毫拘束，並且還要首先解放生產，使牠能夠充分利用化學上的發見和機械上的發明。"（見同書一四〇至一四一頁）

在大麥，芝蘭或蝴蝶的生命簡單的進程中，我們只能尋出牠們單純的正反合的發展，但在複雜的人事社會中，於正反合的每個局面中又常能尋出正反合來。所以馬克思說：

"由資本主義生產方法發生出來的資本家佔有方法——資本家的私有財產——是建築在一己勞動上面的個人私有財產的第一次反。可是資本主義的生產依一種自然進程的必然性，產生牠自己的反。這是反之反。這種反之反不再對工人恢復私有財產，但恢復基於資本主義時代所獲——卽基於協業以及土地和勞動自身所生產的生產工具的公有——的個人財產。"（見考茨基註譯的資本論第一卷六九一頁）

這就是昂格思上面所舉反的局面中的正反合。

統觀上列的事實，可知辯證法不僅是一種思想方法，並且還是自然與歷史的運動律和發展律。凡百事物從正起經過反而達到合，總是量的增加與質的改善，故這種方法表現發達的觀念。

不過我們在此還要附帶說明一點。在日本和中國有好些人把德文的Positive譯爲"肯定"，Negation 譯爲"否定"，Negation der Negation 譯爲"否定的否定"，我以爲這不免有些語病。因爲反對辯證法的人總是把"反"和"反之反"看做簡單的否定，有人會說：

中國人是中國人，(肯定)

中國人非中國人，(否定)

中國人畢竟是中國人。(否定的否定)

他們於是振振有詞地說，像這樣的"肯定"，"否定"，"否定的否定"只是"朝三暮四，朝四暮三"地開頑笑，有什麼發達的觀念可言。怪不得一般人對於辯證法要發生許多誤會，更怪不得那些一知半解的人對於辯證法要橫加訾議了。

其實昂格思早已明白說過：

"辯證法中的反不是指簡單的否定，也不是宣佈一種事物的不存在，也不是隨意破壞一種事物。斯賓挪莎曾說：每種限制或規定同時就是一個反(Omnis determinatio est negaito)。還有一層，反的方法第一是由進程的一般性質決定的，第二是由進程的特別性質決定的。我不僅當弄出反來，並且當再消滅反。我所造成的第一次反必須使第二次反有出現的可能。怎樣講呢？這全以每個場所特別的性質為轉移。如果磨碎一粒大麥，或殺死一條蟲，第一幕固然成功，但第二幕却不可能了。每種事物各有其特有的方法，在變成反之後，必須表見一種發達才對，即每種概念和觀念也是如此。”（見杜林的科學革命一四五頁）

所以辯證法的反不是否定。黑格爾在他的邏輯（Wissenschaft der Logik）中說得對：

“反同樣是積極的（positive 也可譯作正的），矛盾不是消滅於零中，不是消滅於抽象的虛無飄渺中，大概只是使牠的特別的內容進于反，像這樣的一種反不是全反，而是自身解體的特定事項的反；即特定的反；所以結局其中所生產的結果是被保存着。…… 這種反是一種新的意象，比較從前的意象更高並更豐富；因為牠在舊意象的反或對抗中變成更豐富，牠包含後者，且多於後者，牠是後者和對抗的統一。”

反既比正更高更豐富，反之反，不用說，比反又更高更豐富。宇宙間的萬事萬物不斷地經過正反合的局面，便不斷地向前展進，而牠們的原動力就是矛盾。因此辯證法考察事物細大不捐，尤其是對於最簡單之點，予以充分的注意，以便尋出其矛盾的所在，表現其運動和爭鬥的所由來。所以馬克思在資本論中

"首先分析那最簡單，最平常，最基本，最豐多，最普通和見過千百萬次的資產階級商品社會的關係，卽商品交換。分析這種最簡單的現象（資產階級社會中這種細胞），發見近世社會的一切矛盾（各爲一切矛盾的胚胎）。以後的陳述向我們指出這些矛盾和這個社會——在其主要成分的總數中從頭至尾——的發展（如發生和運動）。"（列甯全集第十二卷三七六至三七七頁）

宇宙間旣是充滿了矛盾，萬事萬物的運動與變化旣是起因於矛盾，故辯證法的主要任務就是在矛盾中考察對象，尋出對象所包含的矛盾及其向前發展的出路，形成對抗的統一，而牠自身也遂被稱爲"矛盾邏輯"。

我們現在再來看看實驗主義。便知道牠是沒有辯證法這種正反合的發展觀的。牠雖本着資產階級自身生存的經驗，知道宇宙中充滿了矛盾與爭鬥，如胡適博士所說的一樣：

"生物界的生存競爭的浪費與慘酷。"(見胡適文存二集八版二卷二六頁)

"生存競爭的慘劇鞭策着他〔指人類〕的一切行爲。"(見同書同卷二八頁)

但牠爲保障本階級的生存與權利，使不發生危險起見，絕對沒有勇氣承認宇宙中萬事萬物的發展是依正反合的規律進行的。還有一層，實驗主義是一種主觀的唯心論，牠也沒有能力懂得這種規律。所以胡博士說：

"實驗主義(人本主義)的宇宙是一篇未完的草稿，正在修改之中，將來改成怎樣便怎樣，但是永永沒有完篇的時期。理性主義的宇宙是絕對平安無事的，實驗主義的宇宙是還在冒險進行的。

這種實在論和實驗主義的人生哲學和宗教觀念都有關係。總而言之，這種創造的實在論發生一種創造的人生觀。這種人生觀詹姆士稱爲'改良主義'(Meliorism)。這種人生觀也不是悲觀的厭世主義，也不是樂觀的樂天主義，乃是一種創造的'淑世主義'。世界的拯救不是不可能的，也不是我們籠着手，抬起頭來就可以望得到的。世界的拯救是可以做得到的，但是須要我們各人盡力做去。我們盡一分的力，世界的拯救就趕早一分。

世界是一點一滴一分一毫的長成的，但是這一點一滴一分一毫全靠着你和我和他的努力貢獻。"（見胡適文存十四版二卷四四一頁）

我們試將這兩段話玩味一下，就知道實驗主義對於宇宙的發展不獨不承認有正反合的規律，並且還不承認有任何客觀的規律性；牠只是依照本階級的利益，憑着主觀的見解，替宇宙起"草稿"，再搖頭擺腦"一點一滴一分一毫"地去"修改"。宇宙的進化要是不依照牠所"修改"的"草稿"的路線，牠的信徒如胡博士等就會坐在安樂椅上發脾氣，並送出否認的宣言，大家如果不相信會有此事，請先看看他的警告罷：

"實驗主義從達爾文主義出發，故只能承認一點一滴的不斷的改進是眞實可靠的進化。"（見胡適文選四頁）

達爾文主義是怎樣一回事，留在以後去說，現在即以目前的世界爲例，像那樣爛得百孔千瘡，正在發臭，大崩潰的局面馬上就要降臨，反之反的時機已經來到，試問胡博士，"一點一滴，一分一毫"去彌縫補綴，怎樣可能?！不承認超越"一點一滴的不斷的改進"的整個大變化，又有什麽用處?！

總而言之，實驗主義是不認識宇宙間大法大則的，是不認識正反合的進化運動的，牠只知道起個草稿，硬加在宇宙上，並枝枝節節地從事修改——改良主義——而牠的沒有科學上的價值，原因卽在於此。

五．突變說

"天上浮雲如白衣，斯須變幻爲蒼狗"，這是天上的突變。"高岸爲谷，深谷爲陵"，這是地上的突變。"國之興也勃焉，其亡也忽焉"，這是政治上的突變。"漁陽鼙鼓動地來，驚破霓裳羽衣曲"，這是軍事上的突變。"橘生淮南則爲橘，生淮北則爲枳"，這是植物的突變。"朝爲越谿女，暮作吳宮妃"，這是美人生活上的突變。總之，整個的宇宙不獨充滿了矛盾，並且還充滿了突變。其實這也是極尋常極自然的事，因爲當矛盾達到頂點，卽有突變出現。

可是資產階級甚至於小資產階級的學者一致否認突變的學說（當資產階級還是革命的時候，牠的學者們都承認此說，在自然科學中，如地質學和生物學都是如此），尤其是不承認政治方面的突變說。例如卞斯天從十九世紀末葉以來，站在小資產階級折衷主義的觀點上攻擊辯證法，說革命已成過去的事蹟，此後決不會再現，但一九一八年德國的革命突然爆發，便塞住了他的喉嚨。

又如我們的胡適博士也一樣反對突變說，所以他說：

"美國是不會有社會革命的，因爲美國天天在社會革命之中。這種革命是漸進的，天天有進步，故天天有革命。如所得稅的實行不過是十四年來的事，然而現在所得稅已成了國家稅收的一大宗，鉅富的家私有納稅百分之五十以上的。這種'社會化'的現象隨地都可以看見。"（見胡適文存三集一卷五八頁）

這眞是一種"玄之又玄"的妙論，簡直令人莫明其妙！因爲革命的經過無論怎樣和平，期間無論怎樣長久（如產業革命是），總是一種突變，現在竟有胡博士應用實驗主義的方法，發見美國的社會革命是"漸進的"，倒也別緻！他所謂"漸進"，不用說，是指漸變，這是與突變相反的。我們且來領教美國怎樣漸進或漸變法。不幸我們僅遇着所得稅一項，像這樣徵收私有財產的稅金去維持私有財產的制度，就是經過一萬年也不會推翻這種制度，而實現一種社會革命。至于"社會化"不能與社會革命混爲一談，因爲資本主義的生產，自工廠制度出現以來就是社會化的，隨地看見這種或那種社會化的現象有什麼稀奇？

在實際上，胡博士所謂"美國天天在社會革命之中"，只是指"美國天天在社會進化之中",因爲只有進化才是漸進或漸變的。漸變與突變旣是相反,難道進化與革命也互相對抗而不相容麼?不然。漸變是突變的前提,而突變是漸變的結果。試舉一例爲證,我們拿一壺冷水置諸火爐上,則見壺水的熱度逐漸增高,及達到攝氏一百度,便登時沸騰起來。熱度的逐漸增高可稱爲進化,因爲牠是徐徐變化的,及至沸騰,可稱爲革命,因爲牠是突然爆發的。現在胡博士只承認漸變而不承認突變,無異只承認水的熱度可以逐漸增高至攝氏一百度或一百度以上,而永不會表見沸騰的現象,這是何等滑稽荒謬?!

胡博士在上句說:"美國不會有社會革命",在下句馬上又說:"美國天天在社會革命之中"。實驗主義者的議論眞是神祕得很,旣說不會有社會革命,又說天天在社會革命之中,這到底是怎樣一回事?啊,我知道了。他的上句所謂社會革命是突變的,下句所謂社會革命是漸變的,他最怕的是突變,所以敢武斷地說:"美國是不會有社會革命的";但對于這個具有號召力的社會革命的時髦名詞又不能割愛,于是用"指鹿爲馬"的辦法,硬說美國的社會進化是社會革命,於此可見資產階級的學者進退失據的態度了。

但胡博士從前說過:"眞理是人造的,爲了人造的,是人造出來供人用的，是因爲牠們大有用處，所以才給牠們以'眞理'的美名的。"我們試看他怎樣替進化和革命的界說造"眞理"：

"順着自然變化的程序，如瓜熟蒂自落，如九月胎足而產嬰兒，這是演進。在演進的某一階段上，加上人工的促進，產生急驟的變化；因爲急驟的變化，表面上好像打斷了歷史的連續性，故叫做革命。其實革命也都有歷史演進的背景，都有歷史的基礎。"

胡博士在白話文學史的引子中，將這種意思發揮得更加盡致。

"歷史進化有兩種：一種是完全自然的演化；一種是順着自然的趨勢，加上人力的督促。前者可叫做演進，後者可叫做革命。演進是無意識的，很遲緩的，很不經濟的，難保不退化的。有時候自然的演進到了一個時期，有少數人出來，認清了這個自然的趨勢，再加上一種有意的鼓吹，加上人工的促進，使這個自然進化的趨勢趕快實現；時間可以短縮十年百年，成效可以增加十倍百倍。因爲時間忽然縮短了，因爲成效忽然增加了，故表面上看去很像一個革命。其實革命不過是人力在那自然演進的緩步徐行的歷程上，有意的加了一鞭。"

胡博士這種說法簡直視進化和革命，漸變和突變爲同一物，至多不過是在程度上有個緩急之分，在意識上有個不自覺與自覺之別。其實這完全是一種遠于事實的曲說。步驟的緩急和人工的有無，絕對不是兩者區別的所在，因爲改良是進化中一個或然出現的階段，其步驟的急促和人工的督進，有時和革命沒有兩樣，如以此爲標準，則革命與改良絲毫沒有區別。"打開天窗說亮話"，胡博士此處所謂革命只是改良，這用不着我來辯駁，他自己已經"露出狐狸尾巴"來了。他說"因爲時間忽然縮短了，因爲成效忽然增加了，故在表面上看去很像一個革命"。既說"很像一個革命"，可見還不是眞正的革命。那是什麽呢？就是實驗主義者所主張的改良。哼，認改良爲革命，未免魚目混珠罷！

步驟的緩急和人工的有無既不是進化與革命的區別所在，標準到底在那裏呢？就胡博士所舉的例子來講，瓜的結實和嬰兒的結胎都是進化（即他所謂演進）或漸變，迨瓜熟蒂落和胎足生產，才是革命或突變；至於他所謂"在那自然演進的緩步徐行的歷程上，有意的加了一鞭"，正等於瓜和胎兒在生長的過程中吸收一種適於發育的特別養料，催促他們很順利地早日達到成熟期，這是一種改良或改進，並不是革命或突變自身。怎樣見得呢？瓜和胎兒在沒有成熟的時期中，體積雖日日增加，但性質沒有顯著的變化，瓜總是苦澀而不可口，胎兒總是捲伏於胎盤內，舉凡血液的循環，養料的攝取，廢物的排除，都爲胎盤是賴，牠只是母體的一部分。迫瓜熟蒂落，胎足生產，不獨兩者的體積充分發育，而性質也突然一變，向來苦澀之味一變而爲甘甜，向來專恃胎盤爲營養排泄機關的，現在自己的五臟六腑，五官四肢都能應用了。這是數量的變化引起性質的變化，這是革命或突變的特徵。總之，進化或漸變是數量或性質發展的過程，而革命或突變乃是數量變化引起性質變化，或性質變化引起數量變化的過程，這是兩者根本不同之點。胡博士不懂得這種客觀的眞理，惟仗着實驗主義的法寶，本着階級的意識，硬替進化和革命製造一種界說，因爲這界說對於他和他所代表的階級"大有用處"，便給以"'眞理'的美名"。他這樣勇於作爲，眞不愧爲一個大膽的"眞理"的製造者！

但就是他自己在理論上所倡道的和演進沒有根本區別的革命，即不打斷歷史連續性，僅"有意的加了一鞭"的革命，一到應用上，他也乾乾淨淨地推翻了，所以他說，美國不會發生社會革命。這句話靠得住麼？據一九三一年一月十二日申報載美國去年公司破產的達二萬一千七百十二個，損失額達十萬六千萬美元，同月二十二日復稱美國去年銀行倒閉的有一千三百二十六家，四月二十日又載美國失業人數已達七百萬，且有有增無減之虞。像這樣的現象自然不能算作社會革命，不能算作很大的突變，但"礎潤而風，石潤而雨"，兆端已見：胡博士等着實驗罷。即使這一次沒有機會，以後也是會遇着的。

不過胡博士否認突變，一方面固仗着實驗主義"本店自造"的"眞理"，另一方面却以達爾文主義爲護符，說：

"達爾文的生物演化學說給了我們一個大教訓：就是教我們明瞭生物進化，無論是自然的演變，或是人爲的選擇，都由於一點一滴的變異，所以是一種很複雜的現象，決沒有一個簡單的目的地可以一步跳到。……實驗主義從達爾文主義出發，故只能承認一點一滴的不斷的改進是眞實可靠的進化。"（見胡適文選序言三至四頁）

胡博士這樣解釋達爾文主義，完全是誣蔑達爾文主義，完全是一種無稽之談！我們知道，達氏在物種原始一書中常明白承認古代博物學史"自然界無躍進之事"的格言（但旋申明，就當日的生物講，此格言並不盡然），並宣言自然淘汰的作用，惟聚集輕微，繼續，有益的變異，而不能產出巨大或突起的變異。可是他不獨沒有因此否認突變，且屢屢說及突變的事實，今試徵引數節如下：

"同一巢的小雛，同一果殼內的子實有時表現甚爲顯著的差異。"(strongly-marked differences)

"桃樹的新苞發生杏實，尋常玫瑰的新苞發生苔玫瑰。"(moss-roses)

"許多植物學家都相信刺箆 (Fuller's teasel) 一物具有刺鉤，爲任何機械設計所不及，這不過是野生刺箆 (Dipsacus) 的一變種；而其變化係突然起于種子之中。脫司畔狗 (turnspit dog) 大約是這樣；據說安孔羊 (ancon sheep) 也是這樣。"

"一大屬中的植物有數種開藍花，有數種開紅花，開藍花的一種變開紅花，或開紅花的變開藍花。"

"凡相信遲緩和逐漸進化的人自然也承認有突然和巨大的特別變化，如自然界甚至于家養中所起的單獨變異是。但家養物種既比在自然狀況中的更多變異，這樣巨大和突然的變異大概常出現於自然界，而偶然起於家養中。在此等家養變異中有些可歸其原因於復化 (reversion)；這樣再現的特質在許多場所，也許最初是逐漸得來的。大多數的變異必須稱爲畸形，如六指人，箭猪人(porcupine men)，安孔羊，尼亞塔牛(niata cattle）等等是。……"

達爾文於物種原始出版十二年之後，復刊佈他的具有同等價值的名著人類原始及類擇（The Descent of Man and Selection in relation to Sex. 1871.）一書，內中表現他對於突變的注意愈加增強，對於突變的事實也搜集愈多。例如他在第八章說：

"自然界中的動物，按不同的時季，呈現各種特性，其例多至不可勝數。我們看見鹿類的角就是這樣，又如北極動物的毛在冬季中即變厚變白。有許多鳥只在蕃殖時季獲得鮮明的顏色和其牠裝飾。拍拉斯（Pallas）說西伯利亞的家養牛馬當冬季顏色變淡；我曾親見親聞相類似的顯著的顏色變異，即英國幾種馬由褐白色或赤褐色變爲完全白色。"

不僅是這樣，到了十四章，達氏在"有時突然的變異"（Variations sometimes abrupt）這個題目之下，又舉出一大批突變的事實。他說：

"突然和顯著的變異頗爲稀少；……今將我所搜集的少數例子列舉出來，牠們的要點是在顏色上，至於全變白色和全變黑色的，除去不計。世人都知道谷爾德（Gould）不承認少數變種的存在，因爲他視輕微變異爲特例；可是他說波加他（Bogata）附近屬於息南吐司（cyṇanthus）的蝶鳥分爲二三族或二三變種，牠們尾上的顏色彼此不同——‘有些全部羽毛爲藍色，有些僅中間八羽作美麗的綠色’。在這個例和以下諸例中，都沒有發見中間階級。澳洲產的鸚哥的一種，只有雄類的‘腿毛有些作殷紅色’，‘有些作草綠色’。同洲另一種小鸚哥‘有些橫過翼蓋的條紋作艷黃色，有些作紅色’。美國所產緋紅雀少數雄類‘橫過小翼的條紋作美麗的紅色。……孟加拉（Bengal）所產寮鷹或具發育不良的小毛冠，或不具此冠；這種輕微差異所以值得注意，是由於在南印度的同種‘具有十分顯著的後頭部毛冠，由幾種羽毛構成’。

就許多方面看，下列一例更饒趣味。烏鴉黑白相雜的一種變種，其頭部，胸部，腹部以及翼和尾的一部分都作白色，此變種只限於飛洛（Feroe）島。島上這個變種不少，因爲格列巴（Graba）在此看見八至十隻。這個變種的各項特性雖不十分固定，但幾個著名的鳥學家已定其名爲一異種。這種黑白相雜的鳥爲島上其牠烏鴉追逐迫害，聲音十分喧囂，遂使布日尼施（Brünnich）斷定爲一異種；現在却知道這是一種錯誤。前面所說全變白色的鳥爲同類所拒，不與配偶，和這個例子很相類似。

北海許多部分都發見尋常海鷗鷲的一顯著變種；據格列巴說，飛洛島每五鳥中有這樣一個變種。牠的眼旁具有一純白色圈，圈後有一狹的白曲線，長一英寸半。這種特性使好些鳥學家認此鳥爲一異種，定其學名爲 U. lacymans，但現在已經知道這不過是一變種。牠常和普通海鷗鷲配合，然絕沒有看見中間階級；這也不足驚異，因爲我在牠處已經指明過，凡突然出現的各種變異（variations which appear suddenly）或遺傳不變，或竟不遺傳。"

此外，在達爾文的其牠著作中還有談及生物界突變事實的，但我們這裏所徵引的例子已經夠用，不必再費詞了。現在要問胡博士，這一切的一切是達氏在講"一點一滴的變異"，還是在講突然的變異？恐怕雖有百喙，也不能說他不是談突變罷！胡博士，你要反對突變，不妨本實驗主義的方法，憑着腦袋，自我作古地製造"眞理"，何必仿託古改制的辦法，死死地抱住達爾文來曲解他的學說呢？！你要知道，這是最愚蠢最行不通的把戲，因爲他在物種原始，人類原始及類擇，家養動物與家培植物的變異（The Variation of Animals and Plants under Domestication. 1868）和其牠著作中明明承認有漸變，也有突變，能讀此等書的不止你一人（你是否讀過，是否細心讀過，似乎是一個疑問），你又焉能以一手掩盡天下耳目啊？！俄國偉大的和極有權威的自然科學家提密利亞截夫（K. A. Timiriazev）在十九世紀生物學發展史上的特點上說：

"達爾文也承認有劇烈的變化——即突變——存在，並且還多於一般的漸進的變化，故後者不獨沒有唯一的意義，而且沒有優先的意義。"

胡博士，你知道這麼一回事麼？

還有一層，在生物學上，注意動植物的變異性，廣搜事實，切實研究的開山老祖差不多要算達爾文，他在草創時代，見聞有限，所以對於突變的事實說得不多。自此以後注意這一點的人日多，而所搜羅的事實也幾乎是應有盡有了。今試先將日本丘淺次郎的進化論講話（亞東圖書館有譯本）中所舉的例子擇要介紹如左：

美國一個叫做賽斯·萊特的農夫所蓄養的羊忽於一七九一年產一隻身長腿短的羔兒，和其牠羔羊的形狀大不相同，並傳種至今。

南美洲巴拉格哇伊國現在的無角牛是一七七〇年

突然產生的一隻沒有角的牡牛的子孫。

紐西蘭中央島的山地裏有一種叫做‘列斯托’nestor)的鸚鵡本來和別種鸚鵡一樣,以花的蜜和果實爲養料,自西洋人移住以後,牠偶然在所晒的牛羊皮上啄了一下,忽喜肉食。從一八六八年起專好啄牧場中羊的脊背,吃羊的肉,尤喜歡吃腎臟。

卡墨列(Dr. Paul Kammerer)在遺傳之謎(Das Rätsel der Vererbung, 1925)中說：

"一隻本來生白殼蛋的母鷄如由一隻交趾支那雄鷄——這種鷄的母雞是生黃殼蛋的——與之交尾,則此尋常母雞的蛋也變成黃殼。截馬克(Tschermak)使各種各樣的野鶯類(Finkenarten)與金絲雀雌類雜交,則野種的蛋殼上所具有的斑點時常表現在金絲雀的蛋殼上。"(見遺傳之謎一一九至一二〇頁)

卡氏復介紹服洛諾夫(Voronoff)的實驗道：

"我取歐洲種的牡羊一隻,其毛長五生的米突(centimeter); 替牠安上一根更大的精腺,幾個月之後,此牡羊的毛長達到三十生的米突,這就是說,比澳洲最好的羊毛還長四五個生的米突。"(見同書一三〇頁)

當唐繼堯的時候,雲南有兩個閹鷄的人對於鷄也善於行服洛諾夫這種手術，一隻平常的鷄經過他們的手術之後，即能長到三十斤以上（據說唐氏因他們的手術祕而不宣，特招致署中，強其公開傳授）。除掉這些事實外，我們還可從德人赫各莫臘透所著金魚養育法（商務印書館有譯本）中找着一點材料：

金魚生後全係黑色，自六星期至八星期，即爲通常變色的時期，變成各種各樣的顏色。

魚身顏色有一變再變的，如初變紅色，遲幾點鐘復變晶白色，也有由白變紅的，也有魚身斑點忽現忽隱的。

又顧復編的農作物改良法（商務印書館出版）更供給我們兩個最顯著的突變的例子：

日本的稻作中栽培面積最廣的爲神力。此稻係由兵庫縣揖保郡中村島的丸尾重次郎於明治十年在有芒的程吉種中所發見的三本無芒稻選出。

美國長纖維陸地棉中的米德種是美農部米德(Rowland M. Meade)於一九一二年在得克薩斯(Texas)的克拉克斯微爾(Clarksville)附近考察田場時從一田中異於尋常的優良棉本中選擇出來的。

其實日本稻中除神力外尚有竹成和雄町爲突然變成的優良

品種，美國棉中除米德外，尚有隆斯塔（Lone star）爲突然變成的優良品種。此外花卉中突然變成的優良品種尤觸目皆是，如去年（一九三〇）上海三友實業社所陳列的名菊，有號“鶴立雞羣”的，有號“雙峯插雲”的，也有號“太眞出浴”的，像這樣好聽的名目多至十幾個，這都是因同一本菊花中有半朵，一朵，或二三朵花的顏色和其餘花的顏色絕異，故獲此佳名。又生物學上有“變形”（Heteromorphosen）一項更告訴我們種種奇異的突變，如下等動物失去一隻眼睛，在原處生出一個觸角，失去一隻腿，在原處生出一個翅膀，失去一個下顎，在原處生一隻腿是。

現在又要請問胡博士以上所舉形形色色的事實是“一點一滴的變異”，還是突然的變異？以“捉妖”“打鬼”自命的博士如不認此爲妖魔鬼怪而一律加以捉打，恐怕無法排斥突變說罷！

不僅如此。奧國曼德爾（Gregor Mendel 1822-1884）在布綸（Brünn）寺院試驗植物品種間的雜種至許多年之久，在一八六五年布綸博物學會席上發表他所研究的結果，後來且將演稿登在學會的會報上。他這種報告造成‘曼德爾法則”（Mendelisches Gesetz）或“曼德爾主義”（Mendelismus），在最近三十年來這種法則或主義竟轟動全世界的生物學家了。茲舉其所示的例子一，二如下：

將紫茉莉開白花的品種和開紅花的品種的花粉雜交起來，第一代的種子會開出玫瑰紅的花。再將玫瑰紅花的種子純粹的培植起來，其中有百分之二十五開白花，百分之二十五開紅花，百分之五十開玫瑰紅的花。

將豆子開白花的品種和開紅花的品種的花粉雜交起來，第一代的種子不是開玫瑰紅的花，而是開紅花。但再將這種開紅花的種子純粹的培植起來，便有百分之二十五開白花，百分之七十五開紅花，而這百分之七十五開紅花的種子再栽培下去，有三分之一總是開紅花，其餘三分之二中有百分之二十五開白花，百分之七十五開紅花。

美國柏班克(Luther Burbank 1849-1926)所以馳名於世界，就在鑑識植物的性質非常精絕，能選出優良的突變種子，加以培植，不獨"柏班克薯"(Burbank potato)久已有名於世，卽其牠花卉果木也多有他所選出的佳種。

再次，我還要介紹一個鼎鼎大名的人，卽荷蘭阿姆斯特丹大學(Amsterdamer Universität)的植物學教授多甫里斯(Hugo de Vries,1848)，他於一八八六年阿姆斯特丹附近的荒原蕪地上發見一種月見草(Nachtkerze)，便移植於大學植物園裏，培養至若干萬株。這種草竟呈出各種各樣的突變，如葉子光滑的，雌蕊特別短的，莖粗而節短的，葉脈紅色的，葉色薄的，全體矮小的等等。多氏經過十九年的研究，於一九〇〇年至一九〇三年刊佈兩卷書，名爲突然變異說(Die Mutationstheorie)。書中的材料豐富，證據確鑿，使著者立享盛名。他後來又發表好些有價值的著作，如一九〇五年的物種與變異(Arten und Varietäten)，和一九一二年的遺傳學上的突變(Die Mutationen in der Erblichkeitslehre)等是。當他被邀到美國演講時，美國的報紙恭維他了不得，甚至於說他的突然變異說已經推翻達爾文的自然淘汰說了。

至於現今一般生物學者藉助於外界的影響，試驗生物的突變而獲得成功的，也大有人在。如伍爾克(Van de Wolk)對於椒樹的試驗，伍爾夫(F. Wolf)和柏藍(H. Braun)對於黴菌的試驗，罕森(Hansen)對於酵菌的試驗，曾尼斯(Jennings)對於濁蟲的試驗，陶厄(Tower)對於薯葉甲蟲的試驗，馬克杜加爾(Mac Dougal)對於顯花植物的試驗，都是其中較爲著名的。又一九三一年五月十五日申報自由談也供給一種同樣的事實，就是：

"美國紐約達芬倍奚博士曾將X光照諸雞蛋之上，

作極有趣味之試驗。此種試驗影響於鷄蛋之孵化與雛鷄頗大。將多數之鷄蛋曝於X光下，有僅數分鐘者，有至數小時者，各有不同之效果。僅曝數分鐘者，所孵化之雛雞百分之九十以上爲雌性，與普通雌雄性之比例相差極遠。經曝數小時者，尤發現一種奇妙之現象：所孵化之雛鷄非爲現代所有，身體之結構上有突異之進步。據一般科學家推測，如此之進步尚須經數百年之進化程序，而今經X光之一照，竟突飛改變至數百年後之現象，斯亦奇矣！"

在達爾文以後的生物學研究中旣有一種突然變異說發生，並有堆積如山的突變的事實出現，主張"爲學要如金字塔，要能廣大要能高"的胡博士，侈談進化論的胡博士，總應該知道一，二罷。現在不要講生物學，卽就農科而論，凡最初淺的栽培學或作物學等等論及種子，無不有"突然變異選出法"一項，在美國學過農科的胡博士尤應當知道這一點。卽退一步，假定達氏沒有承認過突然的變異，胡博士爲着眞理（這是客觀存在的眞理，不是他所謂"人造出來的"眞理）的緣故，也不應當利用達氏的學說來造成自己"一點一滴的"進化論；何況達氏本承認突變，他竟一概抹殺，藉便私圖，未免有傷忠厚。

"實驗主義……只能承認一點一滴的不斷的改進是眞實可靠的進化。"既是這樣，一般實驗主義者對於服洛諾夫行過手術的長毛牡羊，雲南行過手術的三十斤以上的鷄，日本稻中的神力，竹成和雄町，美國陸地棉中的隆斯塔和米德，三友實業社的名菊，以及柏班克薯等等的優良品種都不能認爲"眞實可靠的進化"，因爲牠們不是由一點一滴不斷的改進而來，乃是由突然變異而來。從前武三思說："與我善者爲善人，與我惡者爲惡人。"現在胡博士既否認突變爲"眞實可靠"，勢必也要說："於我有用的爲眞理，於我無用的非眞理"，因爲他本着實驗主義的方法，對於任何事物要"大有用處"，"才給牠們以'眞理'的美名"，而突變對于握有政治和經濟權的資產階級不獨絲毫沒有用處，並且還是一個大禍害，所以代表這個階級說話的他不得不加以否認和排斥！

以上所舉大批的事實攻擊胡博士"生物進化……都由於一點一滴的變異"的臆說，算是體無完膚，現在還要介紹黑格爾在邏輯一書中所舉一個人人能夠實驗的例子把他的"沒有一個簡單的目的地可以一步跳到"的謬論打個粉碎。

"水在寒冷的天氣中結冰並非漸次進行，先變成稀薄的漿，然後結爲堅固的冰，而是一跳卽成爲固體。"

自實驗主義的信徒胡博士看來，水不肯"一點一滴的"逐漸由液體而"演進"爲漿狀物，再由漿狀物而"一分一毫的長成"固體，竟這樣一步跳而爲冰，實在不成其爲眞理，因爲和他的學說不相符合，對於他沒有用處。唉，自然這樣不稱我們博士的意，眞太糊塗了！

現在總括起來說，德國一九一八年的革命，美國現狀的不安甯；自然界種種突然的變異和一般生物學家突變的理論與試驗，這些殘酷的事實既給予卡斯天和胡博士一班人以一個重大的打擊，我們對於突變說似乎可以就此收場，不必往下說了。不過一般盲目否認突變的人也許反藉我所舉的例子——尤其是關於生物學上的例子——做口實，另形成一種曲說，說這雖是事實，究竟爲偶而不常的例外，試看千千萬萬的物種中僅呈出這少之又少的突變，不是一個明證麽？其實我這裏所舉生物學上的突變，多就達爾文所指突然的變種而言，故其例頗爲稀少；至於辯證法所謂突變，絕不止此，如本章第四項（在矛盾中考察對象）所說的"反"和"反之反"，第五項（突變說）第一節所舉的六事，和胡博士所謂"瓜熟蒂自落"，"九月胎足而產嬰兒"等都是突變。所以每一事物都要過經數次或無數次的突變，這是一種經常的現象，無論在什麽地方可以找出證據來的。這個問題實在過於嚴重，我們若不能用極充分的證據，從多方面證明自然界和人類社會除漸變外，隨時隨地都有突變，並非偶然現象，則辯證法根本要塌台，實驗主義可以屹立不動。此事的結果是什麼？就是胡博士可以仍舊洋洋得意地大唱其"零碎的改造——一點一滴的改造"，換句話說，大唱其改良論，而我們從此却不配再主張整個的改造——根本的改造，換句話說，不配再主張革命論，這是辯證法和實驗主義，我們和他們生死關頭，故不能不鄭重說明，再三說明。

（附註）上段"　"中語見胡博士非個人主義的新生活一文，他在此文中將"零碎的改造——一點一滴的改造"，和"籠統的改造"對立起來，使人家看見，自然而然地不傾向那"籠統的改造"——因為那是一個不好的名詞——眞是會頑把戲。其實桃們是應當和我這裏所指的"整個的改造——根本的改造"對立的。胡博士的目的是在保持現制度，僅零零碎碎地修補，恰和東一塊，西一塊補舊衣，補舊馬路一樣；我們的目的是在推翻現制度，從根本上再來一個整個的新制度，恰和棄去舊衣，裁製新衣，破壞舊馬路，翻造新馬路一樣。至于製新衣服要從一針一針做起，造新馬路要從一寸一寸築起，這是方法上的問題，不能與目的混爲一談。可是我們的大博士本着實驗主義的訓練，偏要再頑把戲，大做其混殽的工作，所以接着又說："無論你的志願如何宏大，理想如何激底，計畫如何偉大，你總不能籠統的改造，你總不能不做這種'得寸進寸，得尺進尺'的工夫。"唉，作僞心勞，胡博士可以休矣！

我們在前面已經說過，所謂突變不僅是由一種數量突然轉變爲另一種數量，由一種性質突然轉變爲另一種性質，而是數量上的變化突然引起性質上的變化，性質上的變化突然引起數量上的變化。今先將昂格思對於前者在化學上所舉的例子介紹出來：

"如以C代表一原子量炭素，H代表一原子量水素，O代表一原子量酸素，n代表每種結合中所含炭素原子量之數，便可以表現這些級次的分子式如下：

$C_nH_{2n}+2$——通常白蠟一類

$C_nH_{2n}+2°$，第一酒精一類

$C_nH_{2n}O_2$　一鹽基的脂肪一類

我們如果以最後的一個分子式爲例，順次假定n＝1，n＝2，n＝3，……便得到以下的結果（同分異性的除外）：

CH_2O_2—蟻　　酸—沸騰點100°溶解點1°

$C_2H_4O_2$—醋　　酸—沸騰點118°溶解點17°

$C_3H_6O_2$—卜羅辟安酸—沸騰點140°溶解點—
(Propionsäure)

$C_4H_8O_2$—牛　酪　酸—沸騰點162°溶解點—

$C_5H_{10}O_2$—瓦列里安酸—沸騰點175°溶解點—(Valeriansäure)

如此類推下去，一直到 $C_{30}H_{60}O_2$ 麥里息酸（Melissinsäure)爲止，此酸須至八十度才能溶解，並且沒有沸騰點，因爲牠一達到氣化時，卽行分解。”（見杜林的科學革命一二八至一二九頁）

其次再看人事界中的例子。如初期的工廠手工業與行會的手工業不同之點只在同一資本同時僱用比較多數的勞動者，當時不過把行會主人的工場擴大一些，這是數量上的變化。馬克思告訴我們說：

“多數力融合爲一種集合力，便發生一種新的力，拋開這一點不講，大多數的生產工人單是社會的接觸，卽產生一種競爭，和一種特殊的精神的興奮，能提高各個人服務的能力，所以十二個人同時在一個一百四十四點鐘的工作日中所供給的總生產物，比十二個勞動者各自單獨作十二點鐘的工，或一個勞動者連接作十二日的工所供給的要多得多。這正是因爲人在性質上雖不像亞里士多德（Aristoteles）所說的一樣，是一種政治的動物，然却是一種社會的動物。”（見考茨基註釋的資本論第一卷二七三至二七四頁）

又昂格思所引拿破崙的有訓練而不善騎馬的騎兵與善

於人自為戰而沒有訓練的曼麥琉克人（Mamelukes）的戰爭故事更是一個顯例。

"兩個曼麥琉克人對三個法蘭西人是無條件地佔優勢；一百個曼麥琉克人對一百個法蘭西人便不分優劣；三百個法蘭西人對三百個曼麥琉克人通常是佔優勢，一千個法蘭西人對一千五百個曼麥琉克人每次都要打個勝仗。"（見杜林的科學革命一三〇頁）

在另一方面，一塊冰如遇熱溶解為水，則其所佔的容積必比固體時為大，如遇大熱而盡蒸化為汽，則其佔的容積必比液體時更大，因為凡物遇冷便收縮，收縮則小，遇熱便膨脹，膨脹則大，這就是性質上的變化引起數量上的變化的例子。

在物理上既多這樣的例子，在社會中更是隨在都有。如當手工業時代，工人用手車紡紗，每人每日至多不能超過半斤，一到了大工業時代，每人照顧一架機器紡紗，即增至數十百倍，這也是性質上的變化引起數量上的變化的明證。

總而言之，自然界和社會中一切事物的演進達到某種程度，必定發生一種突變，使向來漸進的發展忽然中斷（並不像胡博士所說的"表面上好像打斷了歷史的連續性"那樣輕鬆），而另換一個新方向和新局面。我們固不像資產階級的學者和實驗主義的信徒一樣，因畏懼突變而否認突變，但也不像一般誇張突變的人一樣，以爲世間只有突變，沒有漸變，所謂"漸變"不過是一些小的突變；我們承認有漸變，也有突變，兩者正是相反而相成，並不像冰炭的不相容，方圓的不相入。這是辯證法的看法，這是宇宙間的定律，這是確切不移的眞理。

六　理論與實際的一致

"沒有革命的理論，卽沒有革命的運動。"理論的重要於此可見一班，因爲牠是實行的指南針，是實行的燈塔，沒有牠，實行便找不出方向，便要在暗中摸索。然理論非憑空發生，乃是經驗和思潮的產物，牠要去指導實行，必須與當前的局勢和將來的發展的實際情形切合，否則就變成空論或胡說，而不成其爲理論。可是自古至今的所謂理論多不合實際，只是一些空論與胡說。

呂氏春秋君恃篇說：

"凡人之性，爪牙不足以自守衛，肌膚不足以扞寒暑，筋骨不足以從利辟害，勇敢不足以却猛禁悍，然猶且裁萬物，制禽獸，服狡蟲，寒暑燥溼弗能害，不唯先有其備而以羣聚耶?羣之可聚也,相與利之也。利之出於羣也,君道立也。故君道立則利出於羣,而人備可完矣。昔太古常無君矣,其民聚生羣處,知母不知父,無親戚兄弟夫妻男女之別,無上下長幼之道,無進退揖讓之禮,無衣服履帶宮室蓄積之便,無器械舟車城郭險阻之備,此無君之患。"

這一段話把人類的宰制萬物歸之於"君道立",與實際情形相去十萬八千里。殊不知人類所以達到這一點是因爲自己生有一雙優越卓絕的手能夠製器作工,生有一個組織精巧的腦袋能夠思想計畫。紐曼(Karl v.Neumann)說:

"曾有人對於人類的文化史下一個簡單的定義,叫做人的腦與手的歷史。……在太古之世,這雙手將火石做成斧與刀,並且在天然的岩石洞壁上刻出動物的形象,後來牠們又造成密羅(Milo)的威洛斯(Venus,按這是司美麗與愛情的女神),畫出細克斯提尼的馬多拉(Sixtinische Madonna,按此即馬麗聖母之像),這同一的手更建築城市與華麗的皇宮,製造巨大的汽船與鐵路,汽球與飛機。"(見紐氏原始世界的奇蹟八八頁— Wunder der Urwelt)

周易繫詞上也說:

"見乃謂之象，形乃謂之器，制而用之謂之法，利用出入，民咸用之謂之神。"

呂氏春秋不從人的手與腦去追求"裁萬物，制禽獸，服狡蟲，寒暑燥濕弗能害"的原因，而籠統歸功於階級制中的君主，眞可謂信口開河。

其次胡適博士本着實驗主義的觀點，許多年來極力提倡個人主義，在一九一八年易卜生主義一文中徵引易氏致友人的信道：

"我所期望於你的是一種眞實純粹的爲我主義。要使你有時覺得天下只有關於我的事最要緊，其餘的都算不得什麽。……你要想有益於社會，最好的法子莫如把你自己這塊材料鑄造成器。……有的時候，我眞覺得全世界都像海上撞沉了船，最要緊的還是救出自己。"

（見胡適文存四卷九〇二頁）

他在一九二五年愛國運動與求學一文中重申斯義，並勸學生死心塌地讀書，不問時事，因作一極妙的詩規勸道：

"救國千萬事，
何一不當爲？
而吾性所適，
僅有一二宜。"

他在一九一九年不朽一文中更高唱“社會的不朽論”，說：

“……這種種過去的‘小我’，和種種現在的‘小我’，和種種將來無窮的‘小我’，一代傳一代，一點加一滴；一線相傳，連綿不斷；一水奔流，滔滔不絕；——這便是一個‘大我’。‘小我’是會消滅的，‘大我’是永遠不滅的。‘小我’是有死的，‘大我’是永遠不死，永遠不朽的。‘小我’雖然會死，但是每一個‘小我’的一切作爲，一切功德罪惡，一切語言行事，無論大小，無論是非，無論善惡，一一都永遠留存在那個‘大我’之中。那個‘大我’便是古往今來一切‘小我’的紀功碑，彰善祠，罪狀判決書，孝子慈孫百世不能改的惡謚法。這個‘大我’是永遠不朽的，故一切‘小我’的事業，人格，一舉一動，一言一笑，一個念頭，一場功勞，一樁罪過，也都永遠不朽。這便是社會的不朽，‘大我’的不朽。”（見同書同卷九八三頁）

他在一九三〇年介紹我自己的思想一篇序言中復將不朽的要點撮出，說道：

“個人吐一口痰在地上也許可以毀滅一村一族。他起一個念頭，也許可以引起幾十年的血戰。他也許‘一言可以興邦，一言可以喪邦'。……古人說，'一出言而不敢忘父母，一舉足而不敢忘父母。'我們應該說，'說一句話而不敢忘這句話的社會影響，走一步路而不敢忘這步路的社會影響。'這才是對於大我負責任。……這樣說法，並不是推崇社會而抹煞個人。這正是極力抬高個人的重要。個人雖眇小，而他的一言一動都在社會上留下不朽的痕跡，芳不止流百世，臭也不止遺萬年，這不是絕對承認個人的重要麼？"（見胡適文存序言一一至一二頁）

西洋資產階級的學者自資本主義的曙光時代起即提倡個人主義，去適應這個階級的利益，胡博士既是中國資產階級的代言人，本着實驗主義一味追求效果的方法，極力頌揚他自認爲"十九世紀維多利亞時代的陳腐思想"，以冀適應本階級的利益，我們自然不能責備他，不過要用辯證法的眼光，分別考察他的話是否適合於實際，是否可作一般青年的指路碑，而配稱爲一種理論。

第一，人不能離社會而獨立，一切生養教育都直接間接有賴於社會，當社會或國家需要個人犧牲時，即不當退避，尤其是比一般平民享有求知的優先權的智識分子應當奮不顧身，盡一己先知先覺的義務，切不可存"救國須從救出你自己下手"的心理，專謀一己的私利。現在拋開這種大道理不談，專講在當日情勢之下是否需要胡博士那樣的"理論"。一九一八年和一九二五年的學生倘若跟着他跑，即不會有轟轟烈烈的五四運動與五卅運動出現，而資產階級的革命無由發展。這是資產階級所不願意的。所以他的呼聲不獨爲其牠階級的人所非笑，並被本階級的青年當做耳邊風。爲什麼呢？因爲易卜生生在小資產階級內部矛盾的環境中，走入個人主義，完全是因這個階級沒有爭鬥的能力，使他不得不着重個人的反抗，中國的資產階級，小資產階級以及無產階級已具有爭鬥的力量，正需要聯合或各自集體地幹起來，對於他稗販來的個人反抗的主義，都知道效力甚小，無裨實用，故置之不理。胡博士說："空談外來進口的'主義'，是沒有什麼用處的"，這對於他自己所侈談的易卜生主義，恰是一語破的！像這樣不切實際的空談那裏配稱爲理論呢。

第二，他的"小我""大我"的說法，眞是亂七糟八，一塌糊塗。在沒有階級的社會中，個人與全體的利害一致，說說"小我""大我"，本來沒有什麼不可以，但在階級制明明存在並且對抗非常厲害的現代，個人的利害只能與某個階級一致，絕不能與全體人類一致，當然談不到"小我"之外就是

“大我”，更談不到“‘大我’是永遠不滅的”。因爲歷史的事實告訴我們，除掉“‘小我’是會消滅的”外，“大我”中的一整個集團也是會消滅的（此處本不能再用“大我”這個名詞，不過爲便於反駁胡博士起見，姑妄用之），如法國大革命（一七八九年）後貴族閥的消滅，俄國十月革命（一九一七年）後資產階級的消滅是。我們的大博士閉着眼睛不看事實，一味高唱他自己所認爲“空蕩蕩的‘大我’”，而“否認那介於‘人類’與‘我’之間的”階級，他如眞不知道，就是不智，如有心作僞，就是不誠，二者必居一於此！

還有一層，他說，過去，現在，將來種種“無窮的‘小我’一代傳一代，一點加一滴，一線相傳，連綿不斷；一水奔流，滔滔不絕；——這便是一個‘大我’”。像這樣說得天花亂墜，眞令我如墜五里霧中！可是莫忙，我要問問大博士，“一點加一滴”怎樣解法？據我想，具體地說，總不外人加人，物加物，意志加意志，感情加感情，凡屬“一切‘小我’的事業人格，一舉一動，一言一笑，一個念頭，一場功勞，一樁罪過”都相加起來，就等於“大我”的現象，換句話說，就等於社會現象。我們爲求簡單明瞭起見，不籠統討論這一切的一切，僅提出意志一項來說，因爲這個問題與下面要講的“個人造成歷史”一事大有關係的緣故。

我上面解釋胡博士的說法如果不算武斷，則他明明承認社會現象是各個人意志總和的產物(觀於他說:"個人造成歷史",益足證明這一點)。這是眞的麼?待我舉出最近國際間的糖業狀况來作考驗的資料。前數月的申報載古巴因糖價低落,故意焚毀大量的糖類,今日(一九三一年五月十一日)又載古巴,渣華,德,比,匈,波蘭,捷克七國代表簽訂國際糖業協定,限制各關係國過量的糖的輸出,以免產糖者的破產。各國糖業資本家從事於糖的生產本來是想獲取利潤,他們拚命擴充這種生產,本來是想獲取更多的利潤,社會現象如爲各個人意志總和的產物，則他們應當如願相償，各得厚利。但結果不獨達不到這種目的,並且因生產過剩,大破其產,大焚其糖,大限制其輸出。可見在這種無組織的社會中,社會現象不是各個人意志簡單相加的結果，而是交互錯綜交相牽制的結果,因此往往違反各個人的意志。胡博士的"一點加一滴……便是'大我'"的說法,完全與實際相反。

末了，我對於他這篇不朽論中所謂"個人造成歷史,歷史造成個人","個人造成社會,社會造成個人"的高見還要批評一下。這是從向來流行的"英雄造時勢，時勢造英雄"兩句臭調變來的，爲形式邏輯與實驗主義得意的理論。尤其是後者必然如此，因爲牠反對辯證法的有定論(Determinism）而高唱自由意志論，認個人可隨意造成歷史，造成社會。可是上面糖業狀況的事實已經明白告訴我們，個人的意志在這個無組織的社會中不能造成歷史，造成社會。自然，歷史和社會也不是人類以外的東西造成的，各個人的確都有力量錯雜其中，不過不像實驗主義者那樣籠統的主張一樣。怎樣講呢？馬克思在路易拿破崙的霧月十八日（Der achlzehnte Brumaire des Louis Bonaparte）說得對：

"人類創造自己的歷史，非出於自由創造，非出於獨立選擇，而是在已有和現成的局勢之下進行的。"

昂格思在佛愛巴黑與德國唯心哲學的尾聲把這種意思發揮得更爲詳盡：

"……社會史上的行動者是具有意識，思索，情感和一定目的的人類；每一件事的出現都有意志，都有目標。但這種區別對歷史的探討——尤其是對各個時期和事件的探討——雖十分重要，而於歷史的進程受內部普遍的規律的支配這種事實，却不能有所改變。不管一切個人所懷抱的目的怎樣，在表面上這裏大概是像受偶然的支配。凡所志所願的事物僅有少數出現，至於多數目的交互錯綜，互爲牽制，不是起初即不能實現，就是方法沒有效驗。所以無數單個意志與行動在歷史上的衝突所表現的狀況，和沒有意識的自然界大致相似。行動的目的固所心願，但由此等行動所發生的結果却非心願，成者初時似乎和目的相符，終久背道而馳。就大體講，歷史的事件好像同樣受偶然的支配。可是在表面上偶然卽表現力量，牠仍是受看不見的內部規律的支配，所以應將這種規律找出來。

人類創造自己的歷史，不管歷史的出現怎樣，每個人是依照自己自覺的目的去做的，這些在各方向動作的意志及其對於世界的許多影響所發生的結果，就構成歷史。因此要看無數個人所志所願的是什麼。意志是由情感或思考決定的。而直接決定情感或思考的動力，類種甚多。有一部分是外界的狀況，有一部分是理想的動機，如野心，'對于眞理和正義的熱忱'，個人的仇怨，或純粹個人各種各樣的幻想。但在一方面，我們已經看見，在歷史中動作的無數個人的意志所產生的結果，時常不是自己所願意的，有時且恰恰相反，個人意志的動力對于總的結果只佔次要的位置。在另一方面要問有什麼原動力站在此等動力的後面，有什麼歷史的原因能在行動者的頭腦中變成此等動力?"

我的生平第十一章起首所介紹的唯物史觀就是解答這個問

題的，讀者覆按一下，即可以知道歷史的原動力是什麽，個人在歷史上所處的地位是怎樣。胡博士對於這一點完全不懂，惟高唱"個人造成歷史"，"個人造成社會"；他是一個無神論者，當然不復迷信所謂全知全能的上帝，可是却迷信個人爲全知全能的上帝。像這樣和實際背道而馳的議論也夠得上一種理論的資格麽?

第三，我説個人是胡博士的全知全能的上帝，卽他的新偶像，並沒有寃枉他。試看他在最近一篇序言中仍是怎樣"極力抬高個人的重要"，不獨個人"一言可以興邦，一言可以喪邦"，並且起一個念頭"可以引起幾十年的血戰"，因此像煞有介事地奉勸個人"説一句話而不敢忘這句話的社會影響，走一步路而不敢忘這步路的社會影響"。其實他還應當説："起一念個頭而不敢忘這個念頭的社會影響"，否則恐怕"引起幾十年的血戰"，並且説不定就是世界第二次大戰！啊，個人，個人，你眞是偉大，眞是神祕！但實際情形究竟怎樣呢?愼子説得對：

"飛龍乘雲，騰蛇遊霧。雲罷霧霽，而龍蛇與螾螘同矣，則失其所乘也。……堯爲匹夫，不能治三人；而桀爲天子，能亂天下。……夫弩弱而矢高者，激于風也。身不肖而令行者，得助于衆也。堯教于隸屬而民不聽，至于南面而王天下，令則行，禁則止。"

所以個人絕對不是萬能的，他在社會中等于滄海的一粟，而他的作用也不過是一粟。要在某種狀況之下，代表某種勢力，適應某種潮流，個人才能表現得十分重要。像胡博士那樣的說法只是他自己所謂"一股誇大狂的空氣"！

胡博士看到這裏，一定要強辯道："我所說的毀滅一村一族，引起幾十年血戰和興邦喪邦等等上面，不明明有'也許'兩個字麼？你自己不看清文意，怎樣好怪我鼓吹個人萬能呢？！"

如果你不是鼓吹個人萬能，在一方面你應當加上"在某種狀況之下……"等字樣，在另一方面，決不致流露"極力抬高個人的重要"等語。至于"也許"兩字是你故作狡獪，常頑的一種把戲，絕不能減輕你鼓吹個人萬能的錯誤。怎樣講呢？

譬如你在多研究些問題少談些主義一篇二千一百多字的文中極力描寫"空談好聽的'主義'"是怎樣容易，"空談外來進口的'主義'"是怎樣沒有用處，"偏向紙上的'主義'"是怎樣危險，譏笑"高談主義，不研究問題的人，只是畏難求易，只是懶"，警戒人家莫談主義，"把一切'主義'擺在腦背後"。復於這樣痛快淋漓暢論一番之後，安上一張後門，說：

"我並不是勸人不研究一切學說和一切'主義'。"迫人家提出反駁,說沒有一種主義做標準,一切問題都無從談起,絕不能蔑視主義,你便從後門裏跑出來,說你已經在勸人研究主義。(當時的人正苦於沒有一種主義做解決問題的標準,故先從研究主義下手,這原是對的,你勸人家莫談主義,這又是你的理論不切合實際的明證。還有一層,你當時正在"空談外來進口的"易卜生的個人主義與杜威的實驗主義,更是自相矛盾!!!)可是梁啓超在歐遊心影錄中於敍述歐洲人所謂科學破產以後,何嘗沒有聲明他"絕不承認科學破產"?你在科學與人生觀序中却不因此饒恕他,說"謠言這件東西就和野火一樣,是易放而難收的。……一般不曾出國門的老先生很高興地喊着:'歐洲科學破產了!梁任公這樣說的。'"其實你所謂"也許",所謂"不是勸人不研究一切學說和一切主義",也正等於梁氏的聲明,有什麼用處?因爲你這種說法與全篇文字的分量和語氣太不相稱,絕不能引起人家的注意。他們只知道喊着:"救國須從救出你自己下手。眞實的爲我,便是最有益的爲人。個人造成歷史。個人造成社會。絕對承認個人的重要。胡適博士這樣說的!"這麼一來,一切卑鄙齷齪,自私自利,狼子野心,不顧公益的人都找着"理論"上的根據了。

以上所舉的例子都是理論與實際相背馳，不足以爲實行的指導，故對於實際不是不發生影響，就是發生很壞的影響。至於辯證法是要細心考察實際情形，使理論能與之切合，爲實際所需要，因而指導實行，改造世界。如列甯在一九一七年二月革命之後，提出土地歸貧農，無產階級奪取政權，及以後的對德媾和等等理論都切合實際，爲當時的環境最迫切的要求，故一經見諸實行，即收得絕大的效果。這是辯證法的觀察法，這是辯證法理論與實際一致的第一義。

奧大利有名的物理學家和實證主義(Positivism)的信徒馬赫（Mach 1838-1916）於一九〇五年著認識與錯誤(Erkenntnis und Irrtum)一書，宣言：

"'有定論'或'無定論'論旨的正確無從證明。……但當研究中，每個思想家在理論上必須爲有定論者。……每種新發見暴露了我們見解的缺點，表見了向來未曾察覺的關聯的其餘一部。……所以就是那些在理論上代表極端有定論的人在實際上也必須爲無定論者。"

列甯在唯物論與經驗批評論中批評道：

"將純粹的理論故意和實際分開，將有定論限於'研究'方面，使道德方面，社會活動方面以及'研究'以外的其他一切方面都陷在'主觀'評價的問題中，這不是愚昧麼？這個飽學自炫的人說，在我的工作室中，我是一個有定論者；但對於一個哲學家應注意的一種包括理論與實際，並建築在有定論上的統一的世界觀，可不必提及。馬赫說出這點小事，是因為他在理論上對於依照自由與必然的關係去解決這個問題，並不清楚。

* * * * *

一個可愛的對照：在理論上是教授，在實際上是神學家。或者在理論上是客觀論（即'羞答答的'唯物論），在實際上是'社會學上的主觀方法'。"（見列甯全集第十三卷一八五至一八六頁）

像這樣把理論與實際劃作毫不相干的兩截，在理論上做有定論者，在實際上做無定論者，眞是言不顧行，行不顧言，殊屬可笑，無怪乎烏里耶諾夫對之大肆譏評。可是這個鼎鼎大名的馬赫却係胡博士等的實驗主義的遠祖，所以胡氏論詹姆士的實驗主義時，特說明詹氏是綜合"馬赫等人的學說，做成一種實驗主義的總論"。不僅如此，馬先生這種毛病竟遺傳給我們的大博士了。請看他在科學與人生觀序中的供狀罷：

"在那個自然主義的宇宙裏，天行是有常度的，物變是有自然法則的，因果的大法支配着他——人——

的一切生活,生存競爭的慘劇鞭策他的一切行爲,——這個兩手動物的自由眞是很有限的了。”(見胡適文存二集二卷二八頁)

“因果的大法支配着他——人——的一切生活,生存競爭的慘劇鞭策他的一切行爲——這個兩手動物的自由眞是很有限的了。”這不是一種明明白白的有定論麼?爲什麽會出於高唱“自由意志”(即無定論)的實驗主義信徒的口中呢?啊,這也只是一種偶然的說法,終久還是要顯露他那眞面目來的,所以他接着又說:

“天行之有常只增加他制裁自然界的能力。甚至於因果律的籠罩一切,也並不見得束縛他的自由,因爲因果律的作用使他可以由因求果,由果推因,解釋過去,預測將來;一方面又使他可以運用他的智慧,創造新因以求新果。”(見同書同卷二八至二九頁)

胡博士在上面明白承認因果的大法支配着人的一切生活,他的自由眞是很有限的,在此處忽說,籠罩一切的因果律並不見得束縛他的自由,這就是說,並不見得支配着他的一切生活,而其所持的唯一理由是“因果律的作用……使他可以運用他的智慧,創造新因以求新果”。這種微妙的理論眞有些令人莫測高深!一切行爲剛才還受因果律支配的人類，此刻因創造新因去求新果，即可脫離牠的羈絆，使之無從籠罩，天下神奇的事甯有過於此舉麽？但我們細心考究一下，人類並沒有魔術棍子打破因果律的藩籬，突然衝出，他們並沒有什麽神奇的舉動，在此作怪的不過是胡博士前後自相矛盾的說法罷了。

怎樣見得呢？斯賓挪莎在他的主要著作人生哲學（Ethik）中批評那些主張自由意志說的哲學家道：

"他們顯然認人在自然界和國家中的一個國家一樣，因爲他們相信人破壞自然界的秩序比服從這種秩序爲多；而人對於自己的行動具有一種無條件的權力，除掉自己以外，不受任何事物的決定。"

胡博士在實際上也是這種哲學家之一，不過他對於明目張膽高唱主觀的，直覺的，綜合的，自由意志的，和單一性的人生觀的張君勱一班人旣奉送了一個"玄學鬼"的徽號，自己自然不能不勉強承認因果律對於人類一切生活的支配權。但他終爲實驗主義的方法所限，便繞一個圈兒來擺脫這種律的束縛。我說這句話，並不是深文周內，故意羅織，還有其牠事實，可作旁證。譬如他在杜威哲學的根本觀念中對於"'解决人的問題的哲學方法'是什麽？"回答道：

"這個不消說得，自然是怎樣使人能有那種'創造的智慧'，自然是怎樣使人能根據現有的需要，懸想一個新鮮的將來，還要能創造方法工具，好使那個懸想的將來眞能實現。"（見胡適文存十四版二卷四五〇頁）

他在詹姆士論實驗主義中又說：

"'實在好比一塊大理石到了我們手裏，由我們彫成什麽像。'……實驗主義（人本主義）的宇宙是一篇未完的草稿，正在修改之中，將來改成怎樣便怎樣。……實驗主義的宇宙是還在冒險進行的。"（見同書同卷四四〇至四四一頁）

此處所謂"創造的智慧"，"懸想一個新鮮的將來"，彫刻大理石一般地改造實在，修改未完的草稿，"將來改成怎樣便怎樣"，和冒險進行的宇宙等等，無一不是胡博士這一班實驗主義者本着"自由意志"所要幹的勾當。所以他不獨在實際上是一個無定論者，在理論上也畢竟是一個無定論者（他和張君勱一班"玄學鬼"只有程度上的區別，沒有性質上的不同）。不過有時又高興做一個有定論者，如和他的遠祖馬赫相較，豈止言不顧行，行不顧言，並且還是言不顧言，像這樣矛盾百出，難道是"一代不如一代"麽?!

至於辯證法是要理論與實際緊接一起，並聯貫一氣，如在理論上爲有定論，在實際上也必然爲有定論，絕不能自相矛盾，這是辯證法理論與實際一致的第二義。

七　相對眞理與絕對眞理的認識

"人家說是長安遠，我比長安遠九千"，這是我們家鄉一個出遠門的人寫信回來說的。我小時候，總是把牠當做歌兒唱，以爲那裏眞是遠得不得了。後來在中學學習地理，才知道長安不算遠，比長安遠九千里的地方也不算遠，只有許多學生前往歐美留學，算是到了"地之角"，那才眞是遠。但出國前偶閱哈洛(B. Harrow)從牛頓到愛因斯坦(From Newton to Einstein, London, 1920)一書，發見下面一段話：

"你如果設想乘坐快車，每點鐘的速度平均爲三十哩。你從紐約出發，在四天之內當達到舊金山。如以同一速度旅行全球，可在三十五日之內蕆事。倘仍能以同一速度騰空而起，向月球進發，在三百五十日之內便可達到目的。一到月球，旅行一周，需時八日，在地球時旅行一周却需三十五日。你如果不去月球旅行，而收拾行李，向太陽出發，那你，不如說，你的後裔在三百五十年之內當可入太陽境，再加上十年，即能繞行太陽一周。"（見從牛頓到愛因斯坦五九頁）

把地球和月球的距離比較一下，固覺得歐美猶如比鄰，但把地球和太陽的距離比較一下，豈不覺得月球是"望宇對衡"麼？由此看來，太陽眞是極遠極遠，眞是"天之涯"了。可是莫忙，再聽哈洛說罷：

"此等距離雖極大，然以地球和各星球的距離相較，又不算一回事。光的運行不是每點鐘三十哩，而是每秒鐘十八萬六千哩，光從太陽達到地球，約需八分鐘，從最近的星球達到地球，約需四年多一點。有些星球的光即運行幾百年也不能達到地球。"（見同書五九至六〇頁）

啊哎，太陽先生離我們眞不算遠，因爲光小姐僅走八分鐘就到了，只有那最近的星球勞她走四年多路，不能不稱爲十分遠，還有好些星球勞她走幾百年，尙不能和我們見面，不能不稱爲最遠。但據一九三一年三月三日申報電：

"世界各國的大天文台最近關于星的擴大現象，均有精密的觀測。據觀測的結果，各天體由其中心（即太陽）逐漸離開，而宇宙的範圍漸次擴大。此仍以分光攝影的光學的硏究，得其判斷。這種現象打破從來的宇宙衰老說，而證明宇宙尙在進化的路程中。"

旣是這樣，世界上如再出一個新的牛頓或一個新的愛因斯坦用窺天儀發見新的星球，要勞光小姐跑幾千年甚至于幾萬年，才得和我們打個照面，那這裏所謂“十分遠”和“最遠”的星球不是又變成“最近”和“十分近”麽？

我上面這幾段談天說地的話並不是隨便開頑笑，替大家解悶氣，而是要證明世間所謂眞理是有時間和空間性的，在一個時候和一個地方所謂“眞”，到了別個時候和別個地方也許不眞了。這不獨關于路程的眞理如此，卽其牠一切的眞理也大牛如此。再拿光小姐來說，在物理學上極有權威的牛頓說她的行動是直線的，從不走灣曲路。凡能用儀器實行試驗的物理學家，誰也相信這是毫無疑義的眞理。可是迄愛因斯坦出，竟發現光雖是尋着直線進行，但在途中如與具有吸引力的球體接近，她便不能再走直線。試以下圖說明其理：

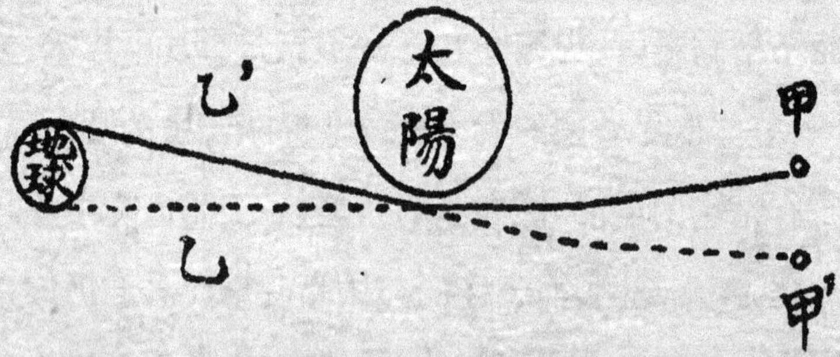

假定甲爲一星球，當牠的光向地球射來時，牠的光線恰恰掠太陽而過。光線的途徑如不受太陽的影響而爲筆直的，當爲甲乙。我們都知道，太陽先生平日的爲人十分磊落，且板起一副威風凜凜的面孔，正經得了不得，但一看見這位光明美麗的小姐在前面經過，便心花怒發，忘其所以，竟使出自己吸引力的大本領，拚命地向她勾引。光小姐本是大家閨秀，豈肯違反禮教，隨意私奔，不過她畢竟六根未淨，抵不住太陽先生那樣如火如荼的熱情的挑戰，遂爾脈脈含情，心心相印。她雖知道娘家與婆家的監視綦嚴，不容自己有外遇，然實在有些捨不得太陽先生，在前進中不斷地向他暗送秋波，以致自己誤入歧途。而她的眞正的行徑遂改爲甲乙'。在地球上盼望這位仙子下嫁並偸偸地窺測她的芳蹤的婆家滿堂賓客不獨沒有看出她的不正當的行徑，反以爲送她出來的家娘是甲'非甲，她的路線是正直的。但古語說得好，"若要人不知，除非己莫爲"，她的不正當的舉動雖一時瞞住了那些賓客，甚至于瞞住了精明的牛郎，終于被目光炯炯向她進攻的愛哥發覺，並向朋友們宣佈出來。因此我們現在便不認牛郎對她的看法是完全靠得住，而相信愛哥的觀察爲廉得其情了。

諸位看官，請勿怪我以遊戲的筆墨來描寫這天大的眞理，爲太不鄭重，我無非是怕此事過于乾燥，引不起你們的駐意，故這樣哥兒姐兒來一大段。現在我要作古正經地發議論了。

愛因斯坦對于光的路線的新發見並沒有推翻牛頓所說的光循着直線進行的眞理，而是限制了這種眞理的應用。就是，當光從太陽射到地球而不受其牠球體的吸引力的影響時，牠的行徑是直線的，當光從其牠星球射到地球而受太陽的吸引力的影響時，牠的行徑便是曲線的。所以這種眞理也一樣要受時間和空間性的限制。

在天文，地理和物理學上的眞理旣大半要受時間和空間性的限制，在階級制底下出現的文學，哲學和社會科學等等的眞理更不待言。尤其是關于是非，得失，善惡，邪正諸端，很少永久的標準和一成不變的眞理。我們鄉下有句俗話叫做："公說公有理，婆說理更長。"中國的成語也說："春雨如絲，農夫愛其潤澤，行人惡其泥濘；秋月如鏡，佳人愛其皎潔，盜賊惡其光明。"這正是因爲各人的立場不同，以致是非好惡背道而馳。

又如儒家講道德，重禮樂，信天命，自以爲他們的道是永久的眞理，可以放諸四海而皆準，行之百世而不悖。可是墨子却攻擊他們體無完膚。公孟篇說：

"儒之道足以喪天下者四政焉：儒以天爲不明，以鬼爲不神，天鬼不說。此足以喪天下。又厚葬久喪，重爲棺槨，多爲衣衾，送死若徙，三年哭泣，扶然後起，杖然後行，耳無聞，目無見。此足以喪天下。又弦歌鼓舞，習爲聲樂。此足以喪天下。又以命爲有。貧富，壽夭，治亂，安危，有極矣，不可損益也。爲上者行之，必不聽治矣；爲下者行之，必不從事矣。此足以喪天下。"

莊子看見儒墨之爭各有是非，所以說道：

"道惡乎隱而有眞僞？言惡乎隱而有是非？道惡乎往而不存？言惡乎存而不可？道隱于小成，言隱于榮華。故有儒墨之是非，以是其所非，而非其所是。"

可見關于人事方面的是非原是相對的，要在這一方面去求絕對的眞理便十分困難。善惡也是如此。昂格思說：

"從一種人民到另一種人民，從一個時代到另一個時代，善惡的觀念甚爲紛歧，常是彼此互相矛盾。——然有人會反對道：善畢竟不是惡，而惡也畢竟不是善；如果善惡不分，則一切道德掃地，各人可以隨意行動。……可是事情並非這樣簡單了結的。要是這樣簡單，當沒有善惡之爭，各個人都知道善是什麽，惡是什麽。現在怎樣呢？對我們宣傳的是何種道德？第一是從前信仰時代傳來的基督教和封建的道德，計分爲舊教與新教的兩部分，又再分爲耶穌舊教的道德，正宗新教的道德，和界限不分明的道德等等。此外有近世資產階級的道德，又有無產階級將來的道德，所以在歐洲最進步的諸國中，過去，現在和將來供給三大系道德學說，同時並存，比肩而立。那一種是眞實的道德呢？就絕對的永存的意義講，沒有一種是眞實的，不過那種代表現在的改革和將來的道德——即無產階級的道德——的確具有富于繼續性的最多的眞理元素。"（見杜林的科學革命八八至八九頁）。

以上這些例子都是相對的眞理而非絕對的眞理。可是這裏有一個應注意之點値得鄭重提出，即在一定的時間空間和一定的立場內，這些相對的眞理却具有絕對的意義。如我小時以長安爲標準，覺得比長安遠几千里的地方最遠，後來以中國爲標準，覺得歐美最遠，以地球爲標準，覺得月球最遠，以月球爲標準，覺得太陽最遠，以太陽爲標準，覺得最近的星球爲最遠，以最近的星球爲標準，覺得最遠的星球爲最遠。就我的標準繼續改變講，所謂"最遠"的眞理是相對的，但就標準未曾改變時講，牠便具有絕對的意義。然一出這個範圍，牠即不適用，因爲牠不獨不是一種眞理，而且是一種謬誤。所以昂格思說：

"眞理與謬誤和一切流動于兩極對立中的思惟規定（Denkbestimmung）一樣，僅在極有限制的領域內才具有絕對的妥當性（absolute gültigkeit）。…我們一經將眞理與謬誤的對立應用于上述狹小的領域以外，牠便變成相對的，因此不適用于嚴正的科學的表現方法；但我們于那個領域之外如果要用作絕對妥當性的東西，卽歸于失敗；對立的兩極將互換位置，眞理變成謬誤，謬誤變成眞理。"（見同書八五至八六頁）

還有一層，絕對眞理是由相對眞理成立的，如上述牛頓和愛因斯坦對于光所發見的眞理雖都不是絕對的眞理自身，然在某一方面却構成絕對眞理的一部分，並且因科學的進步，一天一天愈加增進這種絕對眞理的數量。列甯說：

"絕對的眞理是相對眞理的一種總和，就人類思惟的能力講，這種思惟能給予我們以絕對的眞理，並且也給了我們以絕對的眞理。科學發達的每一步驟對于絕對眞理這種總和加上新的分子；但每種科學定理的眞理界限是相對的，並且因知識的繼續增加而將界限縮小或擴大了。"（見列甯全集第十三卷一二三頁）

總觀以上各節，就容易明白辯證法所謂相對同時含有絕對，自牠看來，相對和絕對自身的差異也不過是相對的，兩者的中間並沒有彼此隔絕的鴻溝，也沒有不可踰越的萬里長城。列甯說得對：

"馬克思和昂格思的唯物的辯證法無條件地含有相對論,但不止于相對論，這就是說,牠承認我們一切認識的相對性,而承認此相對性,不在否認客觀眞理的意義上，却在我們的認識對于這種眞理接近的界限所具歷史條件的意義上。"(見同書同卷一二五頁)

可是實驗主義却不如此：牠站在相對論上，排斥絕對，牠的相對就只是相對，並不含有絕對的元素。所以胡博士說：

"知道天下沒有永久不變的眞理，沒有絕對的眞理,方才可以起一種知識上的責任心;我們人類所要的知識,並不是那絕對存立的'道'哪,'理'哪,乃是這個時間,這個境地,這個我的這個眞理。那絕對的眞理是懸空的,是抽象的,是籠統的,是沒有憑據的,是不能證實的。……我們現在且莫問那絕對究竟的眞理,只須問我們在這個時候,遇着這個境地，應該怎樣對付牠：這種對付這個境地的方法,便是'這個眞理'。這一類'這個眞理'是實在的,是具體的,是特別的,是有憑據的,是可以證實的。因爲這個眞理是對付這個境地的方法,所以牠若不能對付,便不是眞理;牠能對付,便是眞理：所以說牠是可以證實的。"(見胡適文存二卷四一五至四一

六頁）

天下有沒有永久不變的眞理，有沒有絕對的眞理，應從眞理的本身着眼，牠如果眞是永久不變的，眞是絕對的，便不應爲着"一種知識上的責任心"和"我們人類所要的知識……是這個時間，這個境地，這個我的這個眞理"的緣故，而盲目地加以排斥。實驗主義者不懂這個道理，先定下一個主觀的標準，然後來談眞理，其流弊必然達到列甯在唯物論與經驗批評論中所作的結論，就是：

"把相對論作爲認識論的基礎，不陷入絕對的懷疑論，存疑論和詭辯，便陷入主觀論，這是免不了的。以相對論爲認識論的基礎，其意義不僅承認我們認識的相對性，並且否認我們的相對認識所接近的任何種不依賴人類的客觀標準。一個人從赤條條的相對論的觀點出發，可以證明每種詭辯爲正當，可以把拿破崙是否死于一八二一年五月五日一事作爲'有條件的'，可以爲着個人或人類便利的緣故，于科學的意識形態（Ideology在一方面這確是'便利'的）之外，又讓一種宗教的意識形態（在另一方面這確是'方便'的）並行不悖。"（見列甯全集第十三卷一二四至一二五頁）

實驗主義者從赤條條的相對論出發，果然發生了列氏最後這幾句話所指出的現象。如詹姆士恐怕人們"沒有興趣,沒有刺激,沒有激勵,轉入正途",特決定擁護宗教,胡博士硬認"靈魂滅不滅的問題,於人生行爲上實在沒有什麼重大影響,……檢直可說是不成問題"(這是一種詭辯,理由詳後),就是一些顯明的證據。

然胡博士把眞理完全看做相對的,也自然有一些似是而非的議論作根據,例如說:

"譬如行星的運行,古人天天看見日出于東,落于西,並不覺得什麼可怪。後來有人問日落之後到什麼地方去了呢?有人說,日並不落下,日挂在天上,跟着天旋轉,轉到西方,又轉向北方,離開遠了,我們看不見牠,便說日落了,其實不曾落(看王充論衡說日篇)。這是第一種假設的解釋。後來有人說地不是平坦的,日月都從地下繞出;更進一步,說地是宇宙的中心,日月星辰都繞地行動;再進一步,說日月繞地成圓圈的軌道,一切星辰也依着圓圈運行。這是第二種假設的解釋,在當時都推爲科學的律例。後來天文學格外進步了,于是有哥白尼出來說日球是中心,地球和別種行星都繞日而行,並不是日月〔月球是繞地而行,此處應係一種錯誤〕星辰繞地而行。這是第三個假設的解釋。後來的科學家如刻卜勒，如牛頓，把哥白尼的假設說得格外周密。自此以後，人都覺得這種假設把行星的運行說得最圓滿，沒有別種假設比得上牠，因此牠便成了科學的律例了。即此一條律例看來，便可見這種律例原不過是人造的假設用來解释事物現象的，解釋的滿意，就是眞的；解釋的不滿人意，便不是眞的，便該尋別種假設來代牠了。”（見胡適文存十四版二卷四一一至四一二頁）

胡博士用大氣力來描寫古今人對于日球三種不同的假設，意在指摘一，二兩種的錯誤，藉此陪襯第三種也不過爾爾，再明白些說，不過是相對的眞理罷了。其實這種推論絲毫沒有道理，因爲眞理是否絕對正確，應從牠的本身下批評，不能因一二兩種假設的錯誤，遂疑及第三種假設所成立的眞理也有些靠不住（即不過是相對的）。這種議論是完全不相信人類能從相對的錯誤中找出客觀的絕對的眞理，可算是“十足的……武斷思想”。昂格思在杜林的科學革命中曾提出一個問題，就是：“人類認識的產物是否具有至上的妥當性和無條件的眞理權”。他的答案是：

“思想的至上性是在一批絕非至上的思想家中實現出來的；具有無條件的眞理權的認識是在一批相對的錯誤中實現出來的；兩者只能在人類無限的生存中

充分實現，別無牠道。

此處和上面一樣，又有同一矛盾發生于人類思想必然絕對表現的特質和這種思想在極受限制的單個思想家的實現中，這種矛盾只能在無限的進步中——對於我們至少是人類無限的連續中——去解決。就這種意義講，人的思想是至上的，又是非至上的，他的認識能力是無限制的，又是有限制的。依資質，功用，能力，和歷史的目標講，牠是至上的，無限制的；就單個的表現和每次的現實講，牠是非至上的，有限制的。

永久的眞理也是如此。人類若單從事於永久眞理和思想結果——這是具有至上的妥當性和無條件的眞理權的——的探討，一定可以達到知識界的無限性現實與可能實現的境界，因此無數有名的奇蹟便當完成了。"（見杜林的科學革命八〇至八一頁）

這正是一種辯證法的看法，牠指出人類在搜求眞理的進程中免不了要表現一批相對的錯誤，但並不像實驗主義一樣，因此一口咬定宇宙間沒有永久的絕對的眞理，這是何等的切合實際情形。

此外，胡博士還有一種更進一步的說法作爲眞理僅爲相對的的證據。他說：

"就是平常人最信仰，最推崇爲永永不磨的數學定理，也不過是一些最適用的假設。我們學過平常的幾何學的，都知道一個三角形內的三角之和等于兩隻直角；又知道一條直線外的一點上只可作一條線與那條直線平行。這不是幾何學上的天經地義嗎？但是近來有兩派新幾何學出現，一派是羅貝邱司基（Lobatschwsky）的幾何，說三角形內的三隻角加起來小于兩直角，又說在一點上可作無數線和一條直線平行；還有一派是利曼（Riemann）的幾何，說三角形內的三角之和大于兩直角，又說一點上所作的線沒有一條和點外的直線平行。這兩派新幾何學（我現在不能細說），都不是瘋子說瘋話，都有可成立的理由。于是平常人和古代哲學家所同聲尊爲天經地義的幾何學定理，也不能不看作一些人造的最方便的假設了。"（見胡適文存十四版二卷四一二至四一三頁）

關於幾何學上這三派的差異問題，胡博士這樣很不正確有頭無尾顚倒錯亂地說幾句，實足以引起絕大的誤會。我最初看見，很覺奇怪，所謂定理（Theorem）明明是由公理（Axiom）中推出，能夠證明的，牠所根據的公理如沒有被推翻，牠自身卽是"永永不磨的""天經地義"，爲什麼只能算作

"人造的最方便的假設"，"最適用的假設"！？其實胡博士所要說的是公理而不是定理，因爲公理是假設的，是不能證明的。講到羅利兩氏的幾何學，我因不明其內容，特就質於一位數學專家的友人C君，據說這只是他們所假設的公理的不同，故所推出的定理也不同。因爲三角形內三角之和等于兩直角，是根據一條直線外的一點只有一條平行線這個根本公理證明的，這是平常的幾何學，稱爲歐氏幾何學(Euklidsche Geometrie）或抛物線幾何學；迨羅氏出，繼許多學者之後，企圖證明歐氏的平行線定理，但因這定理實在是一種公理，無法證明，終歸失敗，於是反過來，去掉歐氏的平行線公理，易以一直線外的一點可作無數平行線的公理，於是三角形內三角之和即小于二直角，這是羅氏的非歐幾何學(Nicht-Euklidsche Geometrie)，又稱爲雙曲綫幾何學；後來利氏又換一條直線外的一點沒有平行線的公理，于是三角形內三角之和即大于二直角，這是利氏的非歐幾何學，又稱爲橢圓幾何學。所以胡博士所說的兩個問題只是一個問題，而羅利兩氏的非歐幾何學並沒有重大的意義，並沒有推翻歐氏幾何學，不過是證明歐氏的平行線定理是一種公理，是不能證明的，即去掉也不致發生矛盾罷了。

這三種幾何學說在各自假定的公理之中，自成爲一個獨立的系統，到底誰是誰非，此處用不着加以討論，因爲這樣一來，便超出我和胡博士爭辯的範圍之外了。我現在要說的只有一點：無論這三種幾何學說都眞也好，都假也好，或一眞兩假也好，兩眞一假也好，斷不能因此推出“假設是人們隨便矯揉造作的頑意兒”的結論。胡博士自然沒有這樣明白說出來，不過他一則曰“平常人和古代哲學家所同聲尊爲天經地義的幾何學定理，也不能不看作一些人造的最方便的假設”，再則曰“我們所假設的律例不過是記載我們所知道的一切自然變化的‘速記法’”，三則曰“實在是一個很服從的女孩子，她百依百順的由我們替她塗抹起來，裝扮起來”，窺其用意，無非是認假設爲由人隨意造成的，眞理乃完全相對的，主觀的。這是一種天大的錯誤，叫人家無從原諒，特詳述其理由如下：

佛愛巴黑說得對：“我的感覺是主觀的，但感覺的根據是客觀的。”我現在也同樣地說，人們的假設是主觀的，但是假設的根據是客觀的。所以假設不是搓湯圓，它可以隨便大一點，小一點，圓一點，扁一點；假設也不是“記載我們所知道的一切自然變化的‘速記法’”，可以隨便簡一點，略一點，漏一點，補一點；假設乃是客觀實在的摹本，乃是我們所知道的一切自然變化的印象。因此假設不能馬馬虎虎，必須正正確確，否則不成其爲科學的假設，只是不負責任的信口開河！這是第一點。

第二，關於實在的問題，以後當詳加討論，不過此處因牠和假設有最密切的關係，不能不先說幾句。胡博士認實在是一個很服從的女孩子，百依百順的由我們塗抹，裝扮，這些話簡直是在開頑笑，沒有囘駁的價值。他或讀者如果要求我囘駁，那我也有權利，用開頑笑的方法來遵命。實在這個女孩子如果眞是百依百順地讓我們塗抹裝扮，弄得花枝招展，媚態橫生，對於我們確是爽心悅目，一見銷魂，但這不是她的本色，不復能稱爲實在了。大家如嫌這種說法過于空洞，我可再舉一個有趣的例子。胡博士是一個實在，如果替這個實在作一個摹本，就他的尊容講，所表現的是一個眉淸目秀，瓜子臉兒，並蓄有八字鬚的四十許的男性。但我們的大博士如果百依百順地由我們替他取下博士帽，拔掉八字鬚，剃去眉毛，畫上兩道上海最時髦的又細又長的柳葉眉，臉兒敷着雪花膏，撲上三花粉，配以鮮艷的胭脂（兩唇也在內），再將頭髮燙得蓬鬆鬆的，裝成一個嬌滴滴的十六歲小姑娘的樣子，就扮相講，固然較前美得多，無奈已非"盧山眞面目"了！在素識胡博士的人看來，一定要說："像這樣'冠而雌''老而少'的打扮和本來面目實在差得太遠了!?"在素來不識胡博士的人看來，也許一時信以爲眞，並且讚美道："像這樣才學超羣，容顏絕世的佳人眞是千載難逢，羅蘭夫人不能專美于前矣！"可是迨他們慕名造訪，一定相對駭然，大駡造像的人故意惡作劇，不亦條條地作成一個摹本，要這樣那樣矯揉造作，以僞亂眞！

胡博士，請勿怪我輕薄，褻瀆了你的尊嚴，我的用意不過是就近取譬，使人易于明瞭罷了。"閒話休提，言歸正傳。"我們從上面這個例子可以看出實在是要客觀的實在，不能任意塗抹裝扮，假設是要正確的假設，不能隨便省略增補，否則八字鬚的四十許的胡博士就會變成嬌艷欲絕的十六歲小姑娘了。大家明白了這個道理，就可以斷定：前面三種幾何學說如果都眞，必定各有特別適用的場所，如牛頓和愛因斯坦對於光的學說可以並存一樣，如果都假，那就是摹本走了樣，應當再用心作出正確的摹本，如果一眞二假，或二眞一假，那就是有的係正確的摹本，有的係走了樣的摹本。無論如何，我們總不能因三者的並存並廢，或一存二廢，或二存一廢，而推出"眞理僅係相對的，實非絕對的"的結論，再退一步，假定從這三種幾何學說中證明其中所含的眞理確係相對的，然也不能因此斷定牠不會進于絕對的眞理，因爲相對的眞理本是跟着宇宙的進化和社會的發展，向絕對的眞理方面進行的。怎樣講呢？關於這一點，列甯說得很明白：

“從近世唯物論……的觀點看來，只有我們接近客觀的絕對眞理的認識界限是受歷史條件限制的，但這種眞理自身的存在是無條件的，我們接近牠，也是無條件的。一張圖畫的輪廓是受歷史條件限制的，但這張圖畫表現一種客觀存在的模樣，是沒有條件的。在什麼時候，在何種狀況之中，我們對於事物性質的認識，達到發見黑煤油（Kohlenteer）中的亞里插林（Alizarin）顏料，或原子中的電子，這是受歷史條件限制的，但每種這樣的發見係一種‘無條件的客觀認識’的進步，這是沒有條件的。總而言之，每種意識形態是受歷史條件限制的，每種科學的意識形態（別于宗教的意識形態），符合一種客觀的眞理，一種絕對的性質，這是沒有條件的。你們〔指俄國的馬赫主義者〕將說：相對和絕對眞理間這樣的區別是無定的。我的答案是：要防止一種科學變成一種固執的教義，卽變成一種死板，僵硬的東西，這種區別固然是‘無定的’，但要自別于信仰理性論（Fideismus），存疑論，哲學的唯心論，康德和休謨（Hume）門徒的詭辯，這其中最決切的和最不可救藥的成分，這種區別同時便是‘有定的’。這裏是你們沒有發覺的一條分水線，因為你們沒有發覺，遂墮入反動哲學的溝渠中。這是辯證法的唯物論和相對論中間的一條分水線。"（見列甯全集第十三卷一二四頁）

中國的馬赫主義者胡博士啊，你也是同樣沒有發覺這條分水線，遂墮入反動哲學的溝渠中，並且因階級立場和方法的關係，將愈墮愈深，不能自拔了。

胡博士在最近一篇序言中說：

"我的思想受兩個人的影響最大：一個是赫胥黎，一個是杜威先生。赫胥黎教我怎樣懷疑，教我不信任一切沒有充分證據的東西。杜威先生教我怎樣思想，教我處處顧到當前的問題，教我把一切學說理想都看作待證的假設，教我處處顧到思想的結果。這兩個人使我明瞭科學方法的性質與功用。"（見胡適文選序言三頁）

倡存疑主義的赫胥黎和實驗主義的杜威自己既各有所蔽，說出話來自然也盡是毛病。不過單就赫氏的"拿證據來"，和杜氏的"處處顧到當前的問題"講，是搜求眞理者所應有的態度。無奈我們承受師傅的大博士恰和那"兩位大師"一樣，只能在存疑主義與實驗主義所限制的範圍以內找證據並顧到當前的問題，一出這個範圍，雖有最明顯的證據和日日接觸的當前問題，他和一切實驗主義者，存疑主義者就熟視無覩了，總是依照自己的方法，閉着眼睛亂喊宙宇間沒有永久的眞理，沒有絕對的眞理，絕不知道在當前的問題上先去找一找證據。實則自然界和人類社會中到處都有永久的絕對的眞理。試看一加一等于二，二減二等于零，三乘三等于九，四除四等于一，這不是永久的絕對的眞理麽？胡博士如能用一種假設證明一加一等於三，二減二等於一，三乘三等於十，四除四等於二，那我就相信假設可以隨便做，眞理沒有永久的絕對的。又看試一九一一年十月十日武昌起義，一九一九年五月四日北京發生一種空前的學生運動，一九二五年五月三十日上海發生一種反帝國主義的學生運動，這不是永久的絕對的眞理麽？胡博士如能用一種假設證明一九一一年十月十日武昌沒有起義，一九一九年五月四日北京沒有發生學生運動，一九二五年五月三十日上海也沒有發生學生運動，那我就相信假設可以隨便做，眞理沒有永久的絕對的。像這樣的證據，這樣的當前的問題，眞是多至不勝枚舉。現在要問胡博士，這一類絕對的眞理“是懸空的，是抽象的，是籠統的，是沒有憑據的，是不能證實的”？還“是實在的，是具體的，是特別的，是有憑據的，是可以證實的”？如果說牠們仍不出前一列的說明，請將上面的絕對的眞理一律加以反駁，如果說牠們的確也和後一列的說明相符，請趕快取消你那前一列的妙論，免鬧笑話！

至于辯證法是完全根據客觀的實在，判斷眞理的相對性和絕對性，自己絕沒有何種武斷的固執的教條，套在客觀眞理的身上，加以矯揉造作。牠在一方面，承認自然界和人類社會的變動不居，眞理也跟着變化，因此眞理是相對的，在另一方面牠承認宇宙間有些客觀的實在於形成眞理之後，即具有永住性，不因時間空間的變遷而受影響，這種眞理是絕對的；還有一層，牠承認相對的眞理在一定的時間空間內具有絕對的意義，或和昂格思所說的一樣，具有"絕對的妥當性"，並且因宇宙的展進而向着絕對的眞理方面展進。所以辯證法既不像機械的唯物論的代表杜林一樣，認一切眞理爲終極的絕對的，絕不含有相對性，也不像實驗主義的代表胡博士一樣，認一切眞理爲暫時的相對的，絕不含有絕對性，牠完全以客觀眞理自身的是否變化爲評價的標準，故免去兩者的偏執了。

三 從馬克思的辯證法與黑格爾不同之點說到胡適博士的批評態度和實驗主義的源流

我們對於馬克思和昂格思的辯證法已經定出七個規律，詳細舉例說明，並逐條與實驗主義的學說作個比較，藉以顯示這兩種方法優劣的所在。這是第一步工作。現在爲使大家徹底了解兩者的自身及其差異起見，還要做第二步工作，先從馬克思的辯證法與黑格爾不同之點講起。

資產階級的學者對於這種不同之點大概是不懂得的，然又不肯藏拙，好發無謂的議論。昂格思曾譏誚這種人，說：

"在近代國家中的前提是，每個國民對於自己要投票解決的一切問題得自由評判；在經濟學上的假定是，每個消費者對於購買維持自己生活的一切商品能徹底了解——現今在知識上也是事同一律。所謂知識自由就是對於自己沒有研究過的一切東西搖筆寫來，並且自以爲是唯一的嚴格科學的方法。杜林君是喧囂的僞科學最出色的代表之一，這種僞科學在現今的德國，到處擠在最前線，並且挾着牠的咄咄逼人的高等譫語，壓倒一切。"（見杜林的科學革命序言第九頁）

這位杜先生就是把馬克思的辯證法和黑格爾的看做同一物的。天下事無獨有偶，我們的哲學博士胡先生也是如此，他說：

"從前 CDS 先生曾說實驗主義和辯證法的唯物史觀是近代兩個最重要的思想方法，他希望這兩種方法能合作一條聯合戰線。這種希望是錯誤的。辯證法出於黑格爾的哲學，是生物進化論成立以前的玄學方法。實驗主義是生物進化論出世以後的科學方法。這兩種方法所以根本不相容，只是因爲中間隔了一層達爾文主義。達爾文的生物演化學說給了我們一個大教訓：就是教我們明瞭生物進化，無論是自然的演變，或是人爲的選擇，都由于一點一滴的變異，所以是一種很複雜的現象，决沒有一個簡單的目的地可以一步跳到，更不會有一步跳到之後可以一成不變。辯證法的哲學本來也是生物學發達以前的一種進化理論；依牠本身的理論，這個一正一反相毀相成的階段應該永遠不斷的呈現。但狹義的共產主義者却似乎忘了這個原則，所以武斷的虛懸一個共產共有的理想境界，以爲可以用階級爭鬥的方法一蹴卽到，旣到之後又可以用一階級專政方法把持不變。這樣的化複雜爲簡單，這樣的根本否定演變的繼續，便是十足的達爾文以前的武斷思想，比那頑固的黑格爾更頑固了。”（見胡適文選序言三至四頁）

當我初次看見這一段話時，幾乎不相信自己是在讀胡博士的大作，以爲梁啓超復活，這是出于梁氏的手筆。因爲在資產階級影響最大的兩大學者中，無論如何，我們不能不承認梁氏完全是一個玄學的頭腦，“筆鋒常帶感情”，遇事信口開河，而胡博士則受過科學的洗禮（但梁氏的才具却超過胡博士），能應用美國資產階級學者的實驗主義來討論一切問題，雖因方法不善，常是求不出眞理（如本書前面所舉的各例是），但他總算是小心翼翼地搜求證據，不肯完全抹殺事實。現在拿上面這一段話來看，我簡直不敢恭維他的頭腦勝過梁氏，他們兩人正是半斤與八兩，彼此相等，他們都是善于運用昂格思所描寫的資產階級的“知識自由”的！

我們現在沒有許多工夫與篇幅來暴露他上面一段話的全部錯誤，僅就馬克思與黑格爾的辯證法，達爾文主義與實驗主義，實驗主義與辯證法各項問題來討論一下。

要講黑格爾的辯證法，須略涉及他的哲學體系。這種體系不僅集德國唯心哲學的大成，並且是歐洲——不如說世界——資產階級的哲學最後的碩果，自此以後，這個階級卽無哲學可言了。黑氏是一個唯心論者，他把所謂“絕對意象”(Absolute Idee）看做原始的和唯一眞實的東西，這是歷史進步的泉源，這是宇宙的根本，萬古如斯，絕不變動的。但就他的辯證法講，恰恰相反：卽世界是向前進步的，萬事萬物是川流不息，變動不居的；如今天存在的東西是眞實的，合理的，到了明天一失去其存在的必要，便不眞實，不合理了，所以世間事物不能萬古長存，總有變動與消滅的一天。

黑格爾哲學的體系和方法旣是這樣自相矛盾，各不相容，他死（一八三一年）後不到十年，他的信徒便分裂成爲兩派：卽反動的“正統派”，崇奉他的“絕對意象”，和革命的“少年黑格爾派”，相信他的辯證法。當馬克思和昂格思還是唯心論者的時候，是屬于後一派。他們後來經過佛爱巴黑，轉入唯物論的途中，仍挾着這個辯證法的竇法同去了。然黑格爾的辯證法和他們的到底有沒有區別？我們可先聽一聽馬克思說：

"就根本上講，我的辯證法的方法不獨和黑格爾的辯證法不同，並且還是牠的正反對。黑氏以爲思想的進程——他甚至于在意象的名稱之下，將這種進程變爲一個獨立的主體——是實在世界的創造主，而實在世界只是這種進程的外表的現象。反之，我以爲理想不過是反映在人的腦袋中的物質罷了。

差不多在三十年前，我對于黑格爾辯證法神祕的方面，就加以批評。……辯證法在黑氏的手中雖弄成神祕化，但絕不因此妨礙他在宏大和有覺悟的方法中，首先寫出辯證法一般的運動形態。辯證法在黑氏手中是頭在下的逆立着。我們要從這神祕的外殼去發見合理的核心，必須將頭在底下的辯證法顛倒過來。"（見考茨基註釋的資本論第一卷序言四七至四八頁）

這兩段話雖指出黑格爾的辯證法和馬昂的辯證法中間一個絕大的異點，但還不詳細，我們可再聽昂格思說：

"自黑格爾看來，辯證法是意象的獨立發展。絕對意象不僅永久在存——不知道在何處？——並且還是現存整個世界眞正的活靈魂。絕對意象自行發展，經過一切初步——這些初步在〔黑氏的〕邏輯一書中討論十分詳細，且都包含在絕對意象中——于是'自我化生'轉變爲自然界，牠在自然界于不知不覺之中因自然的必要，經過新的發展，後來在人類中復達到自我意識；這種自我意識現在在歷史上又從粗糙中發育出來，及至最後，絕對意象在黑格爾的哲學中才完全復活。自黑氏看來，在自然界和歷史中所出現的辯證法的發展，這就是說，經過一切曲折運動和暫時退步而貫徹的自低至高的進步的因果關係，不過是意象從永久——不知在何處，但和每個有思想的人的腦袋沒有關係——出來的自發運動的影子。這種意識上的顚倒錯亂必須加以剷除。我們不把眞實事物看做絕對意象發展到這個或那個階段的反映，却從唯物的見地，將我們腦袋中的意象看做眞實事物的反映。因此辯證法變成了眞實世界和人類思想一般運動規律的科學——這兩種規律在實質上是相同的，在表詞上是相異的，因爲人的腦袋能夠有意識的運用牠們〔指規律〕，而在自然界，一直到現在，甚至于在人類史中，牠們是在無意識的形態中，在外界必然的形態中，經過無限的偶然，才貫徹出來。可是意象辯證法自身却因此成爲眞實世界辯證法運動自覺的反映，而頭站在地上的黑格爾辯證法復將脚站在地上。"（見昂氏佛爱巴黑與德國唯心哲學的尾聲三七至三八頁）

對于馬克思主義，特別是辯證法沒有入過門的胡博士，自然不知道馬昂兩氏的辯證法和黑格爾的不獨大不相同，而且恰恰相反。但胡博士現在看見馬昂兩氏上面的說法，未必即能了解黑格爾的辯證法爲什麽是倒栽葱，他們自己的辯證法爲什麽是脚踏實地的，因此須略加以解釋。

我們在前面對于自然界和歷史曾舉出無數的例子，證明自然現象和歷史現象的發展，無一不取辯證法的途徑。我們又曾指明，宇宙間的萬事萬物是川流不息，變動不居的，而其致此的原因是由于牠們自身所包含的矛盾。由此可以作出三條結論：

（一）辯證法原是自然和歷史所固有的大法大則。

（二）辯證法是唯物的。

（三）人類旣是自然的一部分，所以他們的思想方法終能與自然和歷史的大法大則一致而發見辯證法。但黑格爾是個唯心論者，他所首先注意的是精神而不是物質，是意象而不是實在的世界，所以他反過來，把辯證法的發展看做意象自發運動的影子，而辯證法自身便神祕化，令人不可捉摸了。然就辯證法的本質講，牠本是自然和歷史固有的東西，牠本是唯物的，所以馬昂兩氏才能夠把牠的兩隻朝天的脚轉過來，使之站在實地上，使之恢復牠在自然和歷史中固有的位置。昂格思說：

"把此等規律當作自然與歷史的思想律，而不視爲出自自然與歷史的規律，是一種錯誤。因此就引起一種完全強迫的，並且常是令人驚駭的局勢：即無論世界願意與否，應以一種思想系統爲依歸，而此思想系統自身又不過是人類思想一定發展步驟中的產物。我們如果將此物反轉過來，一切都變簡單了，而那表現于唯心哲學中的外表神祕的辯證法規律也馬上簡單明瞭了。"（見馬克思與昂格思叢刊第二卷二八五頁）

現在爲使胡博士，徹底明瞭黑馬兩氏辯證法的區別起見，還可引蒲列漢諾夫所舉的一個例子作爲淺釋：

"自黑格爾看來，社會生活的辯證法和每種有涯際的辯證法(Dialektik des Endliches)一樣，終于具有一種神祕的原因，即無涯際的性質(Natur des Unendliches)，絕對精神的性質。馬克思則以爲這種辯證法是繫于完全實在的原因：即繫于社會所使用的生產工具

的發達上面。"（見蒲氏唯物論史一八九至一九〇頁）

統觀以上各節，就知道馬昂兩氏的辯證法原不同于黑格爾的辯證法，牠一點也不神祕，牠完全是一種科學，胡博士因其"出于黑格爾的哲學"，便一口咬定牠'是生物進化論成立以前的玄學方法'，這是何等武斷，這是何等濫用"知識自由"！

中國人具有一種望文生義的大本領，為任何國人所不及。譬如前清時代的小試中有一次的搭截題爲：

"可以人而不如鳥乎？詩云：穆穆文王"

像這樣上下句"風馬牛不相及"的題目可算是難做極了。但我們的八股先生中居然有人做出：

"夫人不如鳥，可恥孰甚？如恥之，莫若師文王。"

的妙文來，把題中的上下句接得天衣無縫，令我不能不叫一聲"天才"！後來"洋八股"代興，有一個試題爲：

"拿破崙，華盛頓，威廉論。"

可是有一個人只知道前六個字是兩個人名，不知道後兩個字也是人名，即振筆直書，作成一篇洋洋數千言的大文，他的最得意的結論是：

"夫拿破崙威而不廉，華盛頓廉而不威，欲求威廉並著之完人，誠戛戛乎其難矣！"

我一看見這種大文，不能不叫一聲"更高級的天才"！現在我們的胡博士决切地斷定黑格爾以後的辯證法（即唯物的辯證法）爲"玄學方法"，可見他的望文生義的本領比上面兩個做老八股與"洋八股"的人更大，令我不能不叫一聲："最高級的天才！"

我爲什麽要說這許多廢話來和胡博士開頑笑呢？因爲他好擺出學者的架子，像煞有介事地教訓世人。他最近在胡適文選一篇長序的末段說：

"從前禪宗和尚曾說，'菩提達摩東來，只要尋一個不受人惑的人'。我這裏千言萬語，也只是要教人一個不受人惑的方法。被孔丘，朱熹牽着鼻子走，固然不算高明；被馬克思，列甯……牽着鼻子走，也算不得好漢。我自己决不想牽着誰的鼻子走。我只希望盡我的微薄的能力，教我的少年朋友們學一點防身的本領，努力做一個不受人惑的人。"

看啊，好一個指點迷途的大教主！"被孔丘，朱熹牽着鼻子走！""被馬克思，列甯……牽着鼻子走！"我們慈悲爲懷的"胡聖人"（這是上海中國公學學生們替他上的尊號），當然是看不過意的。當齊宣王時，"有牽牛而過堂下者，……將以釁鐘，王曰，舍之，吾不忍其觳觫，若無罪而就死地！"我們的教主或聖人也無非是"不忍其……無罪而就死地"，故不惜"千言萬語"，現身說法。可是俗語說："對牛彈琴，牛耳不聞"，你所要拯救的對象既只是一些被人"牽着鼻子走"的牛，試問你的苦口婆心有什麼用處?！難道你眞正想演竺道生頑石點頭的奇蹟麽?這是第一點。

第二，"人之患在好爲人師"，要想眞正教人，確是一樁大不容易的事。自己對于一種學說，要先弄得清清楚楚，至少也要知道個大概，不致厚誣這種學說本來的面目，才配開口或動筆，否則不是"教人"，而是"誤人"。你對于達爾文的學說只知其一不知其二，對于馬克思的辯證法毫無所知，怎好"教人"呢?！不怕貽誤你的少年朋友麽? 你如果眞要教人的話，還是學學達摩，先面壁十年罷！

第三，你"要教人一個不受人惑的方法"，這就是替人們指出一條路，如用你的話來說，就是"牽着"他們的"鼻子走"。(一個人如眞正相信一種學說或方法，爲之闡揚，引起人們的注意採用，這只是替他們指出一條路，本來不能說是牽着他們的鼻子走，但胡博士一方面看不起讀者，另一方面又憤自己的學說無人附和，兼妒忌別人的指導，故意造出這個惡名詞，想藉此挑撥讀者的惡感，所以我在此用他的語法加以詰責，至于自己絕不敢把讀者當牛看待。) 你在杜威先生

與中國一文中說:

"杜威先生不曾給我們一些關于特別問題的特別主張——如共產主義,無政府主義,自由戀愛之類——他只給了我們一個哲學方法,使我們用這個方法去解決我們自己的特別問題。"(見胡適文存二卷五三四頁)

你現在也許藉口于對特別問題沒有特別主張(其實從個人主義,"好人政府"起,至"人權論"止,是很多的),只給你的少年朋友一個哲學方法,不算是"牽着"他們的"鼻子走"。可是一種方法要勝過千千萬萬的特別主張,如果不信,可聽我說一個故事。西洋的小說中曾述及某國王遇着一位擅點金術的仙人,此人的手頭所指,無論何物立刻變爲黃金,盡以奉獻國王,但他辭而不受,要求教以點金術。這是什麼緣故呢?因爲學會了點金術,不愁沒有黃金。同樣你教會了你的少年朋友一個方法,不愁他們不作出和你相同的或大同小異的特別主張。關于這一點,你看得非常清楚,並且明白承認:

"特別主張的應用是有限的,方法的應用是無窮的。"(見同書同卷五三六頁)

所以你用方法去"牽着"人們的"鼻子走",比任何特別主張還要牢固得多,厲害得多。你說:

"被孔丘，朱熹牽着鼻子走，固然不算高明；被馬克思，列甯……牽着鼻子走，也算不得好漢。"

我現在要問：

被胡適"牽着鼻子走"，就算"高明"，被杜威"牽着鼻子走"，就算"好漢"麽？！

第四，你的方法本來是極不正確的，偏要拿來教人，美其名曰"一個不受人惑的方法"，教人當作"防身的本領"，這不是"江湖術士，左道惑人"麽？還有一層，依照貴方法講，一切眞理都是相對的，並不含有絕對性，旣是這樣，貴方法即使正確，也不過是相對的，你那有資格來排斥最切實用的辯證法而讓你的法寶獨佔江山呢？你在我的歧路一文中說：

"我現在出來談政治，雖是國內的腐敗政治激出來的，其實大部分是這幾年的'高談主義而不研究問題'的'新輿論界'把我激出來的。"（見胡適文存二集三卷九九頁）

于是氣憤憤地大叫：

"孔丘朱熹的奴隸減少了，却添上了一班馬克思克洛泡特金的奴隸。"（見同書同卷一〇一頁）

像這樣不分靑紅皂白的破口亂駡，不獨連你的老子一起駡在裏面（因爲據我所知，他老先生確是聖人之徒），不獨連你自己也必然罵在裏面（因爲侈談馬克思克洛泡特金的學說的人旣是馬克兩氏的奴隸，侈談易卜生個人主義和杜威實驗主義的你就享有特權，不能算作易，杜兩氏的奴隸麽?），並且和你的主張與方法完全矛盾！怎樣見得呢?“研究問題”與“輸入學理”是你在新思潮的意義一文中所提出的兩個重要目標，你一面“輸入學理”，一面“研究問題”，這表見你的能力大，本領高，能夠兼籌並顧，人家只能“輸入學理”，不能“研究問題”，這是由于他們的能力小，本領低，無法兩全其美，——你的工作倘若說得上是相對的眞理，那麽，他們的工作正是事同一律。即再退一步，假定你的雙方兼顧是完全正確，他們的偏于一面是完全錯誤，依照貴方法講，正確是相對的，錯誤也是相對的，有什麽了不得，值得你那樣大動肝火，一律贈以“奴隸”的頭銜?何況你的主張與方法謬誤百出，不值識者一粲，乃竟持一種入主出奴之見，視自己的主張與方法爲天經地義（可見相對論者原是最拙劣的絕對論者），目他人爲“‘目的熱’而‘方法盲’，迷信抽象名詞，把主義用作蒙蔽聰明，停止思想的絕對眞理”。其實你如果肯平心靜氣考慮我在上面及下面所指出的你和實驗主義的一大批錯誤，至少可以看出你自詡爲“十幾年前……所預料的種種危險”（即此處所徵引的目的熱，方法盲等等）是你自己和他人共同躬蹈的，從此不要勇于責人而怯于責己，從此不要以教主自命，以爲可以"教人一個不受人惑的方法"，否則逃不了"今以其昏昏使人昭昭"之譏了！

末了，你既以一個"不受人惑的方法"相號召，我就要拆穿你的"西洋鏡"，指出你的方法的來源，使牠顯出"狐狸尾把"來。你的哲學方法，不用說，就是前面領教過的實驗主義，也就是詹姆士的哲學。耶布郎斯基(Jablonski)說得對：

"就詹姆士哲學的全部性質講，牠是獨立戰爭後美國資產階級龐大的經濟發展和社會發展的一種產物，即這個階級龐大的蒸蒸日上的權力意識和企業精神的一種表現，此階級在實踐上既不受一切封建殘餘的妨害，在理論上又不受一切形而上學成見的羈絆，便把牠的福音：'無顧忌的蓄積'插入實際中。據詹姆士說，我們的觀念是'工作的假設'(Arbeitshypothesen)，產生于對效果的信仰。但從'對效果的信仰'到'信仰的效果'觀只有一步路，所以他的實驗主義——這種主義用一種眞實不虛的美國式無顧忌的態度，表現于一切理論的問題中——流于神秘，因此宗教感情的滿足必定構成企業的一個整部分，這裏也是美國生活中最高的技術經濟發展和最大的宗教欺騙特別匯合的眞實圖形。"

（見列甯全集第十三卷四四四至四四五頁）

哲學是時代的產兒，美國自獨立戰爭以後變成根柢淺薄的資產階級統治的時代，遂產生一種膚淺的和打算盤的實驗主義，這本是完全自然的事。崇奉“祖孫方法”的胡博士，講起實驗主義來，竟“數典忘祖”，對于此事，一字不提；啊，他原來是有心作僞，故諱莫如深！

實驗主義既只是美國資產階級的產物和工具，既帶着濃厚的階級性和神祕性，牠一旦流入別國，也只能供資產階級的應用，故在英法意德等國僅受這個階級一部分人士的歡迎，此外即無人過問。至于中國，雖經過杜威和胡博士師弟兩人的大吹大擂，鬧得名震一時，但因資產階級軟弱無力的緣故，竟不能獲得多少信徒。可是因此氣得我們的大博士“鬍子發抖”，他一面大罵“一班‘新’分子”不該“天天高談……馬克思社會主義，高談‘階級戰爭’與‘贏餘價值’”（見胡適文存三集三卷九八頁），並誣蔑“辯證法……是生物進化論成立以前的玄學方法”，一面又贊揚“實驗主義是生物進化論出世以後的科學方法”，且千眞萬確地“從達爾文主義出發”，希望藉此招徠他的少年的朋友們”！

說謊與欺騙是資產階級的學者主要的學理的一部分，我們沒有法子禁止他們發揮這種說謊與欺騙的學理，但我們如有自由的話，當盡情將其宣佈出來。關于辯證法是否生物進化論成立以前的玄學方法的問題，上文已經完全解決了，現在應當考慮的是實驗主義與達爾文主義的關係的問題。

四　達爾文主義的本質及其與馬克思主義的關係和實驗主義的比較分析觀

凡讀過舊約全書的人，總不會忘記首先遇着的摩西(Moses)的創造史。什麼上帝在七日之內創造地球，光暗，水陸，植物，動物和人。從摩西之死(約在紀元前一四八〇年)到林內(Carl Linné)的出生(一七〇七年)三千多年中未嘗另有何種值得注意的創造史出現，而摩西的創造史且因基督教的世界統治，具有無上的威權。就是近代分類博物學的始祖林內也承認地球上一切生物的種類仍是上帝開天闢地時創造出來的。

直至十九世紀初，才有拉馬克(Lamarck)和哥德(Jo-

思的辯證法是以物質爲出發點，認物質世界爲眞實世界，而意象或觀念只是這個世界的反映；牠是一種整齊劃一的一元的唯物論。實驗主義本來是一種折衷論，不過就全體看，牠總是站在唯心論一方面，即偶然接近唯物論，也不出列甯批評實證主義和馬赫主義的一句話，就是：

"效颦唯物論，在僞唯物論的術語之後隱藏着的唯心論。"（見列甯全集第十三卷三三六頁）

因此，我們把牠直截了當地列入唯心論。然因爲牠時常搖擺不定，牠又是一種多元論。蒲列漢諾夫說得對：

"最卓絕的哲學體系總是一元的，這就是說，自牠們看來，精神與物質僅爲兩種現象，其原因則爲一。"（見蒲氏唯物論史一五七至一五八頁）

所以實驗主義雖號稱爲哲學，却是一種劣等的產物，和胡博士所謂"最頑固的黑格爾"的一元的唯心論相較，眞有天壤之別了。

三，辯證法承認有不依賴主觀而獨立存在的客觀實在，實驗主義僅認有依賴主觀存在的實在。這是認識論上一個最顯著的分歧點，所以列甯說：

"認識論上眞正重要的問題——這是哲學派別分歧的所在——不在乎我們對于有原因的聯繫的描寫已

經達到怎樣正確的程度，或此等結果能否在一種正確的數學方式中表現出來，而是在我們認識這些聯繫的泉源爲一種自然的客觀規律性，或爲我們的精神特質認識一定的先天的眞理等等。這個問題是唯物論者佛愛巴黑，馬克思，昂格思和存疑論者（休謨主義者）馬赫，阿微納利阿斯（Avenarius）必然分離的所在。"（見列甯全集第十三卷一五〇頁）

不用說，這個問題也就是辯證法和實驗主義分離的所在。辯證法對于此事的態度怎樣呢？請再聽列甯說罷：

"（一）事物是離我們的意識，離我們的知覺而存在，是在我們以外，因爲亞里插林顏料昨日也存在黑煤油中，這是不用爭執的，我們昨日不知道牠的存在，遂沒有亞里插林的知覺，這也是不用爭執的。

（二）在現象與'自在之物'（Ding an sich）中間決沒有原則上的差異，也不能有這樣的差異。所有差異只在已經知道的和尚未知道的之間。……

（三）在認識論中和在其牠一切科學方面一樣，必須具有辯證法的思想，這就是說，我們的認識不是什麼完成的不可改變的東西，而是力求怎樣從無知中生出知識，怎樣使不完全不正確的知識變爲完全的正確的

知識。"(見同書同卷八八頁)

上列三項明白指出辯證法承認有不依賴人類而獨立存在的對象和物體，初不因我們的是否認識而有所改變，至于我們的感覺只是外界的印象或摹本，換句話來說，只是獨立存在的客觀事物對于我們感官所起的影響的結果。

然實驗主義的認識論恰與此相反。朱兆萃所著的實驗主義與教育(見商務的萬有文庫)一書舉有一個淺顯明白的例子可以說明牠的態度，今特徵引如下：

"依實驗主義者之言，客觀的事物事實雖屬于物質世界，屬于實在，詰其究竟，不過是各主觀的情意的結果，如離開人的行爲，其自身即不能存在。……如通常所謂客觀的存在的某種星球，在某種意義而言，從天文學者裝置望遠鏡，探索無限的空間，偶然發見于望遠鏡時，始認其爲特殊的星球的存在，天文學者不發見此以前，是不能形成天文學者經驗的一部及宇宙的一部，由此偶然的發見而始存在也。所以有人設問，彼海王星等非由望遠鏡之力發見以前，其位置形狀非已確定乎?實驗主義者對此，則有斷然的肯定，謂其初雖非由于望遠鏡的觀察而確定其位置形狀，而天文數學計算的結果已確認之也。于是論者更進而問之，然則海王星非數學的發見時，海王星是否存在？實驗主義答稱爲否。此實以人格的行爲爲客觀物存在所不可缺的要素。”

這樣將客觀事物的存在與客觀事物的被發見併作一談，殊屬可笑。海王星當未被發見以前，在我們的知覺中確是不存在，然却不能因此否認牠自身客觀的存在，否則我們便永遠無從發見。這個道理本來十分明白，可是實驗主義者從唯心論出發，否認客觀的實在是人類感覺的泉源，所以詹姆士不承認實在爲絕對的，僅認爲由人們自覺精神的活動所產生，而杜威也不承認意識世界以外有世界。像這樣認外部世界僅依賴我們的感覺然後存在，牠自身並不存在的認識論必然要達到純粹的唯我論（Solipsism），即全世界只是我的一種概念，除我以外再也沒有他人的存在。這種唯我論者就是叔本華（Schopenhauer）認爲應進瘋人院的。然不管怎樣，蒲列漢諾夫下面的幾句話總不能說是偏陂了：

“唯心論以爲：沒有主觀即沒有客觀。地球的歷史却指出客觀的存在比主觀的出現要早得多，就是，比具有一種顯著程度的意識的有機體出現要早得多。……全部發展史證明了唯物論的眞理。”

實驗主義者既認實在不過爲人類自覺精神的活動所產

生，則實在便不止一個，因爲不獨各個人的精神作用各不相同，卽一個人的精神作用往往也前後互異，故不能不表現種種實在。胡博士說：

"我們各有特別的興趣，興趣不同，所留意的感覺也不同。因爲我們所注意的部分不同，所以各人心目中的實在也就不同。一個詩人和一個植物學者同走出門游玩，那詩人眼裏只見得日朗風輕，花明鳥媚；那植物學者只見得道旁長的是什麽草，籬上開的是什麽花，河邊栽的是什麽樹。這兩個人的宇宙是大不相同的。

……一樣的滿天星斗，在詩人的眼裏和在天文學者的眼裏，便有種種不同的關係。一樣的兩件事，你只見得時間的先後，我却見得因果的關係。一樣的一篇演說，你覺得這人聲調高低得宜，我覺得這人理論完密。一百個大錢，你可以擺成兩座五十的，也可以擺成四座二十五的，也可以擺成十座十個的。

……總而言之，實在是我們自己改造過的實在。這個實在裏面含有無數人造的分子。……'實在好比一塊大理石，到了我們手裏，由我們彫成什麽像'。宇宙是經過我們自己創造的工夫的。'無論知識的生活或行爲的生活，我們都是創造的。實在的名的一部分和實的一部分,都有我們增加的分子'。"

胡博士代表實驗主義對於實在所說的這三段話完全不能成立,今試一一反駁於下:

第一,人們的智識各有不同,對於事物的認識自然有程度的差異,可是客觀的實在絕不因此而有所改變。無論詩人和植物學者所注意的部分怎樣不同,那日呀,風呀,花呀,鳥呀,草呀,木呀,始終各只是一個實在,斷不因他們認識的不同而分作兩個實在,否則如有詩人而兼植物學者的第三人出來,日風花鳥草木豈不又將由兩個實在而合爲一個實在?!幸而這裏只舉出兩個人,牠們只須變成兩個實在,倘若舉出八個十個人,豈不應當變成八個十個實在?!如有一個人能兼這八個十個人之長,豈不又要由八個十個實在而合爲一個實在?!像這樣疲于奔命地變戲法,眞難乎其爲實在了!其實胡博士所謂"各人心目中的實在也就不同",只能指對于實在所認識的深淺和多少的差異講,只能指對于實在所認識的部分的不同講,絕不能說客觀的實在自身是因人而異,否則這不是在描寫實在,而是在說神話了。

第二,這一點一經清楚,所謂一樣的滿天星斗,詩人與天文學者所見的關係不同,一樣的兩件事,一樣的一篇演說,你我所見的關係不同,也當然是認識上的程度問題,並不是

客觀實在的自身在那裏變幻。這和上一段所說的事,同一律,不必多講。惟有一點應特別提出來討論,就是胡博士所謂:

"一百個大錢,你可以擺成兩座五十的,也可以擺成四座二十五的,也可以擺成十座十個的。"

這幾句話充分暴露了他對于實在的問題是何等紛亂,何等不清楚!此處要問的是:這一百個大錢是以兩座五十個的形態而存在,還是以四座二十五個的形態而存在,還是以十座十個的形態而存在?牠如爲兩座,則詩人見了是兩座,植物學者見了是兩座,天文學者見了是兩座,你見了是兩座,我見了也是兩座,只要不是瘋子,總不會說牠是四座或十座。牠如爲四座,則普天下的人都會看見是四座,决不說牠是兩座或十座。牠如爲十座,則普天下的人都會看見是十座,决不說牠是兩座或四座。這一點可以表見:凡人人能夠完全認識的客觀實在,其對於此實在的感覺必然相同,絕無差異。即此又可以證明唯一無二的客觀實在的存在,否則各人所見便不能完全相同了。胡博士自己舉出一個這樣顯明的例子,竟無法變把戲,於是不得不從"你可以擺成"五個字下手,跟着就來一套"兩座"的,一套"四座"的,一套"十座"的。心計固然也不錯,可惜他忘記了:這裏是要觀察實在,不是要動脚動手"擺成"實在,一百個大錢自身表現爲兩座四座或十座是一事，"你可以擺成"兩座四座或十座又是一事。這樣將兩者渾爲一談，實在不能自圓其說，因爲上面所謂"實在也就不同"，不過是詩人，植物學者，天文學者，和你我"所注意的部分不同"，所看見的關係不同，此處竟說"你可以擺成"兩座四座十座，那就不復是"注意"，不復是"看見"，而是"做作"！這個破綻把實驗主義的所謂實在論打得粉碎了！

第三，胡博士說："實在是我們自己改造過的實在"，這句話不知他怎樣解釋？指上面日風花鳥草木，滿天星斗，兩件事，一篇演說的例子講麼？他自己也聲明實在的不同只是因各人的注意點不同，並沒有說是由于他們故意加以改造的結果。指"你可以擺成"兩座四座十座講麼？那是自己在變把戲，與藉感官去認識實在一事無關。指先認識一種實在，然後依"有用""效果"或其牠主觀標準加以改造講麼？（依胡博士"實在是一個很服從的女孩子，她百依百順的由我們替她塗抹起來，裝扮起來"的話看來，我這種推測似乎很有根據。）那胡博士自身就會被人改造成爲一個十六歲的小姑娘，更要鬧大笑話！我想來想去，想不出這種名句是什麼意思。無已，惟有一種事實可以作牠的似是而非的佐證，就是地球是一個實在，我們替牠加上一些經緯線，星球是一些實在，我們替牠們分成星座，這難道不是"我們改造過的實在”？其實經緯線的設置和星座的劃分，爲的是便于記憶或計算，使人們對於客觀的實在認識愈加清楚，並且人人都知道那是人爲的假設，非實在所固有，這與實驗主義者所謂：“實在好比一塊大理石到了我們手裏，由我們彫成什麽像”，沒有絲毫共同之點。因爲我們如果像彫大理石像一樣去改造星球和地球，那站在“有用”和“效果”的觀點上，恐怕首先要去掉火星，免得那上面的怪物將來和我們搗亂，其次要去掉日本和英格蘭這幾個小島，免得我們受帝國主義的壓迫。此事如果可能，就請胡博士一班實驗主義者大顯神通，趕快去做，如不可能，就請他們少談些像彫大理石那樣自由的改造實在，以免自欺欺人！

末了，我們要問實驗主義者爲什麽會弄出這種重大的錯誤？詹姆士在他的實驗主義第三章中說：

“自由意志是一個要素，加給人的一個積極的能力或德性，有了牠，人的尊嚴就莫名其妙地增高了。信仰自由意志的人應當爲了這種理由去信仰。那否認牠的有定論者說，個人自己不能創造什麽，只能將全部過去的宇宙推動，傳給將來，他們這樣說是減小人生的。人去了一個創造的要素，沒有以前的可欣羨了。我想諸君中總有半數人和我一樣，對於自由意志有本能的信仰，且羡慕牠是一個尊嚴的要素,於我們的忠信很有關係的,'他在第七章又說：

"這個世界實在是可鍛鍊的,等我們的手去給牠最後的修飾。古人說,天國是聽人造作的。世界也是如此,服服帖帖地聽人鑄造。人把眞理產生到世界上來。

這樣一個概念使我們思想家的尊嚴和責任都因之加重了。有人覺得這是最能鼓舞人的觀念。意大利實驗主義的領袖巴比尼君對于人類這種神聖創造的機能,更具一腔狂熱。"

大家看啊,實驗主義者主張人類具有自由意志,可以隨便改造實在,這並不是由于考察實在得來的,而是因爲"對于自由意志有本能的信仰",以爲"有了牠,人的尊嚴就莫明其妙地增高了",以爲"這是最能鼓舞人的觀念",遂對之"具一腔狂熱"!資產階級養尊處優,席豐履厚的學者和教授們要求"一個尊嚴的要素",需要"這種神聖創造的機能",原無足怪,可惜這個原則只是一種幻想,把這原則套在實在上面,想隨意加以改造,更是幻想中的幻想。昂格思說得對：

"原則不是研究的出發點,而是牠的最後的結果;原則不是強加在自然和人類史上的,而是從牠們中間抽出來的;自然和人類世界不是依照原則佈置的,原則

要和自然及歷史一致，才是對的。"（見杜林的科學革命二一頁）

所以我們要改造世界決不能從"自由意志"這個原則出發，以爲牠可以"服服帖帖聽人鑄造"，"百依百順地由我們替牠塗抹……裝扮"。在實際上，世界改造的途徑是由許多客觀的原因和一定的規律（這不是指空洞的原則）決定的，不是由幾個人甚至于一大部分人的什麽自由意志決定的。因爲在這個沒有組織的社會中，一切社會現象成于一切個人意志，感情，和行動等等的互相交錯，故不獨不能表現單獨個人的意志，且常與此意志相反。例如胡博士的"自由意志"是好人政府，個人主義和人權等等，而事實上所表現的是壞人政府，反個人主義和軍權之類，就是一個明證。然這猶可以藉口于我們的大博士手無斧柯，不能有所作爲，但他主持北京大學文科和中國公學全校的時候，不是大權在握麽，請他捫心自問，這兩個學校是否"百依百順"，"服服帖帖"地聽他改造，聽他實現他的"自由意志"?！總而言之，世界是一個倔強的世界，實在是一種倔強的實在，我們要能找出牠們的規律性，依照牠們的趨勢做去，才可以支配牠們，或改造牠們，如對於星球可以連成星座，對於地球可以加上經緯線，對於大工業正在發展，需要普及教育的中國可以提倡白話文，對於博學多能並主張"要肯認錯"的胡博士可以盡量指出他的錯誤，使之自行認識改正是。如不看清這一點，惟閉着眼睛說，世界是一個服服帖帖聽人鑄造的世界，實在是一種百依百順聽人塗抹的實在，於是本着"自由意志"，隨便改造，那就等於在星球中去掉火星，在地球上去掉日本與英格蘭諸島，在現今的中國由宣統廢帝復辟，在胡博士的臉上拔去八字鬚，塗上脂粉，我可保證永遠不會成功。

辯證法和實驗主義的實在論及其異同得失既經明瞭，當進而敍述牠們的眞理論。

四，辯證法承認客觀的相對和絕對的眞理，實驗主義只有以有用爲標準的相對的眞理。辯證法既承認有不依賴主觀而存在的客觀實在，自然也承認有客觀的眞理，因爲眞理並非什麼神祕的東西，不過是一切事物運動，變化，作用和相互關係等等的因果法則罷了。所以相信辯證法的人用不着像實驗主義者一樣，憑着腦子去發明眞理，只須藉着腦子去發見眞理。相對和絕對的眞理一經認識清楚，卽可使之供人類的運用，去達到人類的目的，所以眞理對於人類大概總是有用的；例如自然界和人類社會中漸變與突變，進化與革命的眞理一經明白認識，我們卽可根據牠們的規律，着手征服自然，改造社會。如有人嫌我這幾句話說得過於簡略，請再看一看昂格思所舉的一個極明顯的例子：

"我們對於在社會中發生作用的諸種力如不認識，並加以考慮，則牠們的作用便完全和自然力一樣，是盲目的，暴烈的，破壞的。可是一旦認識牠們，知道牠們的活動，方向和效果，便可以使牠們愈加屈服於我們的意志之下，並藉牠們去達到我們的目的。此事對於現今暴烈的生產力特別是這樣。我們如果一味執拗，不求理解牠們的性質和特點——資本主義的生產方法及其擁護者不肯從事於這種理解——牠們就發生反抗我們的作用，並宰制我們，像上面詳細述及的一樣。但一經知道牠們的性質，牠們在聯合生產者的手中即轉變爲惡魔支配者手中那樣順從的奴隸了。這就是雷雨閃光中電氣的破壞力和電報機及電弧馴服的電氣中間的差異；也就是失火焚燒的火和供人使用的火中間的差異。依照現今生產力被認識的性質去處置牠們，便有一種按全體及個人需要的有計畫的社會生產規律來代替社會生產的紛亂；因此將由一種基於近世生產工具性質的生產物佔有方法來代替資本主義的佔有方法，——在這種生產方法中生產物首先奴役生產者，其次也奴役佔有者——在一方面直接社會的佔有作爲維持並擴充

生產的手段，在另一方面，直接個人的佔有作爲生活和享樂的手段。”（見同書三〇〇至三〇一頁）

但在另一方面，實驗主義完全否認有客觀眞理的存在，認眞理“原不過是人的一種工具”，“是人造出來供人用的”。並且認有用和眞理爲同一物，所以詹姆士在實驗主義第六章說：

> “你可以說：‘牠是眞的，因爲牠是有用的’。你也可以說：‘牠是有用的，因爲牠是眞的’。兩句話的意義恰是一樣。”

像這樣的眞理論可說是荒謬絕倫，就是德國新康德主義派的衞德爾班德（Wilhelm Windelband）也覺得這是可笑的，他在哲學概論（Einleitung in die Philosophie S. 208-209）中說過：

> “依照牠〔指實驗主義〕的說法，一切‘眞理’只是在人的需要上創造出來的，只是一種人的價値。如此就表現，相對論這種近世的形態在原則上不出古代詭辯派簡單明瞭構成的一句話的範圍，就是：人是一切事物的準則。”（Der Mensch sei das Mass aller Dinge.）

對於事物的觀察和眞理的判斷，不從牠們的本身着眼，惟用人作準則，惟以對於人有用與否爲前提，必然要弄出極端錯誤的結論，今試詳述其理由並舉例證明如下：

我在上面明白承認，凡屬客觀的眞理對於人類大概總是有用的，但絕不能像實驗主義者一樣，因此一口咬定，凡是有用的就是眞理。因爲有用與否純係主觀的，並沒有一定標準，不獨一個人視爲有用的，別個人未必視爲有用，一個階級視爲有用的，別個階級未必視爲有用，卽同一個人，同一，階級對於有用與否的標準也往往前後互異，如以此作測量眞理的尺度，那眞理將極變幻無定的能事。試以實驗主義者所表現的各種事實來作證據。

甲，詹姆士站在資產階級的觀點上，覺得有個全知全能的上帝替本階級保鑣，保證道德的秩序，最爲有用，於是承認上帝的存在爲眞理。他說：

"或然的眞理的唯一試驗就是引導我們，什麽應用得最好，什麽能把生活的各部和經驗總體的要求配合得最妥貼。若神學的觀念能夠這樣，若上帝的觀念能夠這樣，實驗主義怎能否認上帝的存在呢？一個觀念在實用上這麽勝利，而說牠是'不眞'，這是實驗主義認爲不可的。除了這種具體的實在的符合，還有什麽別的眞理？"

可是胡博士認上帝的存在爲沒有用處，不是眞理，而吞吞吐吐的存疑論大有用處，便是眞理，于是自認爲存疑論者了。

乙，我們在前面已經舉出幾十個例子證明突變與革命是客觀的眞理，卽前此資產階級的自然科學家和社會科學家也明白承認這種眞理。但到了資產階級的地位發生搖動的現代，牠的學者們，尤其是實驗主義者認漸變與改良爲"有用"，遂宣佈其爲唯一無二的眞理；至於突變與革命對于這個階級已經不復有用，遂被視爲非眞理了。

丙，實驗主義者不獨以階級的利害爲有用與否的標準，有時並且隨一時的高興和方便以爲有用與否的標準。例如胡博士在做科學與人生觀序時，慨于中國"遍地的乩壇道院，……遍地的仙方鬼照相"，大呼中國人"只有靠天吃飯的人生觀，只有求神問卜的人生觀，只有安士全書的人生觀，只有太上感應篇的人生觀"。因此他當然認破除迷信的宣傳爲有用，爲眞理。但他在做不朽時，却說："靈魂滅不滅的問題，於人生行爲上實在沒有什麽重大影響；旣沒有實際的影響，簡直可說是不成問題了。"由此看來，中國三萬九千九百萬人（假定中國有四萬萬人口，內中至多不過一百萬人不信神鬼之說），所迷信的鬼神論，這就是說，所恃以趨吉避凶，作爲行爲指導的鬼神論，"簡直可說是不成問題"，對於破除迷信的宣傳，不復有用，也不復是眞理了。

我們從這幾個例子可以看出實驗主義者所謂有用與否是怎樣漫無標準，他們把有用和眞理視作兩兩相等，是何等滑稽！所以我們很決切地說：凡屬眞理總是有用的，但凡屬有用的，不限定就是眞理。

在另一方面，我們要鄭重聲明，眞理對於人類所以有用，是因人類能夠認識牠的眞相，因勢利導，收爲己用，並不是牠必須具有有用的條件，才成爲眞理。旣是這樣，牠只要自身成爲眞理的條件沒有消滅，自然不管對於人類是否有用，終不失其爲眞理。還有一層，在階級制的社會中，各階級的利害往往極端相反，有些眞理對於一階級爲有用，對於另一階級更不免有害：如突變與革命的眞理對於從前方興的資產階級和現今的無產階級是有用的，對於從前衰微的貴族和現今的資產階級却是有害的。所以有用絕不是眞理的標準，否則突變與革命的眞理一時爲眞，一時又爲非眞，豈非神祕，豈非玄之又玄?!由此可見以有用爲眞理的標準，除掉反映資產階級一種唯利是視的市儈心理外，什麽也不能表現出來！

現在總括起來說：我們於徹底檢討辯證法與實驗主義之後，可以分別作出兩種結論：

（一）唯物的辯證法不是什麽“武斷思想”，更不是什麽

"生物進化論成立以前的玄學方法"，而是——和昂格思所說的一樣——"自然界，人類社會和思想上普遍的運動律與發達律的科學。"（見杜林的科學革命一四四頁）凡眞心探討眞理的人如能深刻地研究牠，精密地運用牠，必定獲得無上的成績，至少也可免除平常最容易犯的許多錯誤。所以辯證法是每個能運用思想的人的指南針，也是每個想在學術上或事業上有所建樹的人萬不可少的工具。

（二）實驗主義不是什麽"進化觀念在哲學上應用的結果"，更不是什麽"生物進化論出世以後的科學方法"，而是——和耶布郎斯基所說的一樣——"獨立戰爭後美國資產階級……龐大的與蒸蒸日上的權力意識和企業精神的一種表現"，因此就是市儈們赤條條地計較利害的一種方法。除掉在政治和經濟上俱佔優勢的資產階級利用牠去打"如意算盤"，可以大獲其利外，如果有人拿來做治學的工具，必定弄得錯誤百出，不可救藥。胡適博士所著的中國哲學史大綱即係一個最顯明的證據。這種方法或哲學既是貽誤青年，流毒社會，遂使我們不得不用全力擊破牠的腦袋，並掩埋牠的屍身，免得牠在光天化日之下發出令人欲嘔的臭氣！

我們於掩埋工作完畢之後，回頭再向墳前的大衆說道：

你們此後不論是在學術上或事業上，如果想走上正確思想的途徑，應當靠辯證法作指路碑，應當靠矛盾邏輯作識途的老馬。

現在特借哥德幾句有名的詩作個結束：

"我勸你，親愛的朋友，
首先把邏輯來研究。
你的精神受着良好的訓練，
如在西班牙的長靴裏一樣緊襯，
牠將小心謹慎地前進，
尋着思想軌道，多麽方便，
即使邪途歧路滿眼前，
牠也不會東奔西竄。"

荷蘭郭泰著

唯物史觀解說

李達譯

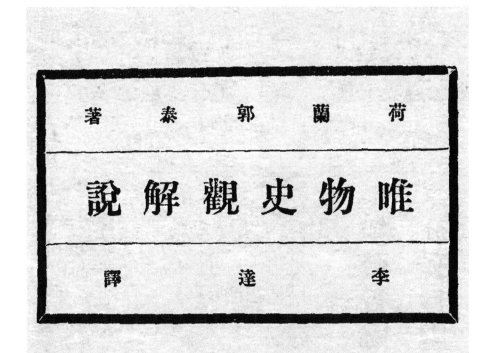

國民政府內政部註冊　二十四年二月七日執照警字第四四六八號

民國十年五月印刷
民國十年五月發行
民國廿五年八月十四版

新文化叢書 唯物史觀解說（全一冊）

實價國幣四角

（郵運匯費另加）

版權所有

原著者　荷蘭郭泰
譯者　李達
發行者　中華書局有限公司　代表人陸費逵
印刷者　上海澳門路　中華書局印刷所

總發行處　上海福州路中華書局
分發行處　各埠中華書局

（二三六九）（天）

序

這本書是我的朋友郭泰(Herman Gorter)爲他和蘭的勞動者作的，自然也可以推薦於用德國語的無產階級。

郭泰作了這本書之後，有許多批評家攻擊他，說他對於唯物史觀沒有了解。 我對於這一層很覺得有解釋的必要，所以特爲作這篇序。

我曾在一九〇三年以新時代(Neue zeit)的題目發表過我的思想，說在以前社會發達的過程上，道德的命令只在人所屬的社會組織(即國民或階級)內部纔有無限的價值，但不能無條件的推廣到那階級或國民的敵人。 這個事實上的觀察，現在還很有人，尤其由基督教的教師們利用來對付我及我的黨。 他們是有名的愛眞理的人，他們因愛眞理的緣故，就把數千年來即自人類發達的開始期以來，由一切階級和國民所認識的這個事實上的觀察，强詞奪理的作爲是我要求我的黨員：在黨的利益上有須要的時候，不要顧慮有價值的道德觀察，并且去無禮的欺騙民衆。 我之所以要作那篇論文的動機，就是爲反對從前的修正論者，現在的前社會民主黨員柏倫哈德(G. Bernhardt)因為他為「高級」黨員擁護欺騙民衆的權利。

現在郭泰又作了同一的觀察，但他因此比我嘗了更苦的經驗。他並不是因此受了反對黨的反對，乃是受了同志的攻擊。他們說他一點都沒有懂得馬克思主義，馬克思自己所說的與郭泰所說的完全不同。

他們把萬國勞動者同盟的規約裏面下列的文句引來作證據：

『加入萬國勞動者同盟的各團體，各個人，以眞理，正義，道德，為一切團員相互間和對於一切人的行為的規律，不問其人種，信仰，國家。』

這個文句是萬國勞動者同盟規約的起草員馬克思作的，但與郭泰的主張不相一致。

但我們第一要注意這個文句與郭泰的主張毫無關係。他所說的，是從太古時代直到現在在各處發生的現象。規約裏面只說明了同盟員的要求，並沒有說明歷史上的事實。

而且我們又不能說，這個要求是很適當的明瞭的說明出來了的。眞理，正義，道德，是甚

2

麼？各階級沒有他特別的正義和道德上的觀念麼？互助不是無產階級的道德麼？我們希望無產階級的互助無條件的推廣到資本階級麼？不待說資本階級和無產階級也有許多地方是對立在同一關係上的。在這種塲合無產階級也是要永遠與資本階級一樣實行他們道德所要求的互助的。米細那（Messiner）地震之後急赴救助的無產者沒有問問被沒埋的是富的是窮的只要找得着的他們都救濟了。妨碍了救助的，不是無產階級的思想，却是資本階級的思想；因為資本階級把財產的救濟作了第一要務。

凡在人不是與自然對立，是資本階級與無產階級在社會裏面這樣互相對立的地方他們相互間自然沒有互助之可言；一方面是想減少工錢，一方面是想增高工錢的。這兩方面底要求各各都是要損害了一方而纔能成功的。

無產階級與資本階級明明白白相敵對的時候，無產階級對於資本階級是不負無條件的示明眞相的義務的。誰人希望同盟罷工的勞動者把他們罷工基金的實在情形告知資本家呢？對於敵人的資本階級的這樣欺騙行為，無論在甚麼地方都可以認為有階級覺悟的無產階級道德上的義務。

萬國勞動者同盟的規約在這種地方，不待說，是含得有很正當的要點的。 我們不能不承認眞理，正義，道德，是我們相互間行爲的規律。 一個羣衆的一切戰鬥者間，不能有虛假。我們就是相信對於黨員說僞話是於黨有利的時候，我們也不敢如是。 所以我在一九〇三年新時代的論文上面說：

『有合乎各社會組織的經濟法則，亦有不可廢棄的道德原理。 這裏面關係最重要的，就是對於黨員不作虛假的義務。 對於敵人，我們決不承認這個義務；反之，一黨裏面如果沒有這個義務，就不能有平等黨員的永久的共同協力了。 對於一切人不作虛假，是沒有階級對立的社會底道德，在實行階級對立的社會，只是同階級的各個黨派裏面的道德。 欺騙黨員，從前只在那兩階級共同協力各爲互相利用而結合的黨派裏面纔行。 這就是基督教主義，僧侶主義黨派裏面的道德。』

萬國勞動者同盟底規約要把這基督教道德完全除去了，纔能有價值。

在我所曉得的範圍內，馬克思只有一回引用過這規約底這文句，並且還是以厭惡他（一欺騙同志的可厭）的意思引用的。 他是對於巴枯寧派說的，因爲他們在萬國勞動同盟裏面組織了一個秘密團體；他們以爲『在秘密團體底存在上，在他言論和行動底主旨和目的上，欺騙不純的同盟員，是他們老練家的第一任務。』（註一）

（註一） 對於萬國勞動者同盟底反叛第三十三頁

彼此沒有眞實黨員不互相信賴，是不能把民主主義的黨派引到作有力的爭鬥的。 但對於一切人（或許還要對於那逼迫我們朋友的警察），在一切情形，都守不作虛假的義務，無論如何，都是不行的。

如果萬國勞動者同盟規約的那個文句，是出於馬克思之手，我們就不能不說他是很不幸，并且又不能不說他在很有價値的思想上面，又加上了很謬誤的形體了。 我這幾句話一定是要使相信馬克思的人喫驚的。 但馬克思完全沒有作這個文句。 據我所知，關於這一層耶克（Jäckh）起初就在他萬國勞動者同盟史（Geschichte der Internationale）裏面指明了。我也曾逢到了同一的見解，這個見解更由我們的同志馬克思的女公子拉發克(Laura Lafarque)證實了。

我們要曉得，馬克思在萬國勞動者同盟裏面並不是一個獨裁者。他為無產階級的階級鬥爭的一致起見，不能不採取許多他所絕對不能滿意的決議。

萬國勞動者同盟的規約不是由他一個人制定的，蒲魯東派(Proudhonisten)和馬志尼派(Mazzinianer)都是參與了的。如果我們因為馬克思也參與了萬國勞動者同盟規約底制定，要他對於這個文句負責；他還要連同緊接這個文句的第二段文句也要負責，這第二段文句在文法上在論理上，都是與第一段一致的。連續的兩段文句如左：

『加入萬國勞動者同盟的各團體各個人，以真理正義道德為一切團員相互間和對於一切人的行為的規律，不問其人種信仰國家。

『他們不但以為自己要求公民權和人權為一切團員的義務，並且認為履行自己義務的一切人要求也是他們一切團員的義務。沒有義務就沒有權利，沒有權利就沒有義務。』

對於含有眞理，正義，道德的這段文句是不是出於馬克思之手，還有疑問的人，如果看見了這段文句與說只爲『履行自己義務』的一切人要求公民權利的這第二段文句關係很密切，這個疑問就可以減少了。這也是一個很可笑的籠統決案。究竟那個獨裁者來決定那個是履行了自己義務，値得有公民權？關於國民的義務的思想，不但資本家與勞動者很不相同，就是在勞動階級裏面，通萬國勞動者同盟存在的期間，也有很大的變遷。他們也實在是屢次在資本階級特有觀念的河流中游泳過的。同盟罷工在蒲魯東主義者就是違背義務。那麽，同盟罷工者就不能有選擧權了。馬克思自然不會發生出只爲『盡了自己義務的人』要求普通選擧權的這種思想。

馬克思自然不能公然反對規約的這兩段文句，這兩段文句是他與人共同草定的，是他在全體上承認的。但由可信賴的方面所告知於我的看來，他對於這兩段文句，是非公式地表示了他不滿意的。況且也有近於公式的表示。

這個規約的草案是一八六四年在倫敦在成立報告的英文版的附錄上發表的。 這個草案成了正式規約之後，一八六六年四月又由別加(Jean Philipp Becker)在更夫(Genf)發行的先驅(Vorboten)上面發表了。 問題的兩段文句在這裏完全沒有。 這不能認為是別加厭忌他，是因為他難於找着理論的根據。

馬克思未曾想由規約的草案中除去這兩段文句麼?用德文發表這規約的時候，除去這兩段文句，是必要的，我因此（與耶克單獨的）起初就注意到了：在規約起草的時候就有過意見的不一致，這兩段文句是受過反對的。

普魯東主義者在這規約裏面加入了馬克思所必定反對的許多文句，這一層由下面的文句也可以明白。 規約的草案第九節裏面有規定說：

『萬國勞動者同盟的一切同盟員，由一個地方遷到別一地方的時候，得受同盟勞動者的親愛的輔助。』

這段文句還不能滿足綱領制定委員會和更夫大會確定規約的委員會，大會的這委員會又附加解釋說：

『這個輔助的意想就是：

(a) 同盟員無論要往甚麽地方去，關於那地方他所關係的職業的一切情形，均有向本同盟會要求報告的權利。

(b) 同盟員有酌量他所屬部細則所決定的條件，和由這條件所得的收入，組織信用協會的權利。』

關於挿入這一段的原因，現在還沒有明白；這是小資本家的蒲魯東主義，這個主義是想用貿易銀行和無報酬的相互信用協會來解放無產階級的；這就剛剛與他們夢想了一個永久的正義，來把那由利己主義的原因產生出來的私有財產變而為理想的制度的一樣。蒲魯東主義是支配了一八六六年大會的全體的。 他們對於那由評議會所提出，現在還為模範的產業協會(Gewerkschaft)的提案，毫不感覺興趣。關於這一層的討論很短，這些熱心家所熱心討論且為全場一致所採取的，就是巴黎代表所提出的下列提案：

『國際信用協會底組織。

（一）大會獎勵各部研究信用協會，遣派能夠以報告使一切同盟員都能夠了解這種計畫的勞動者到總會以便下次大會能夠決定計畫。

（二）大會獎勵赶緊研究關於已經成立及要成立的勞動者信用協會合併到後來成立的萬國勞動者同盟的中央銀行的觀念。』

更夫大會所引以爲特徵的決議，只還有一個，就是關於婦女勞動的問題。巴爾寧(Barlin)和布爾東(Bourdcn)所提議的，就是：

『教育底缺乏，過度的勞動，過少的工錢，工場裏面不衞生的情形，今天對於在工場勞動的婦女，都是心身頹敗的原因。這些原因能夠以較好的勞動組織即協作社剷除。我們應當注意使女子在維持生活上所必需的勞動養成充分的力量，並且使這個勞動不與伊本身分離。』

這個很好的提議竟被擯除，由蒲魯東派的耶馬列(Ehema'e)。託連(Tolain)佛利布

(Fribourg) 所提出的下列提議反受了採取：

『婦女勞動在心身和社會的關係上是種族頹敗的一原因之一，又是資本階級風紀頹壞的原因之一。

『女子由自然受得有一定的天職，伊的地位是在家庭；』伊的天職在敎養子女，爲男子整頓秩序，維持家務，保持溫柔的習慣。『這些都是女子所不能不盡的天職，不能不作的勞動；把他們弄出家庭之外，是一件不好的事。』

對於勞動婦女的這種凡庸的解釋，就是眞蒲魯東主義。

我們簡單的把萬國勞動者同盟的一切宣言，都歸罪於馬克思，是錯到極點的。有許多宣言是由反馬克思的分子弄出來的。我們如果要引萬國勞動者同盟來證實馬克思的思想，我們就非先將馬克思思想自身與萬國勞動者同盟時代的別派社會主義的精神間的區別明白理解不可。

我們要好好的了解了唯物史論，反對萬國勞動者同盟的許多決議和規約的許多文句起來了，我們纔能成爲一個很好的馬克思主義者。

萬國勞動者同盟的這兩段文句，絕對不是出於馬克思之手。我們如果以所謂馬克思底這兩段文章爲滿足，無批評的向這兩段文章低頭，我們就不能算是眞馬克思主義者。若果從馬克思別的方面努力研究，就自然沒有人願意反對像馬克思這樣精神上偉人的堅實思想家。在上述的情形，也是沒有必要的。

我爲說明郭泰，是了解了唯物史論對於萬國勞動者同盟的規約提出的這個異議，在我所曉得的範圍內，還是唯一的異議。德國的讀者諸君大概是要自己來檢查他這本書的。

柯祖基

唯物史觀解說目錄

附錄

唯物史觀解說

荷蘭郭泰(Hermann Gorter)著

李達譯

第一章 本書之目的

社會主義，不單是要靠政治運動即掌握國家政權，來把生產機關的私有，即自然力，器械，及土地的私有制度變爲公有制度；換句話說，社會主義不單是有政治戰爭及經濟戰爭的意思，實在還有最深的意思，就是對於紳士閥即富力階級行哲學上的思想戰爭。

勞動者要想征服紳士閥，要想由自己階級掌握權力，非先把自幼時起在國家和教會裏牢記心中的傳統舊思想排除不可。勞動者單單加入工會加入政黨無濟於事。若不先改造自己的內部變成一個轉生的人，總不能戰勝敵人。於是這裏就有一種考察事物的方法，觀察世界的方法，就是一種哲學。這種哲學雖然受紳士閥痛切的排斥，可是勞動者要想征服紳士閥，無論如何非採用這種哲學不可。

資本家要用下述的話說服勞動者。他說：「精神高高的立在這社會物質生活之上。精神支配物質，而且物質是從精神之中造出的。」他們利用精神作爲統治人民的手段，直到現在。他們役使科學，役使法律，役使政治，役使文藝，因此掌握了統治權。所以無怪他們瞞住勞動者，說事物本來的關係如此如此；說精神本來是支配社會的物質生活；說工場，礦山，田野，鐵道，船舶等一切勞動者的勞動，都被精神支配。相信這種話的勞動者，就相信精神單獨產出物質，造出勞動，造出社會階級的事情；像這種勞動者，結局要屈服於紳士閥及擁護資本家的僧侶學者等人之下。其理由就是因爲紳士閥把大部分的學問握在自己手中，又領有教會，因而領有精神；所以當然要支配他人了。

紳士閥爲維持自己的權勢，就要使勞動者相信他們這種話。

然而勞動者想變爲自由人，卽是要想由自己階級掌握國家權力而從現時權力階級取得生產機關，就要明明白白考察一下。前面所述紳士閥的說法（說明的方法）全然是相反的事情。精神不能決定社會生活，乃是社會生活決定精神。

2

勞動者若抱着這種思想，就可以免却紳士閥精神的支配，反對紳士閥的思想而成爲最有力最正確的自己特有的思想了。 不單如此，勞動者若曉得了社會的發展，是自然而然的向着社會主義進行，自然而然的準備社會主義的，若又曉得他自己的社會主義思想是由社會生活發生的，那麽他必定更能覺悟這件事了。 我們周圍的社會所發生的事變，是我們頭腦中先發思想的原因。 社會主義的事實，業已在這社會中顯露出來，所以社會主義的思想也已經在我們頭腦中發生。 於是我們方曉得在現實之上去獲得眞理。 所以這是一種把社會革命所必要的意氣和確信給勞動者們的思想。

這種智識的養成，對於勞動者也和工會組織政黨組織一樣，一定要有纔好。 勞動者行經濟運動也好，行政治運動也好，若沒有這種知識，總不能圓滿的達到目的。 勞動者成了精神的奴隸，於物質上的爭鬪也有非常的妨碍。 必定要使他們覺悟，自己雖然是貧窮的勞動者，而在精神方面比有權力的人還要強大，然後方能發生自重心，同時方能發生擊破那有權力人的能力。

唯物史觀（唯物的歷史觀歷史的唯物論）說明社會生活決定人的精神，把人的思想歸入一定的軌道，決定個人或階級的意志和行爲。

本書以下想爲勞動者把這唯物史觀的眞理簡單明瞭的說明出來。

第二章　歷史的唯物論與哲學的唯物論

爲略事防止偏見與誤解起見，特於說明唯物史觀之前先說明唯物史觀的反面。恩格斯與馬克思所建設的唯物史觀（或歷史的唯物論）之外還有哲學的唯物論。這哲學的唯物論又分幾派。這唯物論與唯物史觀不同，他並不是論述精神如何依賴社會狀態，如何依賴生產方法器械與勞動而取一定軌道進行的問題；乃是論究肉體與精神，物質與心靈，神與世界的事情。這種哲學論是解說思想與物質大概關係如何，思想起源如何的問題；而唯物史觀則不然，他是說明某時期內某種思想所以發生的原因。例如哲學的唯物論上說：物質是永刼的東西，而精神是在某種事情之下發生的，那種事情若是沒有那種精神也消滅了。唯物史觀則說：勞動者的想法所以與紳士閥不同，是由於某種原因所產生的結果。

哲學的唯物論與唯物史觀有很大的差異。前者探究思想的本質；後者探求思想變化的原因。前者要說明思想的起原；後者要說明思想的變遷。前者是哲學的；後者是歷史的。前者豫想思想與精神尙未存在的狀態，而後者豫想精神的實在。

所以要研究或學習社會主義理論的人，非先明白曉得這種區別不可。我們的反對論者，尤其是信仰宗教的人總把這兩種區別混合起來；依了基督教勞動者對於前者的恐怖，同樣的把後者也要排斥了。教會的牧師說唯物論不過把全世界當做機械運動的物質；以爲只有物質和勢力是永刧絕對的存在；以爲思想只是惱髓的分泌物，和那由肝汁肝臟分泌出來的東西一樣。總之唯物論者崇拜物質而唯物史觀與哲學的唯物論却是相同。於是一些舊教地方的勞動者像奴隸一樣的崇拜精神，而明白與精神本質有關係的社會主義者眞實見解的——像狄更(Joseph Dietzgen)所說的——人因爲很少，所以一聽見牧師那種說法，立刻就相信了，以爲一聽社會黨的演說，就會要變爲物質的崇拜者，就怕將來要墮入永刧地獄了。

上面的那樣說法，全是假話。此後要舉許多實例，證明唯物史觀不是說明精神與物質，心靈與肉體，神與世界，思想與實在等一般的關係，乃是說明依社會變化所產生的思想的變化。

我們因此就可由基督教(及精神主義的)策士之手，奪取一個有力的武器。

然而也不是因爲唯物史觀與哲學的唯物論不同，就說唯物史觀不能達到總括的宇宙觀。唯物史觀實與一切實驗科學相同，是達到哲學的宇宙觀的一個手段。這卽是對於勞動者的唯物史觀的重要意義。唯物史觀引導着我們達到一種宇宙的概念。這種概念，尤其不是純粹器械的，不是基督教的，乃是一種特別的社會主義的新宇宙觀。唯物史觀自身，雖不就是這宇宙觀，而與進化論，自然科學，馬克思資本論，狄更認識論等相同，是達到這宇宙觀的一個方法，一個手段。爲達到這種宇宙觀，於上述各手段之中，若僅取其一則不能足用，實有必須協合各種手段的必要。

本書是單論唯物史觀的，所以不能充分說明社會主義哲學的宇宙觀。以後舉例說明本題的時候，再有說及這哲學的宇宙的機會，所以對於唯物史觀與其他科學集合構成的這種綜合哲學，多少總要為讀者諸君說明。

第三章 這學說的內容

一 勞動技術 勞動器具 生產力

然則這學說的內容，大體是如何呢？ 要表示這學說的真實與正確之前就應當先把這學說所證明的事情明瞭的概說出來。

大凡無論何人若把自己周圍的社會生活考察一番，就曉得這社會中各人是由一種關係互相對待的。 他們在社會中不是平等的，或在上段或在下段；是成為互相對立的團體或階級的。 皮相的觀察者說：這些關係只是財產的關係，一方面的人或有土地或有工場，或有交通機關或有商品，而他一方面的人無論什麼都沒有。 又說：這些差別，主要的是政治的東西，某一團體掌握國家的權力；其他團體差不多沒有勢力。 可是考察事物最深的人，却曉得這財產關係政治關係的背後，實在還有生產關係存在。 這生產關係，就是這社會裏關係必要的生產事業中人與人的關係。

勞動者，企業者，錢主，運輸業者，大地主，小佃戶，販賣店，小賣店，放債者等等，都是生產過程上各各的地位生出來的區別。 這種區別反是最深的，就是一方有錢一方沒有。 把自然界的富財採取與製作，這就是社會的基礎，所以我們人類是常常用勞動關係，卽生產關係，相互結合的。

這種勞動關係，究竟又因什麽東西支持的呢? 資本家，勞動者，地主，佃戶，以及此外組織這社會的各種人，無論如何稱呼，他們莫非是這種虛浮在空中的形態麽?

這種關係，是因他們在地面上，在自然界裏應用於勞動的技術器具等物而決定的。 工業家與職工，依機械而生，並且隸屬於機械。 若沒有機械連工業家也沒有了。 至少照現在這樣的工業家和職工也沒有了。

從前簡單的手織機械，生出家庭中人做的家庭勞動。 自從木製的機械發明以後，就生出了師父與徒弟的社會了。　最後用蒸汽，電氣運轉的鐵製織物機械發明以來，於是又生出大工業股東企業者，銀行家，賃銀勞動者的社會了。

生產關係，並不是空中浮着的雲煙，實在是已經造了一個框，把人類關在這框子裏頭的。生產過程，是物質的過程；勞動器具，是關住我們的那個框的邊和底。

勞動技術，勞動器具，生產力，均是社會的根底。　這是此大而且雜的社會組織賴以存立的根本基礎。　可是人類一面因那種實質上的生產方法造出社會關係，同時又因這關係造出思想，造出世界觀，造出根本原理。　資本家勞動者及其他各階級，各因自己營生的社會的勞動技術不同，不得已以主僕君臣或以有產者無產者，或以田主佃戶的特殊關相互對立；這種對立雖是不得已發生，而資本家勞動者考察事物的時候，却自然而然成了資本家勞動者的思想了。　他們不是抽象無形的人，他們是具體的活着的現實的人，或是生活於特殊社會裏的人，所以才作成那種思想和觀念。

所以不單是我們的物質關係，被技術所左右，被勞動與生產力所支持。　實在是我們要在自己的物質關係之中，或在這物質關係之下，去考察事物，所以我們的思想，也直接的被物質關係所左右。 因而我們的思想，又間接的被生產力所左右。

近世勞動者的社會生活，是由機械造成出來的。 他們的社會思想，是他們立於勞動者的地位而應付那種關係的東西，所以直接的因近世的機械而支持，間接的被近世的機械所左右。 資本家社會中一切階級，都與這種相同。 所以各個人與他人對立的關係，決不僅自己一個人所能適合。 人不是在社會上孤立的，必定與他人生一種特殊關係，也有許多人用那與自己完全相同的關係和他人對立。 譬如再把勞動者作比喻，勞動者決不單是自己一個人成了賃銀勞動者和他人對立。 他是多數中的一人，是由數百萬人而成的階級中的一份子。 這數百萬人，都是賃銀勞動者，和他的境遇相同。 文明社會中一切的人，都是一樣。 一切的人，或屬於團體，或屬於階級。 即團體中各分子，那階級中各分子，對於生產過程，都有同一的關係。 所以某勞動者，某資本家，某農夫等人，由勞動關係上面看起來，必然有某種社會的考究方法；這種事實，不特是眞實的，而且他們的宇宙觀，他們的思想，他們的觀念在其大體的調子裏都與那在同一境遇中的其他千萬人一致共鳴。這就是階級特有的思想，正與在勞動過程中所有階級特有的地位相同。

二　勞動關係　財產關係　生產關係

在本節中也把這學說的大體說述一下。凡資本家企業家勞動者等各階級所生的勞動關係的形式，在資本家社會及一般階級的社會中，卽是所有關係（財產關係）。資本家，賃銀勞動者，商人，農夫等不特在生產上占有特殊的地位，就是在那所有物在那財產上也有特殊的地位。收入那種分配物的股東在生產關係上也不單是幹那貸金的職務，並且也是企業生產機關，地皮，勞動器具，原料，生產物的共同所有人。商人不單是交換者，經紀人，並且是那販賣品和利潤的所有人。勞動者不單是製造財物的人，幷且是日日零賣的勞動力和賃銀的所有人。換句話說，在分了階級的社會中，勞動關係同時又是所有關係（財產關係）。可是古代卻與現在不同。在原始共產社會中土地，共同家產，家畜等生產機關，都是共有財產。主要的社會勞動，都在協力之下合作，除了性與年齡之外，人在生產過程上一概平等。那所有物中完全沒有差異，縱有差異，也是極少。

然而在勞動分業盛行生出了特殊職業以後，在勞動技術進步與分業的結果，生活的直接必需品以上的剩餘產生出來以後，智力或戰鬭力占優勝的有職業者，即是僧侶武人之輩，遂至於領有這剩餘，更領有生產機關了。於是社會遂發生階級，勞動關係遂在私有財產的形態中發生了。

「階級這種東西由技術的進步和勞動的分業而生；階級關係，財產關係都根據於勞動技術的進步，遂使一種有職業的人站在可以領有生產機關的地位；所以生出有產者和無產者的區別；大部分的人民，變了奴隸，變了農夫，變了賃銀勞動者。」

可是這種剩餘（即技術與勞動造出直接生活必要品以上的剩餘）漸次增大，而有產者的財產也漸次增大，有產無產兩階級的懸隔就越發顯明了。階級的爭鬭也在同等的程度發達了。階級鬭爭的意思就是各階級爭去領有生產物及生產機關的事情，以後就變爲人類社會中一般普通的生存競爭形式了。要之，勞動關係是財產關係，而財產關係又是互相爭鬪的各階級間的關係。這些都是根據了人類勞動的進步，由勞動過程，勞動技術之中生出來的東西。

三 生產力與財產關係之矛盾

然而技術的進展是不休止的。或者急速或者緩慢繼續進步發展，即生產力是時常發展，生產方法是時常變化的。生產方法一生變化，人在勞動過程中互相對立的關係也必然變化了。往時的師父對於夥友和徒弟的關係，與今日的大企業家對於夥友與賃銀勞動者的關係，完全不同。今日的機械生產，使那種勞動關係變化了。在階級的社會中生產關係就是財產關係，所以前者一經革命，後者也被革命了。於是宇宙觀，思想，觀念等等，在人的生活內部，隨着那種關係形成出來，所以勞動生產和財產若是變化，人的意識和自覺也隨着變化了。

於是勞動與思想，遂如此不斷的變化，進步，發達。「人類依自己的勞動變化了自然界，同時又把自己的性質變化了。」生活物質的生產方法，控制社會生活的全部。「不是人的自覺決定他的生活，反起來說，乃是人的社會生活決定他的自覺。」

然在人類進步發達的某階段中，社會的物質的生產力，就與當時現存的生產關係及財產關係矛盾衝突起來。新生產力在舊關係中早已不能充分發展了。於是以舊生產關係及財產關係爲利的人，和那以發展新生產力爲利的人就起了爭鬭。這就是社會革命的時代，其結果新生產力遂佔勝利，可以使生產力興旺的新生產關係發生了。於是人的思想也隨着這革命變化了。思想是與革命共同變化的，而又變化於革命之中。

以上是唯物史觀的概要。茲爲使人一目瞭然起見，更摘要寫幾條如下：

(一)勞動技術，卽生產力作成社會的基礎。

生產力決定生產關係，卽決定生產過程中互相對立的人與人的關係。

在分成階級的社會中，生產關係同時又是財產關係。生產關係與財產關係不單是個人間的關係，又是階級間的關係。

(二)技術繼續發達。

生產力生產方法以及生產與財產及其階級關係也隨着繼續變化，所以人的自覺卽對於法律、政治、道德、宗教、哲學、藝術等思想觀念也和生產關係及生產力共同變化。

(三)新技術在他進步的某階段上，與舊生產及財產關係相矛盾衝突。結局新技術得勝。以舊形式爲利的保守階級和以新生產力爲利的進步階級之間的經濟鬬爭，造成法律上政治上宗教上哲學上及藝術上的種種形式，這種種形式表現在兩者的自覺之中。

四　掘翻資本家的基礎石

以下專就上述各說，正確的證明，卽是要用許多實例說明思想變化和技術變化之間的因果關係。能够辦到這一層，就可以掘翻資本家對待勞動者的權力的一個重要基礎石了。何以故？因爲勞動者要做世界的支配者，若得技術的和生產力的發展所許可，就可以成功，什麽神的操縱力，什麽人的超越的精神力都不能妨碍他，無論物質的方面或精神的方面，都可以由上述的證明，同時還證明這事能够成就。

第四章 實例之說明

一 最單純的實例

舉在這裏的實例，第一是要簡單。若使那些缺乏歷史上知識的勞動者不能了解，因而讀了以後不能明瞭幷且確信，那就不成了。所以我們就那影響所及的地方，能够見到的大事實，大現象舉了出來說明。唯物史觀說若是正確，那麽，對於歷史的全部自然也非有効不可。一切階級鬪爭，一切階級和社會的思想變化，非一一由這唯物史觀說明不可。可是要由唯物史觀從歷史上各年代引些實例出來，歷史上的知識，最爲必要。而且對於不甚明瞭的時代或事件，若適用唯物史觀最爲危險（此事後來還要說明的）。本書的著者和讀者，沒有那樣深的歷史上的知識，所以這裏所舉的實例，不但要選那最單純的東西，而且要依據現代的事實。這種實例卽是勞動者在自己周圍所能認識的大現象，無論何人常常見的那種社會的事實和社會思想的變化。而且就是在那些現象之中，也要選出於勞動階級大有關係的問題，卽是要用滿足勞動階級的事情（卽社會主業）方可解決的問題；因爲這類問題的解決，自然要成爲社會主義的主張，而且也可以說是一種傳道。

可是對於唯物史觀有一種很激烈的而且一見好像有力的反對論。這裏特就所議論的各種精神現象（例如政治思想宗敎觀念等）把最大的反對論一一介紹出來，加以駁斥。如此，自然可以順次把唯物史觀由各方面觀察，可以窺見他的全豹。

二　新技術所生的各種變化

由技術的變化生出來的物質上的變化，無論誰人立刻就知道的。無論何種工業，無論交通機關，技術若是變化，生產力也隨時變化。這是我們日常所看見的。

譬如印刷的活字，先前用手，到了技術進步以後，就發明了排字機械，這種機械，排字人可以隨意把多數活字一齊取來，一一安置在適當地方。又如吹玻璃一事，最初用口，到了技術能發明一種機械以後，就是玻璃片和玻璃瓶，都可以自由吹成了。以前吃的牛酪，用手製造，到了現在却用機械，可以在最短時間內，把多量牛乳化爲牛酪，一切都用機械製造了。碾粉一事也是一樣，從前小小麵包店在土窖中用手碾粉，到了現在，大工場中却用機器來碾了。古時晚間點用煤油燈，每日要擦燈一次，添上煤油，換上燈心，到了現在無論何處人家，都有煤氣和電燈，由遠方機械通到了。生產力這種變化，在工業中隨處發生，而且變化發展愈益急激。就是平常覺得用機械做不到的細手工，也有機械發明出來了。

生產力變化，生產關係跟着變化，生產方法也跟着變化了。機械織機發明以後，機織業者之間以及他們與職工之間，生出種種與以前不同的關係，這層是前面業已說過的。就是以前多數小織工共有小織廠，比較的使用少數賃銀織工，到了現在賃銀織工無慮數十萬，工場主和企業者，比較反占少數。工業家都是些大紳士，互相對立，對於勞動者變成了東洋式的專制君主。這樣大的變化都是由機械發生出來的結果。

使有機械的人得富，使競爭者得勝，使托辣斯這一類東西出來，利用絕大的資本，都是機械使然的。奪去小資產家的資產，使幾千幾萬的人流爲賃銀勞動者，這都是新生產力使然的。

把牛酪製造作爲比喻，來考察新生產力所生的影響，使幾千立方米達的牛乳立刻變爲牛酪的機械，價值高貴，普通的農家不能購用，而且單是一家也不能買許多牛乳。於是百家的農家聯合起來，共同購用機械，共同製造牛酪了。這事就是表明生產力一經變化，生產的方法也跟着變化，生產的方法種類一切都要變化了。從前百個農夫各幹各的事，妻女幫助着在家裏製造牛酪，到了現在就不同了，百人聯合起來，用共同的計算，使用賃銀勞動者了，農夫自身和妻女和雇工，對於彼此，對於社會，都站在新生產關係上面了。

把煤油洋燈爲例，從前的燈火，一切都歸主婦辦理，數十萬的主婦，各在各的家庭，從事燈火的生產，可是到了城市鄉村有了煤汽工場，有了電氣事業以後，對於燈火的生產關係，驟然變化了。現時已不是一個人去生產，乃是城市村鄉的大社會機關去生產了。從前稀有的新種類的勞動者，無慮數千人都現了出來，和從前燈火生產者完全在另一種類的關係上相對立了。

以前貨車和馬車擔任國內運輸事務，可是技術發明了電信和蒸汽汽鍋資本家的近代政府，因此把人和貨物和新聞等收歸自己手中。於是無慮數十萬的勞動者和使用人，都站在新生產關係上頭來了。在今日的自治團體和國家中對於公共經營事業有直接生產關係的人物，較之往時武裝的武士還要多。

大凡無論何種事業，沒有不因新技術輸入新生產方法的，學術上的研究所發明家的實驗室，以及洒掃塵芥的那樣最下等勞動，自上至下，一切技術都繼續變化，勞動的方法也隨着變化了。在現世界中發明並不是偶然的結果，也不是天才的事業，實在是故意教育出來的，是依已定方針去研究的人的事業。所以各種事業，現在都是這樣的正在革命。

生產界的各部分都一一受了變化，或者完全廢止了。所以近代資本家的國家經營生活，正和近代大都市改正區域，把舊家屋舊道路依次改築的一樣。

近世新技術又造出大資本，造出大銀行，造出各種信用機關，因此增加幾倍大資本的力量。

新技術又助成近世的商業，生出多量的貨物和資本的輸出額，因此多數船舶遮蔽了海面；又爲採取礦產物或農產物的原故，竟把全世界化爲資本主義的奴隸了。新技術又生出强大的資本家的利害關係，而擁護這種利害關係，只有國家的力量方能做到。所以新技術又造出了近世的國家，造出海陸軍，造出殖民政策，造出帝國主義，造出多數官吏和官僚的組織。

上面既然舉了許多實例，我們就曉得新生產關係即是新財產關係，不必絮說了。德帝國擁有生產機關的人數在一八九五年至一九〇七年之間，人口雖然增加，而在工業方面約減少了八萬四千人，在農業方面約減少了六萬八千人。又賣勞動力謀生活的人數，在工業方面約增加三百萬人，在農業方面約增加百六十六萬人。小經營的各種事業消滅了，市民和小農人的徒弟降爲賃銀勞動者的人無慮數千萬，這不單是生產關係的變化，在同等程度說，並且是財產關係變化的結果。今日所稱的中等階級，不就是有新財產關係的一個階級麽？官吏，將校，學者，文人，牧師，律師，醫士，藝術家，事務員，小賣商人中等商人等一流人，或者由紳士閥得些報酬，或者直接間接經過國家之手得些報酬；這種中等階級與古時所謂中等階級其財產關係，完全不相同了。近世大資本家有銀行，有銀行團，有托辣斯，有（Kartellen），又握着世界政策，他們與古時福羅綸斯人（Florentiner）威尼斯人（Venetianer）漢薩人（Hanseatischen）或和蘭英吉利等國古時商工階級比較起來，他們對於社會全體完全站在相異的財產關係之上。

三　新技術與新階級的關係

由上面看起來，可知生產關係和財產關係，不單是個人關係，實是階級關係。

新技術在一方面增加造出無產者的速度，比人口增加的速度還要快。這些無產的人漸次增加占了人口的大部分，對於社會的財富，却差不多沒有份。同時又造出一些靠點小收入謀生活的佃戶小百姓，苦力及種種中等職業者的羣衆。而在他一方面又造出一些藉政治上經濟上的權勢吸收社會大部分財富而比較占少數的資本家。

這些資本家年年用所產出的大剩餘更對於無產者小產者勞動者小佃戶小百姓及資本制度不發達的外國實行掠奪和搾取急速的利上生利的集積，一方生出過甚的缺乏一方生出社會之富的大過剩。

所以技術進步不單是造出新生產關係和財產關係，而且也造出了新階級關係；所以就現在說技術的進步，造出了很大的階級懸隔，造出了很大的階級爭鬬。

我想以上的事，無論何人當然沒有異議。 這些小事，無論誰，都能認識。 階級與階級間的懸隔，一天比一天大。 今日的階級爭鬬，比五十年前的階級鬬爭更大更廣而更深。 階級間的間隙年年加廣加深加大，而其原因則在於技術，這實是很明白的事情。

四　物質生活之物質的原因

我們在這裏要說明事實之物質的方面，都是可以容易理解的。

例如撒格遜(Sachsischen)魏斯發里亞(Westfaleschen)的農人之子，已變了工場中的勞動者，他們的境遇的變化，自然是因為技術因為新生產方法的產生，毋須多述了。 小規模的農業早已沒有希望。因爲競爭也太激烈，所需的資本也太大。用小規模幹能够得相當利益的極少，大部分都受損失。就是把這些事看起來，也就可明白了。大資本就是大技術。握了拳頭和大技術角力，到底是不能的。勞動者的物質境遇（卽是不足的食物，粗惡的住居，惡劣的衣服）都是新技術產生出來的物質結果。這件事，在近代的勞動者，都很知道了。所以把一切階級物質的境遇和財產關係及生產關係結合，再拿來和根本的生產力結合起來考察，實是很容易的事情。試將今日那些資本家豪奢的衣食住一看，無論何人，也都曉得那些並不是神賜的東西。他們那些財富和那種生活，都是搾取他人膏血的結果。又試將今日的商業和投機事業一看，無論何人也都曉得這並不是前世注定的東西。又今日的勞動者常常失業，常常生病，常常遭不幸的事情，無論何人也都曉得這並不是神的責罰。這些悲慘苦痛的事情，一切都是由新技術中自然的或社會的原因而生，這也是人人知道的。（勞動者最能知道的）。又在今日的世界成功和失敗的責任，不能歸究個人的才能和性情，因爲大資本家壓迫過甚，就是有優秀才力的人物也不能够戰勝幾百萬人而成功的。

今日的社會，業已進步發達，在我們的自然界及人類的社會裏對於物質的生活之物質的原因，都容易明瞭的觀察出來了。

我們曉得太陽是地球上一切生命的根源，依同理，我們也曉得人類的勞動過程及生產關係是現在我們眼前物質的社會生活的原因。

勞動者若是冷靜地把自己和自己同僚與立在自身之上的階級關係，仔細的觀察起來，立刻就會知道上面所說的話是正確的。若是明白了這一點，就可以除去以前許多人的偏見和迷信的，大部分了。

五　勞動是人類精神的根源

可是論到人類物質的勞動（卽生產及財產關係）與精神的交涉，這個問題就難答了。說到精神，說到靈，說到心，說到理性，自古以來常把他當作獨立者，優勝者，全能者（甚至是唯一的獨存者）來說明了。

可是這裏我們所謂「社會生活決定人的自覺」的話，其總括的意義雖爲新發見的眞理，可是表示這種傾向的話在馬克思恩格斯以前已經有人說了出來爲他們兩人所發見的新學說的準備。

例如習慣經驗，敎育境遇等等，從精神方面把人造成了，這件事在今日的有心人都很知道，就是在馬克思恩格斯以前也曾經明白被人指示出來。習慣這種東西，不是社會產出來的麽？敎育我們的人，先前不是也受了人家的敎育然後把社會的敎育授與我們的麽？經驗這種東西，不也是社會的東西麽？我們不是魯濱孫那樣過孤獨生活的人。我們的境遇是社會的，比較什麽都要早我們先站在這社會中在自然界謀生活。單只是這件事，就是非馬克思派，非社會主義者，都是的確認識的。

唯物史觀於此更進一步。卽是聚集以前一切學問智識更深進一步。社會的經驗，社會的習慣，敎育境遇等等，也是依社會的勞動和社會的生產關係而決定的。精神卽是從這根本上發源的。

在精神生活的某一方面，這種事最容易認識出來。我們先從這一方面開始，次章以下，依實例證明唯物史觀。

第五章　科學，智識，學問

一　勞動者的知識之由來

科學不是包括精神界全部的東西，可是佔據精神界重要的範圍。而科學的內容是如何決定的呢？

勞動者讀這部書的時候，要先把自己的事考察一下纔好。自己心中所有的智識的範圍和種類究從何處得來的呢？

勞動者對於讀書寫字算賬多少有些智識，（此處自然就一般普通勞動者說的，特別的不在此例。）他當着年少的時候，多少總還學了些地理和歷史，可是大概都忘掉了。然而他只能受這種貧弱的教育而不能多受教育，這是什麼原故呢？

這些事並無別的原因，就是由於現社會生產關係產生的生產過程所決定的。支配所謂文明各國的資本階級，他們所辦的工場，反要用那不是完全沒有教育的勞動者，所以他們爲勞動階級的兒童設小學校，從十二歲起至十四歲止，定爲義務教育年限。 這就是紳士閥在那生產過程上所用的勞動者，不是完全無知識，也不是眞正受了教育的一種證明。因爲勞動者若是全然沒有知識就不好使用，若是眞受了教育，又不經濟而且桀驁不馴。近代的生產過程，要繼續加增生產的速度，供給多量的生產物，所以要用一定的新機關，可是同時又要用一般具有與往時職工不同而有某種資格的新勞動者。 生產過程對於社會挾着這種慾望，而且就其本來的性質說，也要造出這種慾望的。 試就十八世紀設想當時的生產過程，不是連這一種的勞動者都不要麽？

二　科學家，技術家，法律家及僧侶之必要

勞動階級的智識，由來如此，而他種階級的智識也是相同的。

資本家的大工業，交通機關及農業，越發非在自然科學上立脚不可。 近代的生產過程原來就是有意識的科學的過程。 新生產技術使近代自然科學的進步，得了基礎，科學又

爲那生產技術發明勞動器具，並造出由外國收取生產材料的交通機關。生產作用，自覺的利用了自然力。所以近代的生產過程要求理解自然科學，理解器械學，理解化學的人物。若是沒有這種人物就不能舉辦生產事業，就不能發明新方法新器具。所以順從生產過程所產出的社會慾求，而各實業學校高等學校多注重自然科學，尤重在教授於生產過程的成就和發展裏必要的各種科學。

所以現時器械學，造船學，農藝學，化學，數學等一切自然科學，都依生產關係決定他的地位。

同上，再就社會階級舉例。律師，法律學者，經濟學者，裁判官，公證人等等，他們所執行的業務，不就是豫想某種特定的財產關係(即生產關係)的嗎？他們不是這資本的社會要求他們來確保財產權或擁護財產權的嗎？他們的特殊思索法不是由紳士閥階級所造成的生產過程發生出來的嗎？

官產制度，官僚制度，國會等等，其前提不是在內則對於他階級，在外則對於他國而擁護那些以生產關係為基礎的財產利益或階級利益嗎？ 政府不就是擁護紳士閥的財產和利益的中央委員會嗎？ 政府以及政府所具有的智識學問，都是由社會的慾求生產過程的慾求及財產制的慾求發生的。 他們所有的學問智識，卽是維持現時生產關係及財產關係的。

然則僧侶，牧師，宣敎師，幹的又是些什麼事呢？ 他們之中，保守的人，要求無條件的服從敎會的信仰和一定的道德律，這種地方已經明明是維持現社會了。 他們的智識，是在那種完全適應這慾求的學校中敎養出來的。 對於這種說法的社會慾求和物質慾求早就存在了。 其次，他們之中，進步的人則說：神支配世界，心靈支配感覺，精神支配物質，所以去助紳士閥支配勞動者。 他們因此纔受紳士閥養成的。

三 生產過程慾求的結果

現時的生產制度和財產制度，發達到了一定程度，就覺得有需用僧侶法律家理學者技術者的必要，於是就把這種人才培養出來。 於是順應這種慾求，而擔任或執行這類任務的人陸續出現了。

這類的人都想用自己的自由意志，選定他們自己的職務。他們又覺得他們自己對於那職務的觀念是特殊的決定原因，是自己活動的出發點。然而他們不知道那種職務的思想內容以及自己所選定的東西，都是由於生產過程發生的。

所以馬克思說：「人爲社會生產的時候，不關於各人的意志如何，都是必然的要造出某種關係卽生產關係。」這話說得很對。這種關係，必然要離開我們個人意志獨立的。實在說這種關係，在我們的個人未生以前，早已存在的了。我們要想不混進這種關係以內而不可得。社會實在是把那生產過程，把那階級和慾求來强制我們的。

可是這類的業務，若要舉行那社會的任務，就要有某程度與某種類的學問和知識。所以這種任務，這種智識，都可以說是由社會的生產過程決定的，這是很明瞭的事實。

四　第一反對說（慾求乃精神）

我們在上段議論中，把慾求這件事說了好幾遍。慾求在社會裏，在社會所映影的學問裏都有重大的作用；這是以後要往復辨論的題目。

然而這種要求是精神的東西，是我們的心中感情中精神中所感受所知覺的東西。可是反對社會主義的人就拿着這種事實作爲攻擊我們的武器了。

他們說：「生產過程的各機關，若是由人類的慾求做出來的，那種原因就是精神的，並不是物質的社會的了。」

這種反對，要打破他非常容易。慾求是從什麽生出來的呢？是從自由意志生出來的嗎？是根據信念而生出來的嗎？是精神獨立的作用嗎？這些都不是的，慾求是從人類的體質生出來的。要求的第一事，就是關係人民的衣食住。製造衣食住，就是生產過程的目的。我們所說的生產的意思，卽是人類生活必需品的生產。

衣食住本是人類普通的慾求，然在某時代中某種生產方法，又造出相伴而來的慾求。那種特殊的慾求，就是緊緊的根據那種生產過程發生的。今日我們的衣食住，只有依據國家權力所擁護的大產業制度，方能得到。所以今日的社會需要進步的科學，需要通曉那進步科學的人物。今日學生的慾望，多要求工學，法學，政治學，神學等類的智識。這種慾求是誰付與他們的呢？ 不是這個社會付與他們的嗎？ 這個社會，有一定的生產過程，若沒有上面所說那些智識就不能成立，而且也不能生產衣食住的必需品。 若是在形體相異的別種社會之中，恐怕就沒有需用上述那類智識的必要，而要求完全相異的另一種知識了。

可是現在的勞動者，也有智識的慾求。 不過他們所慾求的智識，不是權力階級在學校中教授的那類智識，乃是我們這裏要給他們的一種關於社會組織的智識。 但是這種慾求從何處發生呢？ 依然是從生產過程發出來的。 現在的生產過程，驅使數百萬人使成爲一階級，使其戰鬬，使其得優勝地位。 假使不是這樣辦，勞動者不會要求有那樣的智識了。 在十八世紀時，這種慾求，他們還沒有。 這是因爲當時生產關係與現時的不同，所以不能使他們發生這種慾求。

所以說智識的慾求是精神的這句話，是皮毛的見解，若稍爲多加研究，就可以曉得這種慾求是由物質的社會的各關係注入而來的了。

這種事實，不單是關於「高尚的」精神的要求是如此其他許多下劣的事物也是一樣。即物質的慾求，也常常因勞動技術因生產關係及財產關係而決定的。 例如勞動者也想吃和他人一樣好的東西，誰肯吃那粗惡的牛酪呢？ 又對於其他一切衣食住及安慰物，誰願意要那糊亂湊出來的東西呢？ 這決不然的。 人的自然性質總是喜吃一切有滋養的健全食物，希望華美溫暖的衣服。 可是現時的生產組織和財產組織，只使勞動者吃那最廉價的食物。 這種組織，有販賣粗惡品的慾求。 所以把廉價粗惡的日用品製造出來，然後勞動者才發生需用這種粗惡品的慾求的。

一時間要造幾萬個幾十萬個物品，一時間要走百基羅米突的速度，這種要求決不是誰人自己去要求的；只是因爲今日生產組織的結果，在競爭上生產者不得不有這種要求。今日的生產組織，造出有那樣速力和生產力的機械，然後一般人方纔開始有這種要求。

這種實例要舉出來，可以有許多，就是不舉例，讀者諸君自己把周圍的事情考察一下，立對就明白了。

「把社會的慾求的全體看起來，果然是本諸個個人的意向麼？ 或是本諸生產的組織運用麼？ 大概說起來，這是從那本諸生產作用的社會的一般狀態發生的。 全世界的商業，差不多完全不顧消費者個個的慾求，而歸着於生產作用的慾求了。」 所以智識也是從生產作用的慾求發生的。

五　第二反對論（純粹智識慾）

第二反對論者說：「人類不是都有根本的智識慾嗎？ 對於某種特殊智識的衝動，雖是一時的也未可知，然一般的智識慾卻是不變的。」

這也不然。 世界上有一種人全無智識慾而以前代人所殘留的少許學問就很表滿足的。

在天然供給着豐富的衣食住的熱帶地方，所住的人民只栽椰子，造木葉的小舟，只學會原始的手藝，就很滿足了。 又在肥沃的土地幹小規模農業的人，幾百年間都繼續過那完全同樣的生活。他們稍新一點的智識都不求。這是因爲這種生產關係不要求新智識的原故。

更有顯明的實例。譬如在年年定時氾濫的大河兩岸，經營農業的人民他們就有計算月日的必要，所以不得已要研究天體。於是埃及米索波達米亞中國等地的人民，就因爲尼爾河幼發辣底斯河及黃河得着天文學的智識了。別處人民就沒有要求這種智識的必要，所以不能早知道天文學。

所以使智識發達，決定他數量種類的東西，就是生產關係。

六　成爲進化動力的地理的要素

依上段所舉的實例，在熱帶地方不發生智識慾，在大河流域就發生智識慾，這種事實想讀者諸君已經注意；可是唯物史觀也不是把生產過程作爲進化唯一的原因。即地理的要素，亦與有重大的意義。更舉最後的一例：假使歐洲氣候是熱帶，所有土地差不多不加什麼勞力可以得多量的收穫的時候，歐洲的生產過程，恐怕就不會發達得那樣迅速旺盛。

只是因爲是溫帶氣候，是比較瘦瘠的土地，人民非努力勞作不可，所以不得已對於自然努力開發智識了。

由以上所述看來，可見以爲「社會主義者把生產過程當作唯一獨立的進化的動力」這種批評是不對的。氣候與土地的性質之外，卽空氣與地方的影響之外，還有許多動力。以下各章，再逐次說明。

第六章 發明

一 精神與發明

科學的一方面，還有特別詳細說明的必要。這就是技術發明的問題。

我們說過了；生產技術是生產關係的基礎。然則我們不就是承認人的精神是生產關係的基礎嗎？

自然是這樣的。生產技術，是有思考力的人特意發明生產器具出來應用的事情。我們由唯物史觀的立脚點說全社會的基礎在於生產技術的時候，當然是說全社會的基礎在於人的心身的勞動。

那麽這樣說法，不是與我們已前所說的相矛盾嗎？ 這不是仍然把精神歸於社會進化的主要動力嗎？

精神若是造出生產技術，生產技術若是造出社會，那麽精神究竟是社會的第一個原因了。 對於這點，還要詳細考究一回。

精神是生產技術的一部分，這事唯物史觀決不拒絕的。 因爲生產技術乃是人的事業。人自然是思考的動物。 生產關係（卽財產關係）就是人與人的關係。 人的行爲思想一切都在這關係之中活動的。 生產技術，財產關係，生產關係，均是物質的，同是又是精神的。這是我們所不拒絕的。

我們只拒絕精神與那種活動的自主獨立。 拒絕那種超自然性，不可思議性。 所以我們說：「精神就是發見了新的科學，新的生產技術，也決不是由於精神的自由獨立的作用，實在完全是社會的慾求之結果。」

生產技術上的發明，在往時是由自辦生產事業的人幹的。他們的心中，有一種衝動在那裏生作用，要使勞動更有効，更迅速，要增進自己或社會全體的富裕和安樂。無論在何種性質的社會，既然說是社會，就不問其大小如何，也不問其爲遊牧羣衆或爲家族共產團體，也不問其爲封建的社會或爲資本家社會，凡是上面所述的那種衝動往往是社會的，經濟的慾求之結果。卽在共產的社會中，這種衝動是爲團體做事的一種社會的衝動，在以私有財產制爲基礎的階級的社會中，這種衝動是爲階級的個人卽爲有產者或有產階級做事的一種社會的衝動。

這事並不足怪，人本是社會的動物，人的勞動是社會的勞動，所以勞動改善的衝動也不是由個人的特殊精神發生的，是一定要由各個人社會的關係發生的。改善生產技術的勞動卽發明的衝動，完全是一個社會的衝動，從社會的慾求發生出來。這就是唯物史觀論要說的地方。他們否定精神的自主獨立性，並且排斥精神占最上位的主張。他們說：「精神被社會的慾求所强制，逼入一定的軌道以內。這種慾求又是由一定的物質的生產關係而生的」所以在這種地方，我們早就拒絕精神有至上的絕對性。

這種生產技術與科學的關係，是很重要的問題，所以我們不能暫時把這個問題離開不研究。今爲詳細說明起見，再舉數例於左。

二　中世之發明

先把中世手工工人考察一下。在當時的社會，要滿足紡織物的需要，只用手織機械就很够了。商業，交通，外國市場等等在當時很不發達，所以也無發見那樣强大的生產力的必要。因爲當時的社會，並未覺得有那種慾求。

然而在當時有特別慧眼的織物工人，對於生產器具，早已引起了多少的注意。因爲他們已經知道生產的便利迅速於自身是最有利的。

於是他們多少也發明一些東西拿來應用。那種發明就爲同業所模倣了。當時的發明，只不過如此。這些少的而且差不多沒有進步的生產上的變化，就是在當時經過十年百年的惟一的變化。幷且這全是本諸個人的慾求的變化。

可是以後到了十五世紀至十七世紀的中間，通商很見發達，外國市場非常擴大，需要母國製造品的殖民地從新建設了。這時期內，對於生產技術的改善，卽對於增進勞動生產力的慾求較以前爲普及，而且擴大，並不像從前只是一兩個人的慾求，實在已有數十百人的多數，都苦心設法要改良生產技術了。於是多數的小變化，用急速力累積集中，越發促進新器具的完成。

三　過渡期之發明

其次我們把巴賓(Papin)那樣最初發明蒸汽機械的人，考究一下。

許多人對於生產技術都有特別的趣味和才能。這是幾百萬年人類進化之賜，這種趣味和才能受了生產關係的助長，立刻在少數人士的心中燃起炎炎的氣燄。而且這些人所歸屬的社會，已有發達的生產技術，所以他們單想就生產技術更加改善，以期確保社會生產的發達。這種企圖，就是一種社會的思想。他們依着這種社會的思想，就注意到被壓搾的水蒸汽的魔力了。他們實在是把許多由人類獸類或水力風力運轉的舊器具做基礎，在這基礎上再發明出一個新器械。他們有偉大的社會的感情。他們對於發明新器械的事情，有一種大歡喜和慾求。他們把時間，財產和健康一切都犧牲不顧，一心要完成要應用那類的器械。

但是這種器械，並不是社會一般所要求的。生產技術的進步太大，經費也太大。那一旦出來的發明，結局不見應用，所以這發明因以中止，幷且漸漸的被遺忘了。因此發明者往往失望悲觀而止。他們的確感知社會的要求方去發明的，可是實際上社會還沒有那種要求。就是有那種要求，也沒有要求得那樣充分。總之，發明還是過早。

四 現代之發明

其次我們把現代發明家愛狄生(Edison)做比例。他是一個專門技術家。他的一生，就是思索生產技術的一生。可是他不是早成的發明家。他的思索並不是人所做不到的。他想的只是社會或者有產階級所想的事情。因為資本家以為生產技術的改善就是增進利益的事情，若有使生產更迅速更低廉的發明，立刻就可為資本家所採用。這事促進發明家的勞動力；發明家因此自進而想出特殊的問題來。 即他們的發明並不是偶然的，已是完全由自己的意志而成就的。

所以愛狄生那樣發明家的發明，慾不可不說是一種社會的慾求。 他的技術趣味，實在現社會中而又依現社會而發生出來的趣味。 即是社會的趣味。 他們勞作的基礎仍然是社會的。 所以他們實際上能够完全成功而且豫先知道成功的都是社會的庇蔭。

現有一事人人都知道的，新器械雖然發明，而價値太高，不能見諸應用。 譬如精美的農具，大概是不能見諸應用的。 即使能够見諸應用，大概也是極小部分。 其理由就是因爲社會的生產關係太過於狹小。 所以個人雖然感知一定的社會的慾求把原有的生產技術做基礎，創出新發明，但不能都受社會所採用。 社會在實際上只採用自己所要求的，幷且在那一定的關係以內所能够應用的發明。 所以生產技術就是由發現上說，與由發達上說，全都是社會的東西。 其根基不能在一個人的精神以內求得，只能在社會之中求得的。

五　原始之發明

最後再由人類最初製作生產器具的時候舉一個例。關於這一點要借用柯祖基的「倫理與唯物史觀」那書上第一百五十三頁中說：

「原始人得了槍，就可以獵取較大的動物。以前吃的是果實蟲及小鳥之類，以後能够獵殺大動物，漸漸能够得到肉食了。然大動物不在樹上而在地上，所以人因爲要狩獵也由樹上的生活移到地上的生活了。又因爲適應狩獵之目的的動物，如反哺動物之類，在原始森林中的很少；所以人越發變爲狩獵者，就越發離却原始森林中的古巢穴出來了。

「照以前所說的事，自然單是一個假想。實際進化的程序或者逆着這個傾向進行也未可知。就是人類或者是依了別種理由從他的古巢被追出來；因此受了刺戟，就發明武器和器械亦未可知。或者說不定有下述的事實：比如在氷河時代，因中央亞細亞山中的氷河消滅了的原故，或因氣候乾燥的結果森林自然枯衰了的原故，人不得已出了山林來到平地。這時候人類自然不得不停止往時樹上的生活而營地上的生活了。這時候人類早已不能單單吃那果實的東西自然非肉食不可了。 從此以後依新生活的方法，往往用石和棒，所以能够組合石和棒這一類東西發明新器械亦未可知。

『右述各種順序之中無論何者爲正，又無論前者行於某處後者行於某處，總之，新生產機關，新生活方法與新要求之間，存有密切的關係，非常明瞭。 這些要素中若有了一種，必定生出他一種。 卽各要素爲必然要變化的原因，而在這變化之中，更孕有他種變化的卵。所以發明必與變化相伴而起，變化更生出他種發明。 新生活方法與新要求若是產生，就成爲原因，又喚起新發明。 這種關係愈變愈複雜，愈變愈急速，遂作成無限發達的連鎖。』

柯祖基更進而說明人類一旦下於平野以後，就曉得經營農業，造作家屋，曉得用火，曉得養家畜。 他說：『槍或斧一旦發明以後，其他種種器具陸續發明，人類欲求住所食物變化(卽全體生活的變化)的次第，也可以知道了。』

六　由必然的世界到自由的國家

依以上所述(成了科學的基礎的)，新技術的發明，完全依社會的衝動，及在個人中作用的社會的慾求而生的。那種慾求，充分成爲社會的慾求的時候，然後方得完成。發明家的精神，大概不能豫見那發明中發生出來的當然的結果。

發明蒸汽機關的人，對於因發明而更加激烈的資本勞動兩階級的爭鬬，是沒有預先見到的。就是發明今日這樣强大的新技術的人，也還是不曉得爭鬬的。他們對於這種發明所產出的社會主義的社會，沒有預先想到。人類自有生以至於今日，就是最大的天才，也未能了解社會發展的眞相。他們的活動，是被社會的慾求所逼迫的結果。在資本制度之下，這種慾求雖不明瞭，他們還是能知道的，可是這種慾求充分發達了以後，要把社會引導到什麽地方，他們就全不知道了。他們只是被社會力所支配的，他們是住在必然的世界中的。

等到社會主義的社會出現，生產機關歸人類共有，有意識的把他來使用支配的時候，然後人類方能認識那强迫自己行爲的社會力和社會的要求，並且覺悟自己行爲的目的和結果。到了這時候，一切技術的改善，將更成爲人類的幸福，對於精神的及物質的發達，更可以增加許多自由。無論何種新發明，不但不能對於任何人惹起意外的災害，且將與各人以完全發達的自由，於是全人類幸福的條件就會永久完成了。

照這樣繼續下去生產力（及物質的生產關係）就要逼迫我們達到社會主義。可是有一層，就是在社會主義的社會中我們或者仍然被生產力被社會主義的生產法所左右亦未可知。照這樣，社會的生活依然是支配精神，我們決不能自由了。可是在這時候，我們早已不是盲目的被動的服從，也不是徒然爲技術的無制限的活動所牽引，也不單是貧弱的個個孤立分散的分子，乃是成了一個有意識的全體，一致的從事生產；對於我們社會行爲的結果是預先見到的；所以到這時候，我們比今日更爲自由，從那盲目運命的黑暗世界來到光明燦爛的自由國了。可是就是在那時候，絕對的自由自然也沒有的。所謂絕對的自由，只不過是無政府主義者，神秘的僧侶，和自由主義者的理想。無論如何說法，我們是被現存的生產力束縛着的。只是我們能夠依共同意志把現存的生產力用在共同的幸福上，這就是我們所能做的一切事情。

七　超過慾求而發達的科學

科學一旦依社會的慾求發生以後，在發達的某階段中，自然就會不與社會的慾求生直接關係，而獨立發達了。例如天文學的初步，雖是由一個社會的要求生出來的東西，可是在今日其發達程度，已經達到適應社會生活慾求的直接關係以上了。但是要考察這成了獨立的科學，技術，和慾求三者之中的關係，也不須看科學的枝葉，稍微將其根底深加追求。無論是誰，都會知道的。

第七章　法律

一　所有觀念變化之實例

法律是論我的所有物與人的所有物的關係。換一個說法，就是法律的普通觀念，是說明在某社會中，這些屬於我，這些屬於你，這些應屬於他的話。所以在生產力和生產關係固定的時期內，這所有權的觀念是固定的，可是生產力和生產關係一旦開始動搖，這所有權的觀念也跟着動搖了。這並沒有什麽不可思議。前節已經證明的，生產關係就是財產關係。

我們因爲表示這種變化，把現代中某種無論誰人都知道的大規模的實例舉出來看看。到現在爲止，例如阿姆斯德坦 Amsterdam 那樣的大都會燈火，用水，交通機關等項，依普通一般的見解都說是可以作爲一私人賺錢的事業經營的。又如煤氣，水道市街鐵道等項，也都被當作是私人所應有的東西。可是在現時就不同了。在現時，大概的人，不但是對於煤氣，水道，電車並且對於其他許多營利事業，都以爲是當然要歸自治團體所有而經營的。這實是法律觀念的大變化。即是關於我物與人物的意見確信或偏見上的大變化。

這種變化究從何處來的呢?

這個答覆，並不困難，就是由生產力的變化而來的。

和蘭國受了近世大規模的產業和世界的商業的影響，中產階級與勞動階級的地位，大爲低下。一八七〇年以後，更加疲弊。於是這些階級，想出了可以救窮的法子來。政界中現出了中等階級勞動者也附屬他們了。 於是他們得了勢力，漸漸實行市營制度，要免除從來私立會社襲斷煤氣水道電車的事情。

一方面是大資本一方面是小資本經營和小工業，這兩者間有一種新經濟關係，（在根本上說就是大機械與小器具間的關係） 那種新關係在社會一部中即在某階級之間造出新的窮迫狀態。 於是新財產關係的慾求發生出來，新生產力不致流於濫用，可以充分發展。 苦悶的階級，遂得掌握權力，制定新財產關係。

然而這是比較細小的實例。 市有制度和國有制度，較之資本家的私營事業，原來是全然相異的財產形式；可是人人都知道的，現在的都市現在的國家，都是資本家的東西，所以都市經營國家經營的利益，於下級人民沒有什麼大關係。 這種時候，下級人民所受的掠奪，雖然沒有官府商人特權階級所行的那樣橫暴無恥，亦未可知，可是也為國家都市所欺騙盤剝是相同的。

這樣的比較起來，我們社會主義運動的實例越發大了，越發好了。

二 社會主義運動的實例

社會主義是要把生產機關併歸公有。數十年前，社會主義者差不多沒有一人，到了現在，多至幾百萬了。爲什麼這樣思想上的大革命發生在這許多人的頭腦中呢？

對於這個問題的答案，較前例可以更加明瞭些。

大規模的產業，造出了幾千幾萬幾十萬的賃銀勞動者。這勞動者在生產機關私有制度繼續發展的時期內，得不到什麼財產和幸福，可是私有制度一旦打破變爲公有制度的時候，他們的幸福就會展開了，他們就變成社會主義者了。

又經濟的恐慌，生產的過剩，以及敢於猛烈競爭限制生產的托辣斯，（這些都是直接從現時生產機關私有制度發生的）使中等階級受了影響，於是許多中流人士就想出一種共有制度來救濟這種危急，他們就變成社會主義者了。

所以在社會主義上，那生產力及生產關係的變化和思想的變化之間，其直接的關係，可以明瞭的看出來。

把社會主義的思想，放進我們腦子中的，是天神嗎？是聖靈嗎？是基督教社會主義者所說的那樣由上帝所授的靈光嗎？又，我們自主自由的精神，是依自己特殊的優越性，造出這種可貴的社會主義思想的嗎？我們特別高貴的德性，我們所有的神秘力，是康德所說的至上命令造出來的嗎？我們共有財產的觀念，莫非是惡魔替我們養成的嗎？有些信基督教的人，却是這樣說的。

不然，社會主義思想的發生是必然的。是社會的必然的。那種必然性，是從一種地方發生的。古時財產關係的檻中所押住的新生產力，對於勞動者和小資本家一流人加了很大的壓迫，所以勞動者和許多小資本家若共有生產機關，就能夠把這種大壓迫除去了。社會主義的解決法，自然發生了。勞動者業已共同努力活動着了。這種難局可由共有制度解決，是很明瞭的事實。

這樣看來，可知社會主義的思想從古來就有的，社會主義也不是從今日的生產力發生的平等主義是一切人所有的永遠的理想，無論何時代的人心中都有的，像那類信口開河的話，決不可以任意說的了。

三　原始基督教與社會主義

原始基督教徒所想的那種社會主義，與今日勞動階級所希望的社會主義不同。其理與當時的生產力及階級關係和現代的生產力及階級關係的不同一樣。原始基督教徒想共同消費。即是說富人應把生活資料的餘剩分給貧人。並不是說要將土地和勞動機關歸與公有，只是說要將生產物歸爲公有。所以這種社會主義叫做乞丐社會主義主張窮人要依富人的恩賜受生產物的分與。

就是基督自身也並沒有敎富人把財貨捐棄的，也沒有敎富人把貧人（或貧人把富人）當做兄弟一樣愛的。

反之社會主義者却是這樣說：「無資產的人當與有資產的人戰鬪，當依政權掌握生產機關。」他們並不想將生產物歸共有，是想將生產機關歸共有。各人所得的生活資料，可歸各人所私有，所以沒有分配的必要。

由基督紀元第一世紀的生產關係看起來，不能發生今日這樣的社會思想；依同理，今日的生產力到底也不能使我們追求基督教那樣的理想。在當時生產力是微弱的，是孤立的，是分散的，到底不能造出大規模的共產團體，所以博愛慈善那類事情（就令其效果微細）在當時實是解決貧困的唯一方法。可是在今日勞動已漸次成爲社會的性質，社會的共有制度，却成了救濟貧困的唯一的而且滿足的方策了。

四　對於犯罪思想之變化

其次刑法的事，也是顯著的實例。就是在這一方面，許多人的心理也大生變化。社會主義者既相信犯罪者有個人的責任，又相信犯罪的原因是社會的，而不是個人的。這樣的新思想，究從何處發生的呢？不待言，是從對於資本階級的爭鬬而來的。社會主義學者爲了此項爭鬬，爲了批評現社會組織，發生研究犯罪原因的必要，就發見這原因是存在社會裏面的。他們這種見識，都是今日的生產過程和幹階級鬬爭的人逼着他們發生出來的。

於是一般勞動者受了社會主義者的教育，就把這種自覺印入腦筋中去了。

關於此事，因爲篇幅有限不能過細詳述，而一切思想的變化都是生產關係變化的結果這件事，却已證明了。單是這一點也可曉得變化是很大的了。世人大家相信人類墮落的說話，相信個人的責任，相信自由意志相信神罰，相信刑罰，這都是過去的事情。只有現在的社會主義者（雖然只有社會主義者）却相信這犯罪的孵化場的資本家的社會若經廢絕，各人的生活若得自由社會的犯罪就可以完全消滅。

五　階級鬭爭與權利思想

在上述對於財產和法律思想的變化舉實例說明之中，也可以明瞭人類思想發展的法則。

對於這一點一向還無暇去明白考究的。

生產力是生出思想發展的原因，是原動力，此事早已十分明瞭。現在連那思想如何發展的原因也明白了。這就是從鬭爭之間從階級鬭爭之間發生出來的。

這種事實，也可用以前市有制度和社會主義運動的實例說明。

大規模的產業把小資本家和勞動者陷在很困難的地位。從前煤氣水道的獨佔事業，隨着大產業的勃興更使他們不能忍受。所以勞動者和小資本家把獨占人認做仇敵。滅却獨占人這件事成了他們生活上的要求。他們的頭腦中生出這一種思想，以爲「獨佔人所幹的事很不正當。這種事業一切都該歸都市所有。我們勞動階級非與這種資本家戰鬭不可。」可是資本家的想法不同。他們以爲「占有煤氣水道乃是我們的權利。若把營利事業一一奪去，我們的利益就完全失掉了。所以我們非與勞動階級戰鬭不可。」於是鬭爭之間發生新權利。元來新生產力的發展，生出新階級鬭爭，而新鬭爭在此時又使新權利思想普及了。

勞動者曉得在精神的道德的肉體的各方面都爲了大產業的發展以致墮落，因此要仇視資本家了。他們想到我們勞動者正在受人掠奪。資本家橫取利益的全部很不合理。資本家是我們的敵人。所以我們非和他們戰鬭不可。最初只是一都市的勞動者一種類的勞動者是這樣想着，到了後來就成了全國全世界一切勞動者的思想了。於是全體勞動者都有同一感想以爲我們勞動階級非與資本階級戰鬪不可。一切生產機關都歸我們掌握最爲正當最合正義。讓我們爲正義戰鬪罷！

然而資本家方面最初也是一個人一個人的，後來團結起來懷着與勞動者正相反對的思想了。他們的想法以爲我們保有我們的財產是正當的是合乎正義的。讓我們撲滅勞動者的危險思想罷！讓我們爲階級爲正義而戰罷！

生產技術愈益進步，生產力與財富越發多集在資本家手裏，勞動者的數目越發增多越發窮乏，於是富有的人想大發財的慾望越强，貧困的人想領有生產機關的慾望也强起來了。同時兩階級的爭鬪更加激烈，雙方正義不正義的思想也越發明瞭。

依上例可知正不正的觀念生於階級鬪爭之間，而且因爲鬪爭更爲發達。就是一階級從前視爲正當的事，漸次變爲不正當了，階級的利害越切迫，正不正的觀念感受越深。故對於生產機關的物質的爭鬪，就是對於正不正的精神的爭鬪。後者不過是前者在精神方面的反映罷了。

六 表同情於貧人的富人

在這精神的物質的鬭爭之中，究竟是什麼階級能够戰勝呢？戰勝的階級必定是依生產過程的發展變了最强的階級，占有最大的精神力和眞理的階級，就是由自己處境發生出來的慾求帶有一種自然解决新生產力與奮生產關係間的矛盾的任務之階級。此事在本書末章再行詳述，這裏沒有說明的必要，只答覆一個反對論爲止。

世有身爲富翁而與貧困階級表同情的人。此種事實有說社會生活（社會的境遇）不決定人的思想，而某種高尙的精神，神秘的道德性，反而是決定人類社會的行動的證據。身爲資本家而加入勞動者方面的人，有兩種理由。有時這兩種理由結合生出作用。其一種理由就是說將來的天下一定是勞動者的天下，所以資本家加入勞動者方面。若照這樣說，這就是生產過程和經濟的關係給了他這種見解，所以也不是什麼精神的自由使然的。這種行爲的動機，依然不外從社會生活裏去探求。

其次就是基於感情的理由。譬如人的感情與其表同情於壓制者，反不如表同情於弱者。關於這一點要在後面「道德」章中詳細說明。總之這也是由於人類社會經濟的生活中產生的感情而來決不是由於「神秘」「超自然」「絕對」那樣精神的力量。

第八章 政治

一 社會問題發生之原因

前章之中已將社會主義者對於財產及犯罪之法律上考究作爲證據表明生產力所以影響於人的思想階級間精神的爭鬬（正不正的地位不同）所以發生的原因。這一章在政治上也舉出同樣的證據。

這裏也將社會主義的考究法引例說明因爲新生產力對於社會主義者的頭腦影響最强的緣故。

新生產力影響於大工業家大銀行家大商人等的精神，最爲强烈。就是他們因爲要增加他們的勢力，金錢，權力，所以想出大規模的事業，要攫取莫大的利益。想出托辣斯的辦法，想得海外市場和殖民地，想建設强大的海陸軍。這種想法，比較前世紀的資本家和權力階級的想法，其程度相差雖大，而其性質種類却沒有變異。

中等階級的想法，較之以前就不相同了。生產力增大，把他們陷在危險的地位。他們今日想着明日會要墮落到勞動階級裏面。所以他們爲免除危險起見就想出信用機關，國家保護，產業聯合等起來。這類事，在他們祖父母的時代完全沒有想到的。可是這種想法依然與個人的營業，營業的利益那種想法，其方法沒有不同的。

非社會主義者的勞動者的頭腦中，從十九世紀前半期以來也大生變化了。增加賃銀，減少時間，國家保護，生活改善等思想，都從他的頭腦中湧現出來了。所以漸漸發生了工會的運動。然而這些人也是舊式的想法，他們只希望從資本家所得的利益裏多分潤一點，還是立在私有制度地盤上的一種希望。

然而在社會主義者則有一種完全與此不同的新想法。他們一面站在私有制度的地盤上，一面希望廢止私有制度。他們一面在資本家制度之下生活，一面要求絕滅資本家制度。他們的思想是在資本家制度的皮殼內被發芽培植的，現在已漸次發育破殼而出。那思想的自身也要變成別種性質了。勞動階級否定自己所從出的根源，就是否定資本，否定生產機關私有。所以生產力對於社會主義所生的影響與對於他階級所生的影響頗不相同，而且是更大更深又是根本的。所以要舉例證明生產技術對於精神所生的影響，以社會主義者的思想最爲適當。

又社會生活與思想，在政治上也表現得非常明瞭。因爲政治把國內慾望，希望，努力，思索，事業等一切階級的近代國家生活的全部都包含在內的。而且在那國內有參政權的人民非考慮全社會的事和自身的事不可，所以在文字上所表現的全部精神生活之內要受社會變化的影響。

然則以何種政治問題最爲重大最爲普遍最適合於此種研究的證據呢？也沒有別的，就是社會問題。就是資本勞動間的爭鬪問題。

這個問題原來就是從資本中發生的，換句話說，就是從生產力發展之中發生的。所以因人類對於這問題的態度之變遷，可以看得出生產技術的進步，如何使人類的思想發生變化。譬如六十年前，想到勞動者的法定勞動時間，婦女及兒童勞動的保護以及傷害保險這類事情的，有幾人呢？雖然偶有少數人想到了，可是也不過聽得資本制度最發達的外國有那種勞動者保護方法罷了。若是在百年以前的話，恐怕就沒有一個人曾經想到。然而社會一定要保護勞動者的這種遠大的思想，究竟從何處印入人心的呢？

基督教的思想決不會把那種思想印入人心，這是可以知道的。因爲人的思想未經此種變化以前，早巳有幾千幾萬的勞動者，因爲過勞，害病，災難，無衣無食的緣故橫死了。又有幾千幾萬人因爲悲慘不勝老死了。而在那個時候基督教信徒不知有多少。這樣看來，人類在此時還沒有想到國家保護這件事情，這就是證明保護勞動者那種思想全因別種原因來的。

要發見這種原因，決非難事。就是因爲勞動者在那時候還沒有勢力。對於富裕階級的人，只希望獲得一些慈善施與的恩惠物罷了。

然而勞動者在那時沒有得着勢力的原因，也是因爲生產過程（卽當時生產狀態）的緣故，就是勞動者不曉得團結的緣故。他們的數目雖然增加了許多，可是都互相分離，從事小規模的生產，因此之故，所以不能發展大勢力出來。

然而受了生產過程的逼迫之後，他們幾百幾千的人都集合一處，在公司或工廠裏作工，他們就自然而然的覺悟他們自己的力量了。他們先前因爲勞動而團結，現在又因爲競爭而團結了。於是這種由生產過程自然發生出來的競爭（卽是這種新現象）影響於社會各階級的人心，引起了思想上的革命。

二　德國勞動階級之發達

新生產過程，先發生於英法兩國，思想的變化，也先發生於英法兩國。在這兩國的實例，此處姑從省略，現在只記述兩國中被這新現象新關係所迫而發生的聖西門傅立葉渦文的空想社會主義，以及恩格斯研究英國生產關係的結果，馬克思研究英法政治的結果所構成的近世社會主義。

至於德國也有確證我們的議論的事實。一八四八年的革命勞動者沒有得到什麼好處。普魯士三級選舉制，使勞動者得不到政治上的勢力。資本家的掠奪勢益猖獗，并且由這種結果保護勞動者的法律連一條都沒有。

可是到了一八六〇年之初，勞動者漸漸開始團結了。他們雖然受紳士閥排斥，却能在拉塞爾指導之下，組織了全德勞動同盟。普通選舉運動也幹起來了。封建的貴族階級看了也驚異起來了。保守黨的守領等也開始說國家的天職要保護下級人民了。全德勞動同盟的運動擴張到全國。俾士麥在德奧戰爭以前對衆約定的普通選舉也實行了。最初在北德意志聯邦實行，接連就在新建的德帝國實行。柏伯爾（Bebel）里布奈西（Liebknecht）石衛次（Schweitzer）等人陸續被選代表勞動階級到議會充議員了。每次選舉社會主義者的投票數增加了。社會黨的兩派在哥達（Gotha）大會統一了。權力階級看見社會主義的勢力這樣的增進越覺不安起來。

於是俾士麥發布社會主義法要鎮壓他們了。

然而勞動階級不是單用暴力可以壓服的。一八八一年的選舉，就可以顯得社會主義鎮壓法的無效。要想防塞這種不平的潮流，無論如何總要設個良方。於是德皇「積極的增進勞動者幸福」的詔勅也發表出來了。不公平的疾病保險法也提出於一八八二年的議會，在一八八四年發表了。

鎮壓法雖然存在，社會主義運動反更加得勢。一八八四年，一八八七年，一八九〇年的選舉，社會黨投票數竟由五十五萬增至七十六萬達到百四十萬。社會黨鎮壓令也廢止了。俾士麥也逃走了。一八九〇年二月的勅令公約勞動者的保護，又對於勞動者公約說法律上的平等了。

這樣看來思想上的變化如何大呢？通國各階級一切的人都干與社會問題（階級鬬爭）了。

這些事情之中都包有生產技術的發達及其關係，這是很明瞭的。這些都可由統計上看得出來：一八六〇年及一八七〇年之初以及一八八〇年之末，產業發達最盛，這也是社會主義正成長的時代。生產增加之數，勞動戰士增加之數，以及權力階級的政見政策，這三者可用三條平行線表示出來。生產增加，勞動戰士亦必增加。階級鬭爭明明由生產技術發達中產生出來。

階級鬭爭的特色，也非常明瞭。皇帝，宰相，大臣，政治家所以抱有新政見政策的原因，不是因爲基督敎思想，也不是因爲自由意思，也不是因爲純粹理性，也不是因爲什麽神秘的時代精神，這實在是完全因爲勞動者依了團結運動與爭鬭逼着紳士閥變化了他們精神的內容。

一切的神秘，都完全掃除了。事物的關係和太陽系的運動一樣，現實表現在我們面前。勞動者精神的發達，發生於生產技術。勞動者的思想現於行爲，這種行爲使權力階級受其影響，所以權力階級精神的發達，是從這種地方發生的。

然而發達猶不止此。勞動者因爲政府約定給他們的權利，越發多向社會黨投票了。

此時政府曉得勞動者這樣的自覺，不特給與勞動者以豫約的權利，而且更覺得有大加改良的必要。從前社會改良政策實行得太遲。勞動階級的實力單單滿足這點事，已是很够了。

工會的組織在一八九〇年發達得很强大，已經從資本家方面奪取了許多利益。權力階級要想用暴力來鎮壓他們，曾經提出了內亂法案監獄法案，可是也沒有實行的勇氣就中止了。

勞動者的團結，勞動者的自覺，勞動者的力量，這樣的强大，那權力階級要想把改良的話來引誘他們早已不行了，就是要用暴力來鎮壓他們也沒有希望。於是忙得要堅守自己的武力保持自己的地位了。這樣猛烈的階級對立，實例不曾多見。然則鬬爭的原因如何？在全歐洲中照這樣的大產業驟然勃興，巨大的財富驟然蓄積，技術進步這樣急激，在十九世紀除德國以外也是少有的。

三　有產階級中之差別

太說瑣碎了惹人討厭亦未可知，現在把這問題，深深的討論一下。勞動者對於這問題應有充分理解的必要。

從上面說來我們把有產階級作爲單一的團體和勞動階級對立，其實有產階級之中也有許多差別，所以生產技術的進步對於有產階級，並不是給了一律的影響。我們就這種差別的地方不可不過細考究一下。

生產技術的進步，使各階級物質的狀態及階級的思想成爲許多複雜的形式。若述其實例，我們一方面列舉軍國主義與帝國主義，他方面要列舉社會主義。

四　大資本家的地位

國際間猛烈的競爭，驅使各國大資本家趨向於殖民政策。若是已經領有殖民地的國家，那大資本家在那地方經營起來比較在別國內的殖民地，更可以吸收多量的財富。他們先投入殖民地內去。本國也極力奬勵他們，保護他們。殖民地首先就是本國的營利的目的物。勞力低廉。壓制虐待一概不問。殖民地的利潤，有時達到莫大數目。所以本國中過剩的資本，若投資殖民地經營更爲有利。德國大資本家羨慕他國大資本家從殖民地得了大利潤，所以很努力擴張殖民勢力，這就是一個實例。

然而守護殖民地要有軍備，尤要有海軍軍備。這不單是爲了要防衞殖民地，實在主要的目的，要和那有同一目的的他處殖民地(競爭國)對抗。所以大資本對於海陸軍備需要多大的支出。軍備尤有一個最大的目的，就是紳士閥所以能够承認多大的軍費的，實在是因爲怕了勞動階級的原故。

還有一種原因。這種重大的軍費，務必要使上流階級減輕負擔而加重下層階級的負擔。所以他們常常努力設間接稅。間接稅，實際就是以賦課下等社會的貧民爲主。

若把社會政策行使得相當有效，這筆費用很大。社會政策本因怕了勞動階級才行的，當然不能完全廢止。而行社會政策的代價，又不能多取於有產階級。所以社會政策自然不能圓滿進行，一方面又不得不設法使勞動者也負擔一部分的費用。

大資本家的想法大概總是如此。礦山主，工場主，大地主，紡績業者，船舶業者，銀行家等一流人都有這樣想法。

所以大資本階級得勢，海陸軍備增大，對於殖民事業也熱心辦理，但同時對於善良的社會政策，却有不熱心的傾向，漸次暴露出來。 要之强盛的帝國主義和軍國主義和不充分的社會政策，都是常常相並而行的。

五 舊貴族階級之地位

舊貴族階級，對於這個問題也取相似的態度。 他們是狹小的田舍地主，對於殖民地和海軍等事，却不大熱心，只是若給他們新勢力範圍，給他們有利益的行政位置，他們就可以用政府黨的資格來妥協的。 然而陸軍是他們的根據，將校的地位，都被他們盤踞。 他們是統率陸軍的人，那些懼怕勞動階級的紳士閥就崇拜他們和不可缺乏的必要品一樣了。 原來普魯士是以陸軍國著名的，其勢力的基礎在於陸軍，所以舊貴族常常爲了陸軍要求巨額的新經費。

其次這筆大經費，一定可以知道要從間接稅，從關稅徵取的。 關稅一項，就各個人說，貴族要占多大的利益。若沒有這筆關稅，貴族立刻就要破產。

貴族是勞動階級有毒的敵人，是社會政策的最惡的反對者。往時地方的人民苦為貴族支配，逃到都市躲避，所以在貴族看起來這些勞動階級，就是他們以前逃亡了的奴隸了。這樣看來若把勞動者地位改善，就無異獎勵地方人逃亡。所以這些貴族只因為防止地方勞動者都要逃亡，於其虐待裏略略加些限止。

六　中等階級之地位

中等階級（小資本家）對於這個問題，態度稍為不同。他們對於海陸軍，而尤以對於殖民一事，決沒有多大的熱心。與殖民地通商是小事，若說是內國工業的消費地的話，殖民地對於他們也沒有什麼意義。

中等階級（即小工業者小商人手工業者農民等）有一事可以做得到的，就是能够使他們自己業務中所安插不下的子弟等，學作國家城鄉和他種大工業大商業的事務員。所以中等階級對於海陸軍和殖民地，只有這兩種些小的利益關係。

可是大部分中等階級依然服從大資本家的政策。小工業者，農民的代議士，舊教信徒和自由思想家，都常常贊成軍事費和殖民費的。此種事實不是與我們前面所述的生產力進步，變化人的慾望，變化階級，變化政策的話，有相矛盾的嗎？又德國的農民和小市民對於殖民和戰艦不是都有一種慾望喜歡納出多大的租稅嗎？

要充分解釋這難問，非將這大部分中等階級完全作為大資本家的附屬物不可。他們充當私營事業和各官衙的事務員，此外又靠信用制度謀生，這是切要的地方。而尤以農民小商人更是如此。過剩的資本，在他們看來是低利的信用之意義。工商業的繁昌生出過剩的資本。所以這部分中等階級的人，以為國家和大資本越占優勢越好，就是陸海軍殖民事業越盡力助長發達越好。

又如小工業者，使用徒弟的職工，使用奴隸的農民，以及許多商店主等大部分中等階級的人，除了幹上述的事情之外，以直接搾取勞動者謀生。搾取勞動者這一點，他們却和大資本家一樣。所以他們對於行社會政策的費用負擔若是太大，就於他家的存在發生危險。所以他們也要和勞動者爭鬭的。

可見大部分中等階級對於軍國主義，雖沒有直接關係，却有間接關係，而關於掠奪勞動者一事則有直接的利益關係。

七　中下階級之地位

受資本家制度的利益的中等階級已如上述，而寧願與勞動階級接近的中等階級，却有不同。小農小工，小商人小事務員等人雖都是附屬於資本家，然不過因此受些虐待罷了。他們沒有信用的方便。他們還是與勞動階級有密切關係。他們的顧客多是勞動者。所以他們反對軍國主義，帝國主義，又贊成社會政策—雖然沒有勞動者那樣熱心。

生產技術越進步，勞動階級漸漸增大，就是中等階級變爲貧窮降而爲勞動階級的危險因而增加，國家和資本的壓逼因而變爲强大，於是在同等程度的中下階級的思想也生變化了。他們反對資本階級的意向也增多了。

所以這一部分的中等階級對於社會政策雖沒有直接的利益關係，却有間接的關係。

八　中上，中下，及勞動階級

從上面看來，中上階級對於大資本沒有直接的利益關係，中下階級對於社會政策沒有直接的利益關係，所以這些各階級的政治思想很曖昧而且易於變動的。　有時中上階級毋寧接近於勞動者方面，有時中下階級反傾向於資本家。　這樣趨勢，自然不能永久繼續下去。　所以他們又常被一般有名聲者和策士一流人所利用。　生產關係和財產關係的影響，在這種地方，也可以明白反映出來。

至說到勞動階級，不待言，對於帝國主義軍國主義和殖民政策，自然是沒有利益，不問是直接的或間接的。　因爲這一類的事情，常常搾取勞動者，又使有實質的社會改良難於實現，而且使其不能實現。　又戰爭及國際競爭，破壞勞動者國際的團結，奪取勞動者征服資本家制度的大武器。　此事以後再述，此處暫從略。

帝國主義和軍國主義是大紳士閥的寵兒，是勞動者的仇敵。　中等階級迷於愛憎，不知適從，大部分終究跟着强者後面走。

急進的社會政策。就富者說是可怕的妖怪，就勞動者說是向上的地盤，中等階級往來於二者之間。

階級關係和財產關係，是照這樣的在各階級的政治思想中反映而出的。

九　階級與個人之關係

然而對於上面所說的話，也有一種反對論發生出來。就是說同階級的人都抱着同一樣的感想，不是太過於機械的說法麽？

各階級各有各的利益。階級的利益，對於各人就是階級的生死問題。若把這種事實略略想一想，就覺得上面那樣反對論毫不足怪了。階級一定要擁護自己階級的存在。個人因爲維持自己的存在要用盡一切的方法；而階級的作用依多數人的協力和團結，其力量大於個人千百倍，自然也是要用盡一切方法維持自己階級的勢力了。所以人都適應那種能力，其結果就演出政治的階級鬪爭。本來無論何人若注意看自己周圍的事就知道有氣概有熱情的人，比較懶惰和膽小的人，更容易和生產進步的喊聲相呼應。技術革命用大速度前進，人的行步却是很遲緩的。可是結果都答應着這個呼聲前進。社會生產力的發展是全能的。

於是幾百千萬的勞動者，最初很緩慢的，其次却也漸次增加速度，答應這生產技術的呼聲，終至於急激的向着社會主義前進了。

所以在社會進化發展的途徑上，個人的力量有很大的意義。有精力的人，熱烈的人多感情的人，多才的人常常促進一階級的步驟，遲鈍的人懶惰的人冷淡的人都常常阻礙階級的進行。可是無論如何天才英雄，斷然不能使社會反背着技術的發達前進。又無論如何頑冥固陋的人，也斷不能塡塞這個大潮流。社會生活的事實是萬能的力。反抗這力的個人，必至大受失敗。實在就是反抗的自身，也被社會生活的事實決定了的。

第九章　習慣及道德

一　精神界之高級方面

精神界所謂低級方面的說明在上面業已說完了，此後要論述所謂高級方面的習慣道德，宗教哲學藝術諸事。支配階級往往把這一方面的事情比較前一方面的事情要放在更高的位置他們的見解就是因為低級方面諸事頗多與物質有關係，而高級方面諸事則全然超越物質以上。譬如法律政治科學原來就是高尚的精神的東西而所處理的都是一些俗事。就是有許多地方都是很可厭惡的物質的事物。反之，如哲學，宗教，道德，藝術之類，是純然精神的美的天上的東西。和裁判官議員技師學者等人比起來藝術家宗教家，哲學者等人都算是很高尚的人物了。

我們對於這種區別原來不表同意。可是藝術，哲學，宗教，道德等事，就我們看來確是很困難的題目。支配階級向來把這方面的事列入超自然的範圍作為與地上和社會無關係的，全然是精神的東西；因而那種思想成了一個成見深入人心；於是要在這一方面指示思想和社會生活的關係就困難了。所以我們要為勞動者利益計，不得不更用一番努力把這個道理闡明出來。在此一點攫得真理的人就是實際有力的戰鬥者。

我們在這方面之中由最單純的習慣立論。而首先尤宜嚴重確立習慣和道德的區別。習慣是對於特定方面的指南針，道德比較的反是一般的東西。例如在文明社會中裸體不外出是一種習慣，愛隣人如愛自己一樣是一種道德。道德之事稍爲複雜，論習慣之後，再行考究。

二　習慣變化之實例

此處列舉勞動者天天看見的兩個明瞭的實例，表示習慣往往同生產關係共同變化的事實。

古時的習慣，勞動階級的人對於公共問題不勞心研究的。勞動者對於政府不但沒有什麼勢力，就是所謂政府這二字連考究也不考究的。唯有當着和外國開始戰爭或者國內的王公貴族，僧侶富豪等互相戰鬬，這種危急之際也能喚起勞動者的注意。又含黨各派互相羅致勞動者做自己的羽翼這等時候，勞動者多少也有些勢力。所以在這種時候，也有自己使用勢力的事，也有被人利用的事。可是從平時繼續無事的政治生活這一點看來，勞動者簡直不算什麽。

時至今日就完全不同了。有許多勞動者，不單祇幹政治運動，就是在社會主義教育發達的國家中勞動階級幹的政治運動也非常有力。

古時習慣，勞動者大概在自己家裏過夜，現在就不同了，勞動者每晚或者到自己所屬的工會，或者到社會黨或者到夜學校去赴會等事，反成了習慣了。這種習慣，以後必定更為流行，毋容疑義。

這種習慣從階級的利益發生，而階級的利益，又從財產關係發生。古時勞動者的德性是勤儉，柔順，卑屈，惟遇臨時有事，纔參與政治問題，但是這都是支配階級的利益。所以勞動階級力量最弱，是由當時生產技術上看來，任憑支配階級所驅使的。僧侶，學校，官吏，以及後來的新聞，也都用這種方針鼓吹他們。

可是到了今日，勞動者階級的利益大不相同了。生產技術進步的結果，勞動者力量日增强大，有些不聽從雇主的說話了。現時不曉得團結的勞動者是愚蠢陋劣的勞動者。

熱心奔走運動的勞動者是善良的勞動者。

所謂善，所謂惡，原來是由當時習慣而定的。 現時所謂善與古時所謂善完全相反 古時說夜遊不是好事，現在却不同，晚間務必外出，或者集會或行示威運動，都是好事。 現在生產技術進步，勞動階級一定要得勝利。 這種勝利對於勞動者固然是善，就對於全社會也是善。

三 善惡觀念之變化

「智識樹變化了善惡的觀念」 我們的同志羅蘭霍司德(Roland-Holst)女士說這句話的時候，曾惹起世人的許多惡聲。 可是若停止了那種無謂的憤慨，冷靜的把事實研究一下，就曉得相異的人民或階級，或相異的時代中的同一人民或階級，對於同一的事物，或稱爲善，或稱爲惡，並無一定的。 這種事實在歷史上充滿了。 試舉一例，把兩性關係和結婚的習慣考察起來一看。 相異的人民和階級之間在相異的時代其習慣不是有很多不同的地方麽？

四　婦人解放運動之原因

再由現代舉一卑近的實例看看。現在除了日趨興隆的勞動階級以外，還有一大部分的人類都另外要求社會活動的自由。這些人就是婦人。到近年來從前單單受了家庭和婚姻兩項敎育的婦人現在都集合幾百人幾千人成羣結隊，更以他種目的要求在一般社會中的勞動範圍了。這種現象究從什麽地方發生的呢？

在勞動階級的婦人說起來，那種現象是從大工業發生的。使用機械的勞動，有時非常容易了。雖然因爲勞動時間長了的緣故，仍不免有些困難，可是這種勞動連婦人女子都幹得來，實在再容易也沒有了。有家室的勞動者自己一個人所得的工錢太少不够養家，無論如何，妻子幼兒非一齊作工取些工錢維持一家經濟不可。於是勞動階級的婦人投入了工業界，其數也漸次增加起來了。

這種事實發生以後，婦人的精神的內容也跟着變化了。配得上稱做勞動之花的社會主義思想也印入他們腦筋中去了。在某國（譬如德國）中，婦人勞動者早已組織了偉大的社會主義團體了。在其餘資本制度的國家中，婦人運動都有同一的傾向。勞動的婦人，在政黨中在工會中，早已和男子提携，成了戰鬬員了。把這種現狀和往時專幹縫紉洗濯，烹飪及養育兒童諸事的婦人比較起來相差得不是很可驚異嗎？

又社會主義的勞動婦人頭腦中，還有一種感想。就是做妻做女的婦人，都已能完全獨立，於社會而成爲謀完全自由生活的勞動者；這種時代已經到了。在將來的社會中無論爲男無論爲女在結婚上在勞動上都不必要什麽主義，各個人都平等自由互相並立了。這種思想都是從生產過程注入於婦人頭腦中的。

五　女權論者與社會主義的婦人

勞動婦人以外，中等社會的婦人，也努力於解放運動，這也是本於生產過程發生出來的思想。第一，大工業興起以後，家庭中婦人勞動首先減少了。燈火暖室設備，衣服裁縫，及其他一切日用品，由大工業出產品供給，價値非常低廉，這類東西早已無須在家庭製造或在家庭設備了。第二，競爭激烈的結果，小資產家的妻女非共同工作不可，非到學校會社電話局藥局等地方去求地位職業不可。第三，紳士閥之間因爲生存競爭激烈，生活費高昂以及奢侈安逸等風習之故一般結婚之數也減少了。這類事情都是近代生產方法的結果。

因爲如此，所以中等階級青年女子的精神，一切都趨向於擴大社會的自由活動諸事。他們的思想完全一變。把這事和他的祖母比起來完全是一個別的新人了。可是勞動階級的婦人因爲他們在社會的生產過程上占了地位，所以一面想着勞動階級的解放，同時想着人類的解放，中等階級婦人的思想却只是中流婦人解放的一件事。女權論者希望在資本家社會部內，使婦人得有權利，這事自然與現時紳士閥男子所行的一樣，僅是由經濟的，政治的，猛烈去壓迫勞動者的事情而成就的。

女權論者不是由財產方面解放女子，乃是使女子得有財產的自由。他們不是由賺錢的污點一事來解放女子，乃是使女子得有競爭的自由。勞動婦女却不然，要把自己和一切女子一切男子都由財產的壓迫和男女競爭的壓迫中解放出來，因此使全體人類，都能得着眞的自由。

連上所述兩者的精神的內容，雖似太陽的光與燈火的光有程度的差異，而這兩種思想，都是由生產過程中發生出來的。

六　大理想與地上的根底

由上面看來，這種婦人解放，勞動者解放，人類全體解放的理想，使世人得了幾許的赫耀光明之感！使萬人胸中喚起了幾許熾烈的情感和實行的信念！使我們心中湧起了幾許精力的淵泉！使畫家在戰鬪以後的平和日裏，畫出了幾許崇高美麗的想像！這種事情或者有人要說是人的精神獨立作用，所以能造出這些強大的精力和炎炎的戰鬪心和如花的想像，也未可知。然而不是的。

諸君決不要忘記！勞動者那樣猛烈的意志，勝利的期待，征服後的希望，一言以蔽之，這種勞動者的大理想——是古來無比的最大最高最自由的，因而最爲深酷的這種莊嚴美麗的精神現象，都是從勞動器具發生的。所以那種精神的根柢，還是在地上——即所謂俗界之中。

七　善惡的根本之難解

右述兩個實例，是對於現時習慣的兩個顯著的變化，辯明我們唯物史觀是極其正確的事情。我們現在更進而考察一般道德的問題。

人的道德心，究從何處發生而且如何發生的呢？那道德心的內容自古至今果是一定不變的麽？或者因時因地有種種變化的麽？這是從希臘哲學以來長時間內未解決的問題。

我們遭遇種種事變之時，心中就有一種爭戰，是善是惡，立刻要判定的。隨着那聲音的命令，而愛他和犧牲等行爲自然發現於我們身上。在這種聲音的指導之下，忠信，公正諸德，在我們之上很有權威。我們若是不聽從這種爭戰，良心就要責備。我們若不行善，他人雖然不知，自己也覺慚愧。我們的心中有道德心，有義務的要求。

這種自然發現的地方，此種有權威的地方，就是道德的特質。自然科學，政治，宗教，哲學，都是學了而後知道，決沒有自然的權威。

有人想把這種道德心歸諸個人的經驗；又有人想把這種道德心歸諸教育或歸諸習慣；或歸諸追求幸福的心念；或歸諸精練出來的利己心或對於他人的同情心。然而總不能說明在他心中命令他愛他人的聲音之根源。又爲救他人的生命，甘心捨棄自己的生命；那種不可思議的行爲，也是不能說明的。

於是道德心無論如何，不能由地上的現實生活說明了；例如逃入無智的隱匿所的宗教中去探究他的根源，就不能不求於超自然的地方。就是說善心是神靈特別賦與人的，惡心是由人的肉慾發生的，由物質界發生的，由罪惡發生的。

善惡的根源不能解說，就是發生宗教的一個原因。柏拉圖，康德實在爲着這一點，建設了超自然的靈界。然而當着自然界的研究比之當時大爲進步，而人類社會的眞相大爲明瞭的今日，猶不免有許多人爲了道德心卽善惡心難解一事所苦，以爲非借助於神靈，無論如何不能說明那不可思議的原因。在現今的時代要說明自然現象和人類歷史，早已無須乎憑藉神靈而竟有一般人，爲了滿足那倫理的情操反主張有憑藉神靈的必要。這也許是一種合理的主張罷。自己不能理解而且又無法解決的事，無論誰人也不得不把這事神靈化了。

然而到了十九世紀的後半期，這種最高要求的道德本質，開始說明了。達爾文馬克思就是說明了這事實的兩個學者。達爾文研究人類動物的起源，馬克思研究人類歷史的變遷，終究把這問題解決了。

八　社會的本能卽道德心

達爾文敎我們說：一切生物對於他周圍的自然界都行生存競爭。爲防衛自身，獲取食物，惟具有最有效的特殊器官而最善於適應外界的生物，方能打勝這競爭繼續存在。所以生物界一大羣的動物因爲生存競爭的結果使他的自動力和認識力發達了。（在所謂認識力之中，凡外界個體之觀察，及其統一與差別之理解，及過去經驗之記憶等均包含在內。）一切動物行了生存競爭，他的自己保存與種族蕃殖的本能，必因自然淘汰法而變强而分業自動及思索力也跟着變强了。母親愛護兒子的本能，亦與此同時發生的。因爲生存競爭而大小營社會共同生活的動物即如某種肉食獸許多食草獸，反嚼獸猿猴等類，其社會的本能更爲發達。人也屬於這些獸類之中非營社會的共同生活，不能立於自然界，所以人的社會的本能也是發達的。

這種社會的本能究竟是什麽？動物的種類，生活狀態的差別，各有不同，而其社會的本能，當然也有種種的差異，可是其中一定有幾種社會的本能，成了社會生活存續的必須條件。若沒有這種本能，社會生活無論如何不能繼續存在。這種本能，像人類所有的，在非營社會的生活不能存在的動物種屬之間發生成長。然則這種本能究竟是什麽呢？

第一就是爲社會全體捨棄自己的犧牲心。若沒有這種本能，各人專爲自己謀生活，不把社會全體放在自己的目的之上，那種社會一定要被周圍的自然力或敵人所壓迫而至於滅亡。例如羣居生活的水牛爲虎所襲，若各個水牛不爲一羣全體而死，各自逃各自的生命，這水牛羣（即社會）一定要滅亡的。所以自己犧牲是這種動物所不可不有的第一種社會的本能。

此外如擁護社會的勇氣，對於社會的忠誠，對於全體意志的服從，以及感知毀譽褒貶的名譽心，一切都是社會的本能，這些都已發現於動物社會，多發達至於最高度。

這種社會的本能，即與那一種所謂最善至高靈妙不可思議的人類道德完全相同。 可是所謂公平這種道德，恐怕動物中是缺乏的。 在動物的社會中，天然的生理上的不平等是有的，却沒有由社會的關係生出的不平等（即社會的不平等），所以沒有要求社會的平等這種道德存在的理由。 所以只有公平這一件事，是人類社會特具的道德。

所以道德原是動物界的產物。 人類的道德在人類單是營羣居生活的動物時代早已存在了。 人類惟依多數的協力能征服自然。 這種協力心，這種道德心，這種社會的本能，即是能使人類進步的東西。

因爲如此，所以人類的道德心，由那最古的人類生活的時代起，早就成了強烈的社會的本能，在他的心中發出聲音。 現時我們心裏（如前所述）這種聲音所以能够具有神秘的性質，不受外界刺戟，不因利害關係，而能自然具有權威發動出來就是這個緣故。道德心無論如何是神秘的要求。而其實際的性質也與性慾的神秘都是相同。單把道德看作超自然界的產物（或神力）當然沒有理由。

又道德心是動物的本能，與保存自身及蕃殖種族的本能，其根柢相同，惟其如此，所以能够使我們毫無躊躇而聽命於他的如許之力量，如許之慾求。又惟其如此，所以我們對於件件事情能够卽刻判斷善惡邪正。又惟其如此，所以我們的道德判斷有强大的確信力。又惟其如此，所以要探究那活動的理法來分解說明是件難事。

若已明白這些事，義務之感是什麼，良心是什麼，這些事也會明白了。義務之感和良心，畢竟是社會的本能的呼聲。當這種呼聲正在發生的時候，保存自身的本能或蕃殖種族的本能的呼聲也要同時發生了。在這種地方後二者也往往反抗社會的本能的呼聲。反抗的結果，使保存自身的本能和蕃殖種族的本能得了相當的滿足，以後暫時歸於鎭靜，這時候社會的本能更發出强烈的呼聲來了。這就是悔悟之念。有些人把良心當作是對於營共同生活各同伴的恐怖聲，卽是對於同族所加的擯斥或刑罰的恐怖聲，這是大大的錯誤。　前面說過的，良心就是對於他人完全不知道的私人行爲，也是發生的。　又對於四周的人所賞讚的私人行爲也發生的。　更進一層，就是對於因爲怕了同族和輿論而敢行的私人行爲，良心也是發生的。　尤以輿論的褒貶確是使人的行爲受大影響的要素。然而輿論生影響這件事，就是豫先存有一種社會的本能的名譽心的原故。　輿論雖如何激昂，若沒有以褒貶介意的名譽心的社會的本能，那就不能使他受何等的影響了。　所以輿論造不出社會的本能。

依上面的說明，那被解作神秘不可思議的精神作用，卽最高的道德心，很可簡單的了解了。　要而言之，道德不是超越自然的東西，也不是凌駕物質的東西，其根源實存在於我們自身的(人類的，動物的，地上的)生活之中。

九　私有競爭與階級

道德心的本質業已闡明了。　這一點我們最主要的是受了達爾文的教訓。　可是那道德心却依國民性，依時代關係，發生種種變化，這又是什麽理由？ 爲什麽社會的本能的活動生出了那種種差別？ 達爾文對於這點沒有研究過。 這點我們專受了馬克思的教訓。馬克思發現了有史以來，私有財產時代和商品生產時代中社會的本能，所以發生種種變化的主要原因。

依馬克思所論證的地方看起來，人類社會因爲有了生產技術發達的結果，和分業進步的結果所產生的私有制度，然後發生了所有者與無所有者的階級。 這兩階級自開始以來常爲了生產物和生產機關互相爭鬪。 後來生產技術愈益發達，兩階級間的爭鬪也隨着更發達起來了。 這種趨勢到了近代更加成了道德思想變化的原因。

首先是私有財產的人中互相競爭起來。 這種競爭就發生了很大影響，於是「人人互助」—「爲他人犧牲」這種道德也就靠不住了。 這種道德在以競爭爲道德的社會中，全是死話。 在這種社會中，這種道德是離却地上的實際而翱翔於空虛的天上的教化，雖然非常華麗，却一點不能實行，只是逢着禮拜日或商工業休息之日，單單在教會中說說法罷了。

一方面在實際的生活上互爭銷路，互爭地位，互爭勞動，同時在他一方面又要聽從「協力」「互助」那種太古以來在心中囁嚅的聲音，是不可能的。於是宣傳這種名詞的道德，成了僞善了。

馬克思解剖商品和資本家生產的性質，曾經明白表示了下列的事實。人若各自獨立爲交換纔生產商品的時候，人的性情必然成爲敵視的，疎隔的了。他們的關係是物與物的關係，已不是人與人的關係了。這卽是眞正現實的人類關係，和那詩人的空想牧師的說教中所僅有的那樣關係，完全不對。

生產技術的發達和分業的進步，造出了社會的階級。社會階級中的屬員，在那階級中多有互相競爭之事，而對於他階級則有共通的利害。例如地主對於工業家，工業家對於地主，企業家對於勞動者，勞動者對於企業家，各在各的同一階級內，各有同一的利害。所以這階級爭鬭又大傷道德了。一階級對於那要滅亡或衰弱本階級的他一階級，當然沒有講道德的道理。他一階級對於這階級，當然也沒有什麽犧牲心誠實心了。只是同階級中間，唯有在階級鬪爭的範圍之內，到某種程度爲止的道德是可以發生的。 在羣棲的動物中道德唯有對同羣的動物行的；依同理，在太古的人種中道德惟有對於同種的人行的依同理，在階級的社會中道德只有對於同階級的人行的——而且只行在那階級內的競爭所許可的範圍以內。

生產技術更增進步的結果，一方面產出了一羣大富豪，一方面產出了一羣無資產的勞動者。 在今日階級鬪爭越發激烈起來了，所以現時階級與階級間實行道德的事越發稀少了。 反之，他種大的本能，即保存自身及蕃殖種族的本能，在現在各階級的內部已經壓倒舊社會道德，大占優勢了。 即保存自身的本能使資本家虐待勞動者更加厲害而且阻止他必然的發展。 他們自己也覺得他們一切所有，一切權力，都不免有放棄的一日，心懷恐懼，一事一物都不肯放鬆。 在他方面勞動者對於資本家也不覺得有愛他心了，他們也爲保存自身的本能和愛護子孫的心念所廹，敢公然要征服資本家，努力去現出光輝燦爛，幸福的將來。

競爭照這樣的漸次增大，就將我們社會的感情消滅了。即是將對於社會內同輩的感情消滅了。即是把我們的道德心消滅了。又階級鬭爭這件事，把我們對於他階級中分子的社會的感情即是我們的道德也消滅了。我們對於同階級中分子的感情犧牲心也越發增大起來。

更有甚者，階級鬭爭的結果，就最有力的階級中各分子看起來，自己階級的福利即與全社會的福利其意義相同。他們爲全社會的福利計，要擁護自己階級中的分子，斷然要和他階級對戰。

總括以上說起來，道德的本質在於犧牲，勇氣，忠誠，服從，信義，公平，平等，以及值得他人賞讚的努力；而這類道德（或本能）的作用，常爲財產戰爭，競爭及階級鬭爭所變化了。

以下依據達爾文馬克思的教訓，徵諸現時實例考究一下：

譬如此地有一個工場主和他工場主幹激烈的競爭。這時候，甲工場主對於乙工場主，能够實行那所謂永劫不變的道德嗎？決不會實行的，他無論如何非維持自己的銷路或奪取他人的銷路不可。他在本性上雖有許多社會的感情，在這時候恐怕全然生不出效果來。他那保存自身的慾望和愛護子孫的心念，把他那社會的感情征服了。旣然互相競爭，那擴張銷路增加主顧的事就是生死問題了。逡巡躊躇就是滅亡的第一步！於是競爭越發激烈，工場主的社會的感情越發減少了。

又這工場主對於工場內的勞動者能夠實行道德嗎？這種事就不應該問了。他本性上是個善人也未可知，或者對於貧者弱者有多大的同情也未可知。然對於工場的利益，却力謀增大，雇勞動者非用低廉的勞銀不可。沒有利益或者利益太小，就覺得把事業停滯了。事業要常常擴大，常常刷新的。若不然，數年之後就落在他同業之後，十年之後就不能和他同業競爭了。有同情的工場主也是一樣，而一般工場主，爲了積蓄財富，老早就把社會的感情消滅盡了。若是他們對於勞動者講幾分保護救濟的方法，他們更可以把勞動者束縛在他們的工場裏，使成爲更有益的奴隸。若是勞動者也組織團體，陸續向資本家提出要求，就會惹起資本家對勞動者階級的反感，資本家就會與他資本家提携，把勞動者當作仇敵看了。

資本家工場主更組織托辣斯商業公司制限生產力，若爲維持商品價格的必要所逼迫的時候，他們一點也不躊躇就把幾百幾千幾萬的勞動者解雇。資本家對於勞動者的飢寒和窮迫的道德，至此完全消滅了。

其次再把代表資本階級的國會議員引一個例看看。這類國會議員對於勞動階級，究能實行道德與否？道德是要求平等的。要求付與各人以平等的權利的。可是若對於勞動者也付與平等的權利，資本階級立刻要滅亡了。眞的平等，須要求政治上的平等並要求經濟上的平等。若許可經濟上的平等，資本家不會自殺。他們做議員的也做不成了。

所以階級鬬爭越發激烈，勞動者多方團結，勢力越發增大的時候，紳士閥的政治家對於勞動者社會的感情就越發減少，就不得不使勞動者聽從他們專謀保存自己的呼聲了。

所以這些議員一方面對於勞動者漸次生出了反感憎惡的念頭，一方面就漸次和許多資本家同階級相提携親善了——然同階級中也存有許多的競爭。

有些政治家當着在野的時候，或者年少的時候，對於勞動階級很有同情，一朝站上有責任的地位負擔實行之任的時候，他們就立刻拋棄前日的態度，鐵面無情要壓迫仇視勞動階級了。 這許多的實例把上面所述的看起來，其理由很容易明白的。 他們的本性上雖然也有點社會的感情，而當實際握政之時，他們爲紳士閥階級自衛計，必然的要把那道德性消滅掉。

所以紳士閥對於勞動階級精神的態度，生出兩種類。 第一就是明言道德是不能實行的一種暴慢態度，就是自己心中發生出來的善聲也就不好把他壓住了。 第二就是承認道德而不實行的一種僞善態度，言行常不一致，花言巧語，要隱藏自己非社會的行爲。

我們再舉第三個實例，考察勞動者的地位。 勞動者對於雇主果可以守犧牲的道德麽?勞動者對於雇主若守着犧牲的道德，他們的自身就要滅亡，他們的妻子就要窮困。 若勞動者不爲自己的運命戰，資本家階級無論何時要把他們放在「不生不死」的境遇，這是歷史明白指示我們的。所以勞動者無論如何，對於資本家不能守犧牲的道德。勞動者無論如何，非與資本家戰鬬不可。尤其是鬬爭次第激烈資本家各階級，越發互助提携對付勞動者，勞動者對於資本家社會的感情便越發減少，雙方互用階級的憎惡相對立了。可是勞動者對於生產關係的智識更加進步，多數變成社會主義者團結起來，對於資本家社會的感情一面減少，而在同一的時候，對於自己階級（即無產階級全體）的同情同感，一面增大了。若勞動者在本性上是道德感情强烈的人，必定依着上述那種理解，更加熱烈而爲自己階級充分發揮忠實，公正，勇氣，犧牲等德性。

這種鬬爭使勞動者對於社會主義新社會的慾求，越發旺盛，對於新社會平和幸福的生活的豫想越發明瞭的時候，他們道德的熱情必定更加强烈。就是他們相信他們若是戰勝了這鬬爭，而貧富階級絕滅了的新社會若是出現，這時候方可對於人類的全體，一樣的實行我們的道德。所以他們在努力戰鬬之中，他們痛切的覺得他們底心裏有眞正對於人類的最高道德的曙光在當中發亮。

照以上的實例，我們的精神作用之中，就是稱爲最高最大最靈妙不可思議的道德，也爲了階級鬬爭，爲了階級關係，卽爲了生產關係，卽爲了生產技術的進步，發生了種種變化，全然可以知道了。

要知道道德不是永遠不變的。道德是活的。道德是變化的。

第十章　宗教及哲學

一　由自然力的崇拜到精神的崇拜

宗教的派別也不知有幾十種幾百種，而多數的各派都稱自己的一派是眞的宗教，凡是爲生產技術所左右與生產技術同變遷的東西，更沒有甚於宗教了。

在人類技術生產還未能征服自然力的時期中「自然」差不多完全支配了人類。人把自然界所存在的東西，就是原樣的利用他作爲勞動器具，又在人類還造不出什麼器具的時期中，人類很崇拜自然力的。卽如太陽，天，電光，火，山，木，川，動物等項於人類種族都是最重要的物件。就是在今日野蠻人還是這樣。例如紐幾尼亞(Neu-guinea)人，就把他們所常吃的一種扎可巴米（Sagopalme）檳榔，當作神靈崇拜，以爲他們的種族都是由這檳榔發生出來的。

後來生產技術稍稍進步，農業興起了；軍人祝者（祝者卽擔任祭祀的人）之類掌握權力，管理財產，於是而有治者被治者之分，卽生出階級的差別，因而人類不如從前那樣被「自然」所支配，此時要受那地位高的人所支配；早已不像先前那樣單純的崇拜自然物，却把自然物想作是有偉大力量的人了。希臘荷馬（Homer）的詩中所表現的人類，都是有力的男女之君長，都以爲他們是智，美，愛的化身。卽是自然神變了偉大的人了。生產技術使人類得了權力的結果，神就變爲有力的人了。

後來希臘人生產技術更爲進步，在陸地則開拓道路，在海洋則飄浮船舶，沿岸造成了許多都市，商工業大爲繁昌；土地，生產物，勞動器具，舟車等項，一切都帶商品性質，總之世界變成了一般的商業的社會；太陽，火，海，山，木等等，早已不是古時那樣有神秘不可思議的魔力而爲可驚可怪的神體；人類已經把「自然」放在自己掌握中了。又人類的體力，技術，勇氣，美貌那種肉體的屬性，與荷馬時代也不相同，在這種競爭的社會之中，早巳沒有那樣重大的意義了。只是在這種社會之中一般人覺得有神秘不可思議那種萬能力的東西別有一個。這就是精神，就是人的精神。

在以競爭爲事的商業社會之中，人的精神爲最重大的要素。計算數量的也是精神，發明新事物的也是精神。賣物得利益的也是精神。考量事物，征服他類的，也是精神。要之精神是支配人和物的東西。此事恰和檳榔在紐幾尼亞人之間美貌體力在荷馬時代的一樣，精神這種東西，在這商業社會之中，成了人類生活的中心點。卽是精神巳成了最有力的東西了，

在這希臘商業社會的時期內，最初的大哲學家蘇格拉底和柏拉圖業巳明白說過了。「自然界早巳不引起我們的注意，引起我們注意的東西，只是思想上和精神上的現象，」這種變遷，明明是生產技術的結果。

二 善惡之觀念與社會的本能

人的精神之中，實有許多難以理解的奇怪現象。譬如生於精神之中的抽象觀念，究竟是什麽？這種抽象觀念究竟從什麽地方發生的？無緣無故生出這抽象觀念的思考力，這種東西究竟是一種什麽不可思議的力呢？而且是從什麽地方發生的呢？

這個到底不是從地上生來的東西。地上所有的都是個個特殊的事物，抽象的事物一件也沒有。那種道德心即善惡的觀念，又是什麽呢？在這種商業的競爭社會之中，善惡觀念的適用常很困難，在此一人則稱爲善，在他一人則稱爲惡；在此一人則爲死滅，在他一人則爲麵包；在個人則爲利益，在公衆則爲不利；這類的善惡觀念究從何處發生的呢？

這一類的疑謎，都是當時大學者柏拉圖蘇格拉底亞里斯多德等人所不能解釋的地方。他們不能從自然界的智識和經驗把這種疑謎解釋出來。所以結局只有說精神不是地上的產物，而是有神靈的起源的東西。

社會的本能（譬如道德心那種社會的感情），在人類有强大的意義，這種本能的發現在商業社會中被阻止的時候，無論如何，人必定要把那根源探究出來，總要再三設法使他實現。 又這種社會的本能，實是強有力而且崇高嚴肅的東西，若把他研究一下，就生出一種滿足，感覺得一種興奮；若研究不出道理的時候，就覺得這種本能在崇高嚴肅之中，更加上一種理想的光彩，以爲無論如何，這一定是由天上落在地下來的東西了。

因爲要說明這種社會的本能(道德心)，就發明了一種別的想法，從前因爲說明多數自然現象必須想定有多數神靈的天界，現在却不同了，現在只有一個神靈就很够了。 善惡既是精神的觀念，所以這種神靈也成爲精神表現出來，

在商業社會之中，精神的勞動支配手足的勞動。 產業上和政治上的經營，都是頭惱的工作。 手足的勞動，雖不至說是奴隸，總算是下級人的工作。 這也是把精神想作神靈的，把神靈想作是精神的一種理由了。

加以在商業社會之中，各人孤立與他人立在競爭的地位。 所以各人各把自身當作是最高最大的目的物。 各人都把自己的精神，當作是感受考慮，制定一切事物的東西，所以精神就變成上面所述的目的物中最高最大的部分了。 於是社會上的人就不得不把精

神當作神靈，把神靈當作是獨立自主的精神了。

如上所述生產技術進步，漸漸使人類發達進步早已不把猫，蛇，獅子般的東西當作神靈看待了；也不把體力美貌般的東西當作神靈看待了，可是對於心的本質和善惡的觀念還沒有理解出來。所以當時的人把這種大有力而且不得理解的道德的精神，當做神靈來說明。這種現象在今日商業的社會依然繼續存在。神靈就是精神的一句話，就是今日也有人唱道所以有許多人還是呆想着，以爲道德心的確是有超自然根源的東西。

三　羅馬之統一與一神論

當世界各國經濟的政治的沒有成爲統一體，卽是各國還沒有成爲一個大商業社會的期內，多神和自然神還很有生出的餘地；而希臘世界的商業發達以後，接連有馬其頓王亞力山大的征服，遂使羅馬在地中海沿岸全部建設了商業的世界帝國，所以在這時候，單用一個精神的神靈（或神靈的精神）就很可以說明當時全世界中所有的疑問，就很可以使一切自然神都消滅了。總之，當時羅馬有大威力的生產技術，羅馬的商業交通，羅馬的商業社會，到處都可以驅逐自然神。柏拉圖，亞里斯多德派哲學中的一神論，就是這種表徵。其後到了羅馬帝政時代那樣大的經濟組織，全體崩壞，此時恰好有一種適合當時社會關係的一神教傳出來了。這就是耶穌教。這耶穌教就把原有的希臘一神論攙入在自己的教中了。

當時包圍地中海的各國，造成了一個商業的大社會，到處都有同樣的難問題，有同樣的矛盾衝突，有同樣的商人。所以到處都以爲人的精神爲神秘不可思議的全能力，卽是神。自此以後哥爾人(Gollier)日爾曼人那種北方的野蠻人等，次第雖在這商業的社會之中，他們因此也漸漸失掉了原始的宗教來奉耶穌教，把一切的力都歸到一個的精神了。

四　適應封建制度的耶穌教

然而耶穌教並不是在任何時代都照最初的原因繼續存在的。卽是從單一的階級宗教變而爲多階級的宗教了。羅馬商業的大社會破壞，個個分立的自然的經濟復爲舊態，中世紀的社會組織漸次發展而來，耶穌教的內容也自然發生變化了。

中世紀的社會，是分有土地的領主制度（封建制度）的社會，和梯子一樣，一段一段的造出互相隸屬的關係，下級的人不把生產的餘剩物發賣却恭恭敬敬的供獻給他的主人。全社會的最高峰有皇帝，其下有王公，其下有諸侯，其下有小領主，最下級則爲平民和農奴。寺院教會也有多大的土地，其內部的階級也和社會一樣。教會原是共產的聯合，後來次第發達，遂成了强大的掠奪組織。就是教會中的極高峯是法皇，其次自大僧正，僧正，高僧以至於普通僧尼，有種種僧官的階級，而其最下級仍然是農人。

中世社會有這樣的生產方法和分配方法，耶穌教爲適應這種組織，也自然把他的實質變化了。就是天上並不是住着唯一的神靈，實在不過以神靈作極高峯，極高峯之下有神之子，有精靈，其下更有多種複雜的天使，又有墮落的天使，又有惡魔，還有以供獻生產物於社會爲事的，就是所謂葡萄之神，枯草之神等等。要之，神靈的一族，與那支配着數階級的皇帝或法皇形態相像，在社會最下級的百姓農奴，就是隸屬於天使和衆神的人類了。

宗教中照這樣明明白白反映社會實狀的例，恐怕很少了。就是人的精神把地上的實例映射到天上去了。

五　宗教改革的眞意義

然而都市後來漸漸發達，宗教也跟着的變了。

意大利南德意志法蘭西和蘭英吉利方面都市的住民因商工業的發展，漸有了勢力；對於貴族僧侶占了獨立的地位。他們有金錢有資本，可以爲所欲爲，成了獨立自由的人了。他們對於社會的思想一變，同時他們對於宇宙的思想也一變了。爲此他們要求新宗教了。因爲宗教原來是人類對於宇宙的關係用感情描寫出來的東西。

他們在經濟上，業已不承認有比自身更大的力量。在政治上也是一樣，他們成了獨立的市民，獨立的商人，獨立的資本家立在自由的地位了。

他們對於自我和宇宙之間不要介紹人，所以對於自我和神靈之間也不要介紹人。所以他們蔑視法皇，蔑視僧官，自己做自己的牧師，直接對於神靈而自立了。就是路德（Luther）和加爾文（kalvin）所創的新教。

所以新教勃興，就是近世資本階級自己覺悟他經濟的實力的結果。宗教是社會的反映一句話，在這裏也非常明瞭，資本家是個人的同時那新宗教也是個人的了。

六 抽象的不可解之神

亞美利加和印度發現以後，資本家制度越發強大，商工業亦愈發達，地方上自己使用的生產減少，販賣用的生產增加，一切生產多漸漸成爲商品，一切的人多漸漸成了商品的生產者和販賣者；因爲謀生產機械和交通機關的進步而各人社會的鬬爭越發重大；因此人類在他的經濟生活上，在他的精神上，越發成了孤獨的人了。近代資本制度如是發達，人越發多被自己的生產物所支配；生產物在現時有和人一樣大的力量，人反與物品相同，受其使役；一切物品除了各有實質的使用價值之外，一般又有共通抽象的交換價值了。在這種社會之中，人也互相認爲抽象的人，因而所信的神靈也不得不成爲一個抽象的概念了。

又因資本家制度發達，下級人民的貧困，越發跟着增大，社會一層一層的增加複雜的程度，這是不易看透的事情爲人類社會全體計，究竟何爲善，何爲惡，差不多是不能一定的事情。所以在這種淒慘的競爭場內工商業日見發達正如波譎雲湧，想要求得安全和幸福，除了內觀冥想，靈化以外也無事了。

所以這時代中神靈的姿態漸多變成孤獨的，靈的，抽象的了。在十七世紀大哲學者笛卡兒(Descartes)斯賓挪莎(Spinoza)萊布尼(Leibniz)等人看起來，神只是一個絕大的存在，物萬物都包容於神靈之中，神靈之外就沒有一物了。而尤以斯賓挪莎爲最，他是建設了最完全的哲學組織無瑕無疵和珠玉一樣的哲學組織的人，可是他那斯賓挪莎的神靈，是有絕大精神的絕大體格，常常能自己動作自己思考的。這種的神，就是成了近代個人的資本家的那種人的姿體。

又在他一方面，生產技術日益進步，資本制度日益發達，同時對於自然界的智識驟然增大，在十七世紀時，對於自然現象的那種神秘不可解的事實大概已歸於消滅了。可是對於精神理性觀念諸事而尤以對於善惡觀念和精神科學，還沒有解釋出來。於是在各宗教方面，自然界的事物質界的事，遠遠的排斥去了，神靈完全離了現實界成爲不可思議的抽象的靈體了。從古來基督教蔑視「肉體」的思想助長這種傾向也不少。又生產技術愈複雜分業愈多的結果，精神勞動和手足勞動越發分離起來精神勞動專屬上流階級，手足勞動專屬勞動階級，所以這種分離，也是由宗教排除物質的原因。所以由這些原因看起來，那大哲學家康德就說時間及空間的事物是單純的現象不是眞實的存在了。斐希特也單單認定精神的主觀卽「自我」的存在；黑智兒的想法也以爲一個絕對觀念（絕對精神）發展而現出這個世界，而這世界最後生出自覺，復還原到絕對精神的存在。

如此，資本制度的社會使各個人孤立，使各個人靈化，使各個人自身不能解釋自身，其結果遂使十八十九世紀的各哲學家都造成功上面所說的那種孤立抽象不可解的神靈。

七　宗教之靈化空化

這時期內蒸汽機械發明，生產力更爲增大，交通機關更見發達，因而資本也變成巨大的東西了。同時新生產技術使自然界的研究更進一步。生產技術進步，自然研究也容易了，可是自然研究更進步，生產技術也更進步了。於是自然界在人類中越發明瞭，自然現象各法則，漸多爲人智所發明，所謂超自然的存在那種神秘，次第由自然界驅逐出去，遂至於完全消滅了。

在這時候，同時人類社會的實質也開始明瞭起來了。研究歷史以前的研究也發生了。有史以後的研究，也進行順利了。各種統計也作成了。總之，人類行爲的法則開始發見了。於是在人類界的自然現象，漸得了解，因而超自然的事也消失了。要之，自然界人類社會中，那神秘不可解的事實已漸次不見了。

所以對於自然界的研究給了刺戟與方法的東西，就是當時的生產技術，是交通機關，是生產方法，是大資本的力量。又驅使人類精神趨向於研究人類社會的實質一方面的東西，就是從含有這種暴力生產過程中發生出來的社會問題。此外使人深入地底研究地層地質，使人周遊地球研究原始野蠻人的情況，使人搜集歷史統計等材料編纂書類等等的原動力，都是生產技術。總之，這都是當時生產方法惹起那種慾求，同時又造出了滿足這慾求的方法和手段。

要求這種新科學智識的階級，卽是使自己的生產技術進步，使自己的利益增大，要征服地主貴族僧侶的那個商工階級（在政治上稱爲自由主義者）——這個階級漸漸看破了自然界和人類社會中一切現象的法則，所以在他們看起來，宗敎差不多完全消失了。只是不知什麼理由，心裏總覺得有些感觸的地方，這就是在他們心中一點宗敎的殘留的印像，這種感觸在實行上也是沒有什麼價值了。

於是與政治上自由主義相適應的宗敎上自由神敎徒，或專爲要說明善惡的觀念，或專爲要滿足所謂道德上的慾望，或專爲要把他們平日當作疑謎不能理解的精神，從什麼超自然的根源除了出去，所以他們還是以爲「神靈」有存在的必要。其實對於自然界的事物以及對於人類社會大部分的事實，他們早已不承認有神靈的必要。他們已經能夠依據科學把那理由充分的說明了。

所以近世資本制度，自路得——加爾文以後，就漸漸把宗敎使他靈化，使他空化，使他離却人間，使他超脫塵世了。總之，宗教在今日正和引進來的鬼物一樣，只有一個腦袋還留在地上罷了。此時惟有舊時小資產階級農民階級和保守的大地主階級一流人，還固守着前世紀的舊信仰；至於在大部分的資本家階級和依附資本家的智識階級看起來，宗教不過只留着一個影兒作爲紀念；否則就是爲了要使勞動者服從，或者因爲有別種理由，假裝一個信宗教的樣兒罷了。總之，由資本家的生產方法發達生出來的新智識，剝了宗教的肉，削了宗教的足，單單留着一個怪物罷了。

八　勞動階級之無宗教

由上面看來，那樣的經濟的進化，對於自由主義的紳士閥，已經除去了宗教中的大部分，至對於勞動階級，却把宗教完全除去了。勞動階級，現在差不多完全沒有宗教了。

原來宗教的起源，就是因爲有支配人類的一種不可解的力，前面已經說過。自然力社會力等等，凡是人類覺得既不能理解又不得不服從的時候，就化而爲神靈了。可是在近代的勞動者，尤其是都會中工業勞動者看起來，自然力並不是不可解的東西了。他們天天在工場中驅使自然力利用自然力。他們在理論上雖不知道，在實際上却很了解的。又他們自己雖然不曉得那種理論，可是別的人們都明明白白曉得的。至於說社會力的話，他們也曉得這就是他們自身所以致貧困的原因。他們學會了！他們曉得資本家的生產方法惹起了階級鬭爭，由這階級鬭爭，他們曉得私有制度和資本家的掠奪確是他們所以致貧困的原因。他們學會了！他們曉得社會主義確是救濟他們的福音。所以在他們看起來，在自然界在人類社會中早已沒有超自然不可解的東西存在了。他們雖然還沒有得着充分理解自然界和社會事實的機會，可是他們相信總有一日可以理解的。他們相信現在社會中雖存有陷害他們的一種暴力原因，可是這原因決不會永久存在的。他們曉得階級鬭爭和勞動者的團結終究可以把這種原因絕減他。那種不可解力的感想既不存在，宗教就沒有發生的道理。所以社會主義的勞動者完全是無宗教的，是主張無神論的。

上面所述，專就沒有智識沒有讀書的時間熱心和機會的普通勞動者而言，若就那為階級鬪爭熱心求學的勞動者說起來更不同了。他們在地位上在必要上比大學敎授們更能了解社會的眞相。紳士閥階級的人不願意承認自己階級將要滅亡，無論如何決看不出社會的實況。他們甚至連階級鬪爭的事實都不敢承認。反之專希望未來的勞動者，猶如獵犬探求獵獸一般，專向眞理方面突進的。

九　狄更之哲學

然則勞動者關於所求的眞理，究有何種證據何種淵泉呢？距今六十年前，馬克思對於勞動階級早已說過，資本是從未給賃銀的勞動所發生的（見馬克思所著賃銀勞動與資本一書）。其次馬克思恩格斯兩人對於勞動階級明示階級鬪爭的眞相（見兩人所著共產黨宣言）。其後馬克思更將那學說發展出來，著了有名的資本論，解剖資本家生產過程的本質，明示勞動階級。在這樣的眞理的淵泉中潤了渴喉的勞動者，早已不見人類社會中有什麽超自然的東西了。他們不特消極的放棄了宗敎，更且因此積極的得了明晰堅實的人生觀。

於是他們學會了馬克斯恩格斯及他種學說的結果，就曉得人的精神依社會狀態決定的事情，曉得法律是階級的法律，政治是階級的政治，曉得道德是變化無常的一種社會的觀念，曉得唯物史觀的眞相，曉得一般思想變化的原因，又曉得自己的思想的由來。用自己的手造出了這社會的人，當然也用自己的精神洞觀這社會。他們終能夠曉得階級思想的眞相，棄去從前在家庭敎會所承受的形而上學的神秘思想，於是又破壞了一個宗敎的支撐棒了。

照這樣看來，還有一些勞動者，不以在工場工會和政治運動中得來的智識爲滿足的，他們更可以得一進步。

稱爲勞動階級的哲學家，稱爲社會主義哲學家的狄更，把精神的內容更加詳細的指示我們。他把那紳士閥學者懷疑不解的腦髓作用的本質的那種疑謎，也對勞動者說明了。依他所證明的看起來，無論在什麼思想方面，除了結合特殊的個個經驗，達到普通的方面，更無他法。所以精神這種東西，唯有就個個經驗，即是就已經覺知的事實方能思索，單止這一事就是精神的作用，就是本質。所以人要思索那神靈，那本體，那絕對的自由，那永現的人格，那絕對的精神，那超自然的事物，斷然不可能的。那種不可能，正如要考究那超自然的鐵，和超自然的小刀的不可能，實是一樣。精神本來非常莊嚴，有力而且貴重，可是和宇宙間其他一切現象比較起來，决不是神秘不可思議的東西。要之，依狄更所說，精神的本質在於理解，卽在看出普遍的性質，所以决不是不可理解的東西。

勞動者若有熱誠要救自己和自己的階級，渴望求得智識，若把這種學說理解清楚，就明白那思想之中，决沒有宗敎存在的餘地。資本家的生產過程，使勞動者貧困飢寒，又使他們獲得脫離這貧困飢寒的慾望，最後又使他們得有滿足那種慾望的智識，這就是使他們心中的宗敎死滅了。幸而宗敎思想，現在已日就衰滅了。太陽業已昇上來了，拿燈火走路的人當然沒有了。

他日社會主義若是實現，自然界的事物，當可以明白認識出來。人類社會的研究，不像今日這樣困難，當可以明白透切的表現在我們面前。這時候，現在所謂宗敎思想，連小孩的頭惱中都不會發生了。

上面我們所論證的如此。宗敎雖然暫時在人的精神生活中起了重大的作用，可是隨着生產關係變了種種的性質。就是最初崇拜樹木，崇拜川河，崇拜太陽其次崇拜神靈化的美人，勇士，大力者；再其次崇拜精神，崇拜父親，崇拜支配者；再其次崇拜神變不可思議的抽象物；到了最後就變爲無宗敎了。這些變化一概都是人類社會境遇的變化所生出的結果。即是人與自然界，人與人關係的變化所生出的結果。

十　宗敎是個人的私事

然而有某種唱反對論的人這樣說：「我們在前面所說明的事與社會民主黨綱領中「宗敎是個人的私事」一句話相矛盾。所以社會民主黨的綱領因爲要羅致宗敎信徒入黨，纔把社會主義的本質隱藏起來，說出僞善的虛語」可是決不會有這種情弊的。關於這一點，我們的同志荷蘭人班湟可辨明得最爲適中。其大要如左：

我們所主張的，宗敎是個人的私事，所以還是屬於各人自己決定的事情，決不是可以勉强要求於他人或指示他人的。這事自然是由實際運動的必要上而生的主張；不關於是宗教信徒與否總要集合各種勞動者使爲全體階級的利益幹起階級鬭爭來。社會黨勞動運動的目的，是社會經濟的改革，是生產機關公有。對於這種目的無關係而能使勞動者之間發生乖離的事情，務必要努力除去，這是當然的道理。可是社會黨的實際運動，決不許發生與社會主義的根本理論有矛盾的事情。唯物史觀把社會生活的基礎放在經濟關係之上。所以在從前思想家看見信仰上的差異或宗教上的爭鬭的地方，我們就看見物質上的要求階級的爭鬭，和生產方法的變革。宗教上思想信仰這種東西不過是現實界生活關係(卽經濟的境遇)的表現，是他的反映。今日的問題是經濟的變革的問題，而站在可以實行變革的地位的階級(卽勞動階級)，業已自己覺悟這並不是精神的問題了。於是『宗教是個人的私事』這種主張發生出來了。所以這種主張由實際運動的要求發生，同時又實爲明晰的科學的認識之結果發生出來的。

又唯物史觀對於宗教的態度，決不是可以和紳士閥的無神論相混同的。無神論者直接敵視宗教，以爲宗教是保守階級的思想，是進步主義根本上的障碍物。 他們把宗教當作單是無智無學的結果。 因此要把科學的啟蒙運動來破壞愚民的迷信。

我們則不然，我們把宗教作爲生活關係尤其是經濟關係所生的結果。 例如占氣候良否（天帝的意旨）卜收成多少的農夫，或因物價高低行情好壞生出意外損益的商工業者，在他們看來，自然是依賴人力以上的神秘力發生出來的。 對於由這樣生活得來的直接的感情，就是把自然科學說明氣候，摘發聖經的虛僞，都是無效的。

可是有階級自覺的勞動者，明白看出了他們自身貧困的原因是資本家生產和資本家掠奪的結果。 曉得此中並無所謂超自然的力量。 他們有一種大希望想用自己的力量造成功善美的現實世界出來。 所以他們雖然沒有讀達爾文的書，雖然不曉得自然科學，他們却已有了非宗教的人生觀了。 他們所以無信仰，並不是從他人說話中聽來的結果，實是由他們的境遇中產出來的直接的感情；然而他們既然生了這種感情，要使這感情得着學理的基礎，他們就自然而然要讀自然科學和無神論了。 勞動階級的無信仰和非宗敎思想是這樣生出來的；所以他們决不把這事當作戰鬬的主體。他們戰鬬的主體是社會觀。是他們人生觀的根本的社會觀。所以他們對於與自己同被資本階級壓迫的勞動者，就是因爲特殊境遇有前述那樣迷信，他們都看作是自家戰鬬上的僚友。

實際上在特殊境遇中的人，雖不依宗敎上的因襲也有某種的迷信，除了自己漸漸的改革以外也無別法。例如鑛山勞動者或海上勞動者這類人，常被强大的冷酷力所威脅，其結果一面對於資本家成了有力的戰鬬員，而一面猶有强烈的宗敎心。

所以社會主義與宗敎的關係，與唱反對論的人所說的完全相反。社會主義不是依唯物史觀使勞動者無信仰，實在是勞動者由自己的實際生活看破了社會關係，其結果自然失了信仰的。若更要根本的理解那社會關係，他們就不得不研究唯物史觀了。唯物史觀不必定要反對宗敎。實在把宗敎當作是歷史的當然的現象，在將來新社會狀態之下方可以完全消滅的。所以現在信仰上的差異不是根本問題，只有經濟上的目的方算根本的問題。所以在實際運動上成了『宗敎是個人的私事』這種主張了。

第十一章　藝術

關於所謂精神問題的藝術問題，我們只能大略講幾句話，因爲不幸而無產階級還沒有嘗着這種生活的滋味。

我們的理論在這一方面也是有效的，我們只用以下的觀察和唯一的實例，就可以解釋明白。

藝術是用線，或色，或聲，表示情趣的。 人除了對於人以外，不會發生情感，所以人對於人的關係改變了，藝術也不能不隨之改變。

取一個例說：

資本主義社會的個人都是孤立的，都是受生產和生產品支配的。 這個狀態一定要在藝術上面露現出來；自紀元前第五世紀希臘市民的藝術起一直到今天，都是露現出來了的，

社會主義社會的個人都是覺悟個人與全體的關係的，都是在全體上有力量的，都是與

全體支配生產和生產品的。這個狀態也一定是要在藝術上露現出來的；如果人內藏得有相當的熱情和發露，權力，自由幸福以及一切的情感，一定非露現出來不可，也一定是要露現出來的。這個藝術又一定剛與社會主義的個人之與資本主義的個人不同的一樣，與資本制度下的藝術有霄壤之別的。這個差別的發生，不待說，是由於現在根基於私有財產和賃銀勞動的生產關係變而根基於共有財產和共同勞動的了。

第十二章 結論

我們在上面，把一切問題都解說完了，現在把這些問題拿來再考察一遍。科學，法律，政治習慣宗教和哲學藝術，都是隨生產關係的變遷而變遷這個生產關係又隨技術的進化而變遷。

我們發見了有許多完全單純的，普通知道的，而且爲全階級以及全民衆在自己周圍所能看見的極大實例的存在。

我們自然不能提出無窮的證據；歷史上實在也有許多時代，因爲我們對於反對者所意識的一切東西不十分曉得解釋，我們要把這一切時代的實例都引來解釋唯物史論，就很困難。但我們提出了那樣內容豐富的實例，這些實例在他廣大範圍內都是有效的，所以這個唯物史論的眞確也就可以證實了。

況且這唯物史論已經由我們的同志（尤其德國的同志，以及別國的同志）適用到歷史的一切領域都得到了完全的效果，所以我們能夠放心說：『經驗已經證實了馬克思學說的這一部分是眞實的。』

唯物史觀，決不能把他看作只有一個無論甚麼歷史上的問題都可以裝得進的形體。我們還得要從事研究。如果我們要了解爲甚麼一個階級，一個國民有他一定的一個想法，我們就不要說：『是的！生產方法是怎樣，所以就產生了怎樣的思想。』如果我們是這種想法，我們就時常要受迷惑了；因爲同一技術在一國民產出的思想，往往與在別一國民產出的思想完全不同（剛與同一的技術在不同的國民能夠保持不同的生產方法一樣）的緣故。別的要素我們也不能不加入考察，那個國民底政治歷史，氣候，地理的情形，都是同時與技術影響到生產的方法和思想的。我們要把別的一切要素都知道了，唯物史觀卽生產力和生產關係底效果，然後纔能明白顯露出來。

不能研究歷史的人，就只好以我們現在的觀察卽勞資間的爭鬪爲滿足；這爭鬪的照影以在勞動者的精神爲最明瞭，勞動者能够用好的敎意和好的主義向這個爭鬪底理解努力前進。

精神的各種領域決不是互相孤立的。各種領域是合起來成一個完體的，那些都是互相影響的，政治影響到經濟，習慣影響到政治，技術影響到科學，經濟影響到政治，政治影響到習慣，科學影響到技術，此影響到彼，彼影響到此。相互的影響，反影響，前代精神生活的獨立的遺存，都是有的。但是這些東西底原動力就是勞動，精神所流通的河道就是生產關係。

傳說也是一種勢力，往往又是一種阻礙的勢力。

全過程，如上所述，就是一個人類的過程，是由人類在人類裏面互相完成的過程，所以不是機械的過程。我們會再三說我們能夠說明一切物事發生的基礎，是人類的慾求和衝動。這個衝動就是自存的衝動，生殖的衝動，社會的衝動。衝動和慾求不是純機械的，乃是精神的，有生命的，乃是感情所以決不是純粹機械的。世間上最愚蠢最不忠實的人，莫過於把歷史的唯物論和機械的唯物論相混同的人。技術自身不是僅僅一個機械的，乃是一個思考的過程。自然所用以發展人類思想的大手段，就是爭鬬，在我們今天尤其是階級爭鬬。我們看見了許多實例：技術把種種生產關係和財產關係裏面的階級轉換了位置，他們的思想也由此發生了敵對的衝突；他們關於所有權發生了爭鬬，同時關於法律，政治宗教等等的思想也由此發生了爭鬬；而一階級的物質的勝利就是那階級底思想的勝利。

一切我們所看見的，和我們所能放心引以為結論的，就是思想是無間斷地變化的，這個思想總是在運動中領會的，又在我們所論議的這一切範圍內沒有永久的真理，唯一的永久的真理，即變化的絕對真理，就是進化。這個進化又完全是普遍的大真理，如我們起初所說，在我們還沒有特別加以討論的時候，就由我們實行中發生了。讀者諸君大概了解了，這個結論不是我們預先確定的信條，乃是由事實的結果單純的歷史的經驗來的。

第十三章　眞理之力

以上大概把唯物史觀解說完了。還有些少地方要添寫幾句。

這部解說決不是要使勞動者變做哲學家。精神這種東西不是絕對的存在，與他種事物相同，是常常變化的；這種考究成爲哲學的眞理，確能使勞動者的精神受大影響。但這也不過是副產物罷了。

著書人的目的，在使勞動者成爲戰鬭員，成爲勝利者。他們讀這部書的時候，心裏若不生一種力量，就糟了。然而這部書所注重的在什麽地方呢？生產技術變化了，從來無足稱道的一階級成了有力的階級；奴隸成了戰鬭者；他們的階級的思想就會由貧弱變爲有力，由奴隸的變爲戰鬭的而向上了。生產技術者終究能够使這階級成爲占勝利的階級，那階級的思想，結局也可以成了唯一的「眞實」。所以著者依此書對於勞動者給了一種

「握得眞理的人就是自己」的自信。卽是對於自己的精神給了一種自信。生產技術的進步使勞動階級人數增加得和海濱的砂粒一樣多，又使他們曉得團結使他們趨向戰鬪，又使他們成了精神的道德的物質的有力階級。舊式生產關係卽私有財產制度由近世勞動者看起來已成了很狹隘的東西了。勞動已成了社會的勞動。若要把他解放善爲使用，唯有憑藉社會共有制度。小規模工業殘壘之中，合股公司之中以及托辣斯之中所有的生產技術，他的羽翼正要充分擴張，要求社會共有制度。有時妄行鞭策，有時妄行沮抑；像這樣辦法，已不是生產技術所要求的了。所以勞動者終究要依自己意志使用生產技術，分配生產機關。這畢竟是因爲生產技術使勞動者成了有力的階級勞動的意志，自然表現生產技術的要求。所以立在這種確信之上的勞動者的思想，一切都是眞理。若是勞動者主張要把依現實證明出來的生產機關歸爲公有，則以此種主張爲目的的勞動者的思想(限於這種人)就是眞理，與這種相反對的思想，就不是眞理。若一旦把土地和機械一切都歸人所共有，這種一切都歸人所共有的事就是正當。因此有這種慾求的意見就是眞理，這是可以證明的。所以若是現實的接近這種狀態，勞動者的思想在法律上更加成爲眞理，成爲正當反對者的意見與現實矛盾，就更加成爲虛僞了。這事在政治上也是一樣。勞動者在數字上在團結上在實力上成爲最後的階級，所以他們要發現這實力的政見就成爲眞理；若與此相反的反對黨的政見，就成爲虛僞了。要之眞理與思想是一致的東西。

勞動階級所奉的社會主義是生產技術的要求，若沒有這種要求，生產上就再不能謀發展，所以勞動階級的道德(限於符合這目的者)是正當的。

社會主義專由生產力社會的發展而生。卽是自然力與社會力歸勞動階級的手中運用的時候，纔開始發生的。勞動階級的思想若是正當，他們不承認超自然力這件事也是正當的。

一切生產技術的發達不但使一階級發生了物質的盛衰，而且發生了精神的盛衰。一階級所欲求的各關係，是現實的發生出來的，所以有這種慾求的思想，就是眞理。總之思想是對於現實的理論，是考案是概括。

所以著者努力替勞動者把唯物史觀明瞭的解說出來，這就是要使勞動者的精神中吸收眞理。

第十四章　個人之力

最後有略就「個人之力」說明的必要。

有說生產技術進步，自然要達到社會主義的。有說我們因生產技術被社會主義所驅逐的。有說我們不能任意造出歷史的。

有說勞動是社會的。生產關係也非成爲社會的不可。財產關係也非成爲社會的不可。

有說社會中物質的勢力比個人的精神更爲有力。個人非服從這引導不可。

大概是這樣說的罷。然而生產技術這樣東西，是由機械和人類的協力產生的。勞動這種東西，就含有能自己活動的人的手頭，心臟的意義。財產關係這種東西，是財產所有

者與財產無所有者的關係

又這進化的過程是活的過程。驅逐我們的社會力決不是死的宿命，這實在是活着的力。

我們無論如何，除了向着社會所進行的方向前進以外沒有法子。勞動過程無論如何一定要驅使我們向着我們自己所不能決定的方面前進的。然而這也是我們所幹的事。

勞働者諸君！諸君決不是爲盲目的運命所驅使的，實在是依活的社會所發出的社會主義決定的。諸君依階級的地位非如此不可。諸君不得不求更高的工銀，不得不求更大的幸福，不得不求更多的休養。諸君不得不自行團結。諸君不得不與紳士閥戰鬭不得不掌握政權。諸君非成勝利者不可。生產力是這樣要求的，勞動是這樣要求的。要如何迅速，如何完善，如何正當方能成就，不是諸君的責任麽？不是仰賴諸君各種的活力嗎？不卽是仰賴諸君各個的體力和精神嗎？有强健的體力和精神力的勞動者，比較別的貧弱的人，更能成就世間未曾有的大事業。諸君，在資本家制度之下要有强健的體力自然是困難的。 諸君的工銀和勞動時間和生活法不能由諸君自定。 然而同此事比較起來，諸君的精神要成爲强健，諸君自己可以料理。 諸君可以攫得眞理的力，攫得社會主義眞理的力。 精神實有特別的作用。 社會生活能使他疲勞，到了差不多不能爲自發的活動時爲止，可以被社會生活所支配。 可是生產技術一旦使他們覺醒，使他們在對面的水平線上看見一道光明，指示他們的目的，指示他們的希望，指示某一階級的勝利，他們爲階級中一分子的精神，立刻就大活動起來了。 那精神就要燃燒要努力起來了。 精神支配肉體的一句話，到這時候就成了眞理了。 精神至此成了肉體以上的東西了。 肉體儘管衰弱，精神總是强健的自由的。 勞動者諸君！ 諸君的精神現在資本家制度之下可以得到自由了。 諸君可以脫離紳士閥精神的隸屬關係了。 唯物史觀敎諸君明白自然與人類的關係。 唯物史觀敎諸君曉得人類不但支配自然，而且能支配人類自身的時代也接近了。 唯物史觀又敎諸君說諸君帶有招致這種時代的任務。 善於理解的人，就是獲得自由的人。 這種人對於自己階級造出新社會的事，很能够用個人的努力多方助長這事的成功。

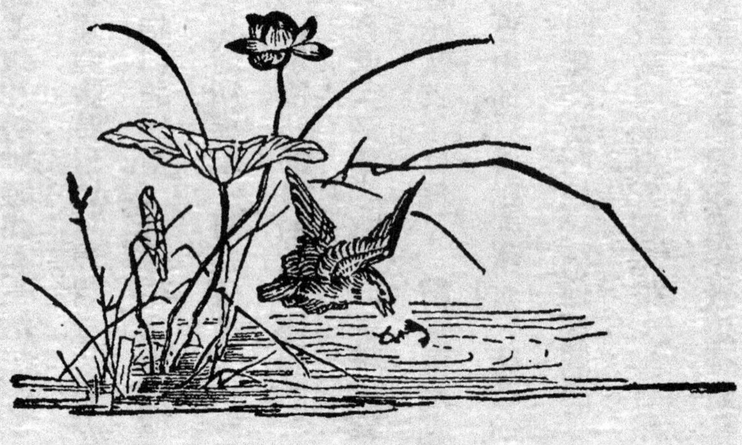

附錄

馬克思唯物史觀要旨

（一）

馬克思唯物史觀的思想，最初是在一千八百四十八年和恩格斯共著的共產黨宣言中發表的。對於這個宣言恩格斯後來曾經有下列一段說話。

「這個宣言雖然是我和馬克思共著的，可是這篇宣言根本的主見，還是馬克思提出的，我在這裏有聲明的義務。他所提出的主見就是：

在歷史上各時代中，必然有關於生產分配的經濟上的特殊方法，又必然由這種特殊方法產出一種社會組織，那時代的政治和文明的歷史都在那個基礎上建設，依據那個基礎說明。所以人類的全歷史（在原始土地共有的氏族的社會消滅以後）是階級鬬爭的歷史，即是掠奪階級和被掠奪階級，壓制階級和被壓制階級相對抗的歷史。這些階級鬬爭的歷史相連相續，構成社會進化的階段，到了現在，又達到一種新階段，被掠奪被壓制的階級(卽是平民勞動者)要脫離掠奪壓制階級(卽紳士閥資本家)的權力自己解放出來；同時要把一切掠奪壓制，和階級差別階級鬭爭完全剷除，將來永遠的把社會全體解放出來。依我所見，這個主見使歷史學上發生新生面，正如達爾文在生物學上發明進化說一樣；馬克思和我兩人，在一千八百四十五年以前，已經漸漸的有了這種傾向的。我在最初對於這種傾向究竟到了一種什麼程度，把我所著的英國勞動階級之狀態一書看起來，最容易明瞭的。到了一千八百四十五年的春天，我和馬克思在不律塞第二次相會的時候馬克思已經把這種思想完成了，他對我說的話差不多和我在前面所用的明晰的字句是一樣的。』

（二）

一千八百五十九年是達爾文發表物種原始的一年，同時馬克思也在這一年發表了經濟學批評(Zur Kritik der Politischen Okonomie)。馬克思在這書的序文上，很簡明的把自己學問的經路說明了。

『一千八百四十二年至三年間我做來因新聞主筆的時候，因爲出了大學不久，先前學習的學科，都是哲學歷史法律之類，所以遇着經濟上的實際問題就難下批評。後來我批評法國流行的各派社會主義的時候，也覺得智識不足。 恰好那時候來因新聞的主人，要求我取穩健態度，我就借着這個機會，退出這個報館，再去研求必要的智識了。

但是我爲了要解决這些難問題，首先做的事業就是再研究黑智兒的法理哲學。 這次研究的結果，就得了一個信念，覺得法律上各種關係和政體等項，並不是可以自行理解的，也不是可以依賴一般文化進步說明的，實在是在人類生活物質的關係上有根據的。 但是物質的關係是什麼呢，在當時黑智兒也做照十八世紀英法各文士的故智，把一切都包括在私的社會(卽民間社會)的名下；但是要把這私的社會解剖出來，還是不外用經濟學。

所以我就在巴黎開始研究經濟學，後來被法國基左(Guizot)把我逐出法國境外，我又跑到不律塞繼續研究。 我這時候所得到的結論，後來成了我的學問的指導線。

「人類因爲用社會的生產，生產那生活資料時，造成某種必然的離自己意志而獨立的關係。這個關係，就是適應於那社會物質的生產力發展程度的生產關係。這生產關係的總和，成爲社會上經濟的構造，是作成法律上政治上建築物的眞實基礎，又生出與此相適應的某種社會的自覺。物質的生活資料之生產方法，可以決定社會的，政治的，及精神的，一切生活過程。不是人的意識決定人的生活，倒是人的社會生活，決定人的意識。

「社會上物質的生產力發展到了一定階段的時候，就與現在的生產關係，發生衝突。換句話說，就是與那生產關係僅僅在法律上表現的而且使那種生產力在自己的內部活動的財產關係發生衝突。這個關係本是生產力發展的形式，這時候變作他的障礙物。於是乎社會革命的時代開始到了。經濟的基礎生出變化，所以在這基礎上面的建築物，也要或徐或速的革起命來。

「考慮這種革命，我們要常把那在科學上有實證的經濟生活條件之物質的變革，與人人了解這種衝突而和他決戰的法律上政治上宗教上藝術上的形態簡單說就是精神的革命，善爲區別。我們要想批評這種革命時代，決不要依據那時代的意識來下判斷；恰如我們要批評某一個人決不要依據他自己所想的事來下判斷一樣。時代的意識，要從那物質生活矛盾之中說明。卽是要就那在社會的生產力和生產關係，兩者之間的矛盾來說明的。

「一社會的組織，非到他的全生產力在其組織內更無發展之餘地以後，決不能顚覆。這新的，比從前還高的生產關係，在他物質的生存條件未完全孵化於舊社會的母胎以前，決不能產生。所以人類往往只能提起可以解決的問題來解決的。因爲拿正確的眼光去看就曉得凡是成爲問題的東西，必定那解決這問題所必要的物質條件巳經存在，或至少也在成立過程中的時會纔能發生的。

「綜其大體而論，我們可以用亞細亞的，古代的，封建的及現代資本家的生產方法，排列出社會之經濟的進化階級。而在這裏面資本家的生產關係，是社會的生活過程最後敵對的形態。——所謂敵對，不是個人的敵對，是由各個人社會的生活條件生出來的敵對，——而在資本家社會母胎內所發展出來的生產力，同時又造成可使解決這種敵對之物質的條件。人類歷史的前史，於是就和這種社會組織同時終結。」

（三）

馬克思唯物史觀的要旨，大概如上面所述，他後來著的資本論，就是適用這種學說的。此外還有別的著述和論文，也是由這種根本思想闡明出來的。

馬克思對於他的唯物史觀學說沒有著過專書，也沒有特別作一篇論文，所以他在經濟學批評的序文上所寫的這一段文字，是非常重要的。

譯者附言

一、這部書是荷蘭人郭泰爲荷蘭的勞動者作的，解釋唯物史觀的要旨，說明社會主義必然發生的根源，詞義淺顯，解釋周到；我想凡是要研究批評反對社會主義的人，至少非把這書讀兩遍不可。 這書的價值，有柯祖基一篇序文，把他表顯了出來，至於書的內容，我想讀了這書的人自然能够知道，用不着我來絮說。 若是讀者讀完了這書，必要垂詢譯書人的見解，我也不能另說別的讚美的話，除了一個「好」字。

一、這書和柯祖基著的倫理與唯物史觀一書，互相發明的地方很多，請讀者把兩書對看。

一、這書有日文的譯本，是日本堺利彥從德文本譯成日語的。 可是堺氏的日譯本中，缺字的地方太多，還有柯祖基的序文和藝術一章，結論一章，都未曾譯出；所以我用德文本和日文本兩書對照，缺的地方都補上了。 這部書可算是完全譯本。

一、我有一句話要聲明的：譯者現在的德文程度不高，上面所說的那些補譯的地方，大得了我的朋友李漢俊君的援助，我特意在這裏表示我的謝意。

一、這部書雖說是完全譯本，可是不免還有誤譯的地方，譯書的人對於這一點，心裏很記念着，讀者若肯指摘我的錯處，我十二分的感激。

譯者識。